－別輸在不敢表達上－

情商在溝通中的作用

中的作用

分析情緒來源，
解鎖自我意識與情緒管理法

吳濤 著

如何在堅持己見與尊重他人間找到平衡？探索果敢表達的力量！

同理心不僅是溝通的橋梁，更是與人產生深度連結的關鍵，

人際關係的祕密武器是什麼？提升 EQ、認識自己！

培養信任的關係，是每個「溝通者」的必備技能！

目錄

目錄

■ **結語**

目錄

前言

意願，就是你期望達成某種目標的想法或願望！簡單地說，就是：「我想……」

生活中我們無時無刻不在想去做一些事情，達成一些願望 —— 比如小孩子會對媽媽說：「我想出去玩！」比如妻子有可能對丈夫說：「我今天晚上不想做飯，我太累了！」比如員工會對主管說：「我想再多一些完成專案的預算。」比如創業者會對銀行工作人員說：「我想再延長一下貸款的期限……」

但是，那個意願能否達成，往往是不確定的！很多人經常有這麼一句口頭禪：「想得美！」其言外之意就是：想法很美好，但實現起來卻沒那麼容易！

為什麼意願實現起來很困難呢？因為現實往往會在我們實現意願的路上設定不計其數的障礙！

人心，就是其中最大的一個障礙！

因為你沒有辦法去判斷「人心」是怎麼想的，很多人止步於此。於是，很多的意願就此擱置，成為永久的遺憾了！

意願，因為障礙，變得猶豫、膽怯，進而變得虛無飄渺，最後逐漸消失，留下無盡的失落和黯淡的人生。

等等，你有沒有想過，你的意願是合理的嗎？是有可能實現的嗎？如果答案是否定的，那麼實現與否就無所謂了；但如果答案是肯定的，那麼為何不爭取一下呢？為何輕易放棄呢？萬一爭取之後成功了呢？

其實，有一種方法，可以幫助你在有效達成意願的前提下，避免你

所擔心的那些事情發生：避免發生衝突，避免得罪對方，避免關係受損，避免訴求被拒……這個方法，就是「果敢表達」！

本書將致力於在掌握所有果敢表達要素的基礎上，加以嘗試並運用；因為如果不嘗試，你怎知意願一定不能實現呢？嘗試一下，也許你就會發現：其實，你比你所想像的要更加強大！

看看以下場景你是否熟悉：

（1）你在排隊購物／購票，前方有一人突然插隊……

（2）你在車上／火車／飛機裡安靜地看書，剛上來的一個年輕人在你旁邊拿著手機大聲通話……

（3）你的一個親戚或朋友向你借錢，金額比較大，而你的手頭也不寬裕，這令你左右為難……

（4）你的同事屢次不按時提交資料給你，導致你工作經常拖延……

（5）客戶提出一個不合理的要求，你卻不知該如何拒絕……

這樣的場景在生活與工作中時常發生。每一次我們所選擇的行為（干涉或放棄、迴避），都決定了該事情的發展走向與解法，也決定了我們之後的心情與做事效率。

在我們談到解決方案之前，請你思考以下四個問題：

（1）此時，我要選擇干涉，還是放棄？為什麼要這麼選擇？

（2）這是合理的選擇嗎？為什麼？

（3）我的意願是什麼？我期望的結果是什麼？我的訴求是否是合理的？

（4）如果我的意願與訴求合理，那麼該如何正確地進行，以實現我的意願呢？

注意：上面所列問題中的合理指的是：①符合自我的期待；②符合他人的期待；③符合法律規定、道德規範和善良風俗。

以上這些問題，是按照由易到難的順序列出的，最難的是「如何正確地進行」。而這個難點，也是很多人「打消意願、選擇放棄」的原因之一！

　　面對選擇的困境，面對難以捉摸的人心，我們實現意願的一個重要途徑，就是有效的表達與互動，而且是果敢、明確、有方法、有技巧、結果令雙方都接受的、愉快的表達與互動！

　　換言之，我們要在實現意願的路上果敢表達，掃除人或人心的障礙！

　　那麼如何掃除這些障礙呢？── 本書將從溝通、果敢、情商、觀念、判斷、回饋、信任等方面，有條理地、全面地闡述人際互動的技巧，幫助你在「實現意願」的道路上走得更加順利且自信，為你的生活、工作和人生開啟更加多彩而絢麗的篇章！

第一章　你必須知道的四個溝通原理

場景一：因為工作的原因，我經常出差，且部門要求住宿的飯店是四星級或五星級的。記得有一次在國內某飯店住宿時，我因著急出去採買一些東西，因此沒有注意著裝，穿著非常普通的藍色外套、灰色褲子和一雙舊運動鞋就出門了。在離開飯店大廳的時候，我聽到大廳裡有一男一女兩個身著正裝的年輕人在焦慮地說著「會議馬上要開始了，來賓 ×× 還沒有到……」之類的話。我沒有多想，直接出門買東西去了。等我手裡提著塑膠袋快速回到飯店進入大門的一瞬間，我看到那兩個年輕人激動地跑向門邊。待看清楚我的臉後，那位先生非常失望地說了一句：「原來是個送外送的！」那位小姐也一臉的失落。那一瞬間，我十分驚訝 —— 我一邊向電梯走去，一邊在想：「我哪裡看起來像是一個送外送的呢？」身為一個企業培訓顧問，我覺得自己和外送員的形象差距應該還是蠻大的啊！

場景二：小李是某知名大學的高材生，畢業後找到了一家不錯的企業，因為工作能力強，很受上司賞識。小李的上司為了培養他，想辦法、找機會讓他參加一些重要活動。一次，上司帶他參加一個與重要客戶會面的晚會。餐桌上，客戶總裁與每個人打招呼、問候。當問到小李所畢業的大學時，客戶總裁高興地說：「啊，那我們是校友啊，我也是那個大學畢業的！」小李覺得表現的時候到了，非常興奮地說：「是嗎！那太巧了！請問您是哪個系？哪一年畢業的？」待客戶總裁回答後，小李說：「啊，我知道，你們系很有名，據說你們系的男生平均每年都要交三四個女朋友，是有名的『玩咖系』呢！」說完這話，不光客戶總裁一臉尷尬，小李的上司也一口菜沒吞下去差點兒噎到……自那以後，小李的上司再也不敢帶他出來見客戶了。

場景三：我去美國第一次到我孩子所在的波士頓寄宿家庭做客時，因為口渴向女主人提出一個請求：「Could you please give me a glass of water?」（可以麻煩您幫我倒一杯水嗎？）我深知「溝通表達一定要清晰」的重要性，因此一字一句盡量表達得清晰而不產生歧義。女主人聽聞後轉身開啟冰箱拿出一大瓶氣泡水（Soda），然後倒了一杯給我。看著那冒著氣泡、像芬達一樣甜的飲料，我很詫異。於是，我重複了一遍我的請求：「No, I don't wanna drink soda. I want a glass of WATER.」（不，我想喝的不是氣泡水，而是「水」。）女主人很驚訝地回應：「This is WATER. I started to drink this kind of WATER since I was a little girl!」（這就是「水」啊！我從很小的時候就開始喝這種水了！）……直到我再三澄清「水」的特徵，女主人才半信半疑地從自來水管裡接了一杯自來水給我。

場景四：2020 年 4 月初，某醫療衛生用品工廠接到了一家國外貿易公司的採購口罩等醫療衛生用品的傳真訂單，並要求盡快發貨。可是由於此時該廠的訂單非常多，產能嚴重不足，因而無法在客戶所要求的期限內提供成品並發貨。工廠出口部相關員工向客戶傳送了一封電子郵件說明情況。公司收到郵件後，該公司的總經理給其在國內的貿易代表 A 打了一個電話，說明該訂單的急迫性，並要求 A 直接與工廠的廠長 B 聯絡。於是 A 立即從驅車前往工廠所在地，見到 B 並說明情況。此時天色已晚，B 在工廠餐廳招待 A 並表示歉意。A 說：「如果貴廠能將中午 1 小時的員工午餐時間和晚上 1 小時的晚餐時間利用上，那麼在兩週的時間裡，以現在的部門每小時的產能是能夠滿足客戶需求的。」B 很驚訝，問：「你怎麼知道工廠的中午和晚上各有 1 小時的休息用餐時間？」A 回答道：「我抵達工廠的時候是 18：10，發現工廠的燈都關了。詢問附近員工後，才得知這情況的……」並提出了新的「輪班工作制」建議。B 認為該建議可行，且正值特殊時期，援助他國亦可增加公司信賴度，於是立即在公司管理層消息群組發布消息，要求管理人員明天一早到公司會議室開會商討調整生產時間事宜。群裡有兩位管理人員表示因在外地不

能出席會議，於是 B 決定隔天會議以視訊方式召開……

上述五個故事場景，每一個故事都說明了一種溝通原理！

溝通原理一：你不可能不溝通，所有的行為都是溝通。在場景一中，我的整個人（包括我的長相、服裝、言行舉止、一舉一動等）都在向外界傳遞著關於我「這個人」的所有資訊：年齡、性別、品味，甚至職業、教育程度、文化背景等，不一而足！每一個形象上的細節，都在向外界和他人傳遞著某一個特殊的資訊。我隨便的穿著、粗獷的外表，與人們印象中的「會議來賓」步履從容、西裝革履的形象大相逕庭，我更像是一個腳步匆匆、衣著簡單、手提外送商品的「外送員」。因此，不論在什麼時間、什麼地點，只要我們出現，就是在向外界傳達大量的資訊！

溝通原理二：溝通效果會受到「表達者的表達能力」和「接收者的理解能力」的限制。在場景二中，小李的本意是討好客戶總裁，表達兩人的共同點，進而拉近距離；但因為表達不當、情商不高，因而錯誤地表達了不該表達的資訊，導致對方不悅，造成了適得其反的溝通效果。同樣，由於接收者「理解能力」有限而導致溝通效果不佳的事例，在生活中比比皆知（如我們經常可以在學校裡聽到老師對學生抱怨「你怎麼就聽不懂呢」），這裡就不再贅述。

溝通原理三：溝通效果會受到「背包」（觀念、價值觀、文化差異等）的影響。在溝通過程中，一定要具備兩個要素：兩個或兩個以上的主體、溝通訊息。如果是一個主體（一個人）發出資訊，我們叫「自言自語」；如果是兩個主體，沒有發出資訊，那麼也不構成「溝通」。

這兩個或兩個以上的主體，我們叫「傳送者」（發出資訊的人）和「接收者」（接收資訊的人）。當「傳送者」產生一個「意念／意願」，他就需要進行語言的「編碼」，即發出「資訊」。溝通模型如圖 1-2 所示。

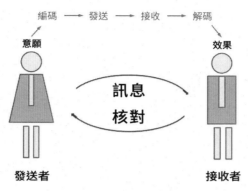

圖 1-2　溝通模型

　　這裡需要注意：同樣的意願，有可能因主體不同而產生不同的編碼。比如在場景三中，我口渴了，於是需要對美國女主人提出一個請求，我的語言編碼是「可以麻煩您給我倒一杯水嗎？」而換作另外一個人，他有可能會這麼說：「我渴了」，或「請給我來杯飲料」，或「您這裡有什麼喝的嗎」，或「Water please」（請來杯水）等等。不同的主體會組織不同的語言編碼，不同的編碼會產生不同的溝通結果。當「編碼資訊」傳送出去後，負責接收該「編碼資訊」的接收者就開始「解碼」。同樣的資訊，有可能因主體的不同而產生不同的解碼。比如我面對的美國女主人對我的「可以麻煩您給我倒一杯水嗎？」這個資訊的解碼就是「他想喝氣泡水」，於是就給我倒了一杯氣泡水；而換作另外一個人，他可能給我一杯檸檬水、可樂、濾淨水或汽水等等。

　　這裡有一個疑問：為何我們發出的資訊被對方接收後發生了扭曲，產生了與我們所期望的不同的效果？原因除了上面我們提到過的「溝通效果會受到『表達者的表達能力』和『接收者的理解能力』的限制」外，還有一個非常重要的原因，即「背包」對我們的影響！

　　那什麼是背包呢？在這個世界上，沒有任何人會擁有完全相同的經

歷或認知。每個人都是獨特的，包括我們的年齡、性別、家庭背景、成
長經歷、受教育程度、生活習慣、當下的情緒、情感、職業、看問題的
角度、種族、文化背景、信仰、價值觀……所有這些區分我們彼此的一
個或多個特徵，統稱為隱形的「背包」，如圖 1-3 所示。

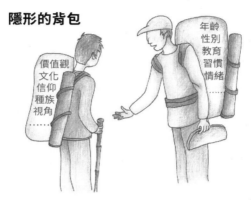

圖 1-3　溝通中隱形的背包

　　這些隱形的背包無時無刻不在影響著我們對資訊的接收與理解，它
使我們即使是面對同一個事物也會產生不同的理解與認知。比如，當我
們看到一個倒在馬路旁的老人時，有人會立刻躲得遠遠的，因為他的隱
形背包裡裝著「假車禍」或「詐騙」等記憶（現實中，也確實發生過老人
倒地要脅救助人的事情）；有人則會立即上前攙扶起老人，並連繫老人的
家人或醫療單位尋求進一步的幫助，因為他的隱形背包裡裝著「善良」或
「幫助他人」等觀念。

　　在場景三中，身為華人的我與美國女主人因為文化背景不同，生活
經歷不同，對「水」的認知亦不同：我從小到大喝的是經過 100℃高溫沸
騰過的「白開水」，而這位美國女主人習慣喝的就是氣泡水。因此在她的
背包裡，「水」就是「氣泡水」，「氣泡水」就是「水」。這就是為何當我的

「編碼資訊」發過去後，她接收到的「解碼資訊」與我的願望完全不同的原因所在 —— 背包令資訊發生了扭曲，產生了與我們所期望的不同的效果！

因此，在溝通過程中，雙方對資訊的「核對」與「確認」，以盡可能地消除背包對溝通效果的影響，就顯得特別重要！關於這一點，我們在後面的章節裡會繼續談到。

溝通原理四：溝通過程中的資訊傳遞不僅限於語言，所有可用於資訊傳遞的媒介均可用於「溝通」！在場景四中，國內工廠和國外公司的員工和管理者使用了除語言以外的多種資訊傳遞媒介，包括傳真、電子郵件、電話、面談、燈光、視訊會議等。在 21 世紀的今天，資訊傳遞的媒介與途徑越來越多樣化、方便化，如智慧型手機、簡訊、語音、電話／視訊會議、廣播、電視、Line、書籍、網站、官方帳號……不一而足！

可以說，我們生活在一個資訊爆炸的時代、一個無時無刻都在溝通的時代！

因此，溝通並表達彼此的意願，就顯得更加必要，且重要！

第一章　你必須知道的四個溝通原理

第二章　意願的果敢表達

「意願」這個東西，如果不說出來，那麼它會永遠停留在你的腦中或心裡，他人永遠無法得知！而要說出來，進行「溝通」，卻並不是那麼容易！

因此，「果敢」地說出來，就顯得特別重要！

那麼，如何「果敢表達」呢？

第一節　人際互動的三種行為

我們先來重新看看之前舉例的生活或工作中的五個出現溝通困難的場景 ——

（1）你在排隊購物／購票，前方有一人突然插隊……

（2）你在車廂／火車／飛機裡安靜地看書，剛上來的一個年輕人在你旁邊拿著手機大聲通話……

（3）你的一個親戚或朋友向你借錢，金額不低，而你的手頭也不寬裕，這令你左右為難……

（4）你的同事屢次不按時提交資料給你，導致你工作經常拖延……

（5）客戶提出一個不合理的要求，你卻不知該如何拒絕……

現在請你放下此書五分鐘（暫時不要閱讀作者下列的觀點），思考一下：以上各個困難場景，如果被成功、完美地解決，那麼其標準是什麼呢？

筆者認為，上述困難溝通場景成功解決的標準有三個：①事情結果或目標（「我」的合理「意願」）達成；②對方心理舒適（至少沒有不適，或將不適感降至最低）；③「我」心理舒適（至少沒有不適，或將不適感降至最低）。以上三個標準缺少任一，這個困境就不算是被成功解決！

那麼，有什麼方法可以幫助我們達成這三個成功標準呢？

一、人際互動過程中的三種行為

在提出解決方案之前，讓我們來了解一下人際互動過程中的三種行為，它們分別是：退讓型行為、強勢型行為和果敢型行為，如圖2-1所示。

退讓型行為：在人際互動過程中表現出膽怯、軟弱、退讓、取悅對方甚至迴避的行為特徵的溝通行為；

強勢型行為：在人際互動過程中表現出強勢、強硬、輕視、進攻甚至冒犯的行為特徵的溝通行為；

果敢型行為：在人際互動過程中表現出親和、自信、有理有據、不卑不亢、互相尊重的行為特徵的溝通行為。

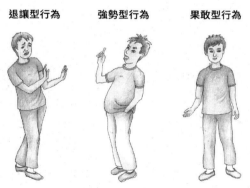

圖 2-1　人際互動過程中的三種行為

我們在生活和工作中經常會看到前兩種行為，比如家長或老師大聲訓斥著孩子或學生（強勢型行為），如驚弓之鳥的孩子或學生膽怯地、恐懼地望著家長或老師而不知所措（退讓型行為）；上司怒氣沖沖地拍著桌子對下屬咆哮（強勢型行為），下屬張皇失措地垂手而立、倍感沮喪（退讓型行為）；客戶趾高氣揚地提出種種不合理要求（強勢型行為），業務或客服滿臉堆笑地取悅、奉承著客戶（退讓型行為）；擁有某種權力的人

（如路上的個別執法人員）大聲喝斥著路邊的流動攤販（強勢型行為），攤主誠惶誠恐、不知所措（退讓型行為）……不一而足！

除了退讓型行為與強勢型行為，我們還有其他的行為選擇嗎？應該如何選擇呢？

我以親身經歷來說明一下這三種行為的區別。

幾年前，我出差到某地，入住了一家四星級飯店。我住在這棟有三十層的高樓中的第二十六樓，餐廳設在二樓。隔天，我吃完早餐，踏入了停在二樓的電梯，準備上到第二十六樓，回到自己的房間。電梯在四樓停了下來，走進來一位三四十歲的壯年男子，嘴裡咬著一根香菸。在電梯門關上的瞬間，他猛吸了一口香菸並將煙霧吐在了狹小的電梯空間內……

此時，換作是你的話，你會怎麼選擇你的行為？

我曾很多次問過他人這種情境下的行為選擇。有人說：「我哪裡有選擇？抽菸是人家的自由嘛，不能干涉！」有人說：「電梯很快就上去了，忍一忍吧！」有人說：「我會譴責他沒有公德心，沒家教，並要求他把菸熄了！」有人說：「我會威脅他再抽的話，就跟飯店投訴他！」有人說：「我會告訴他我喉嚨痛（或懷孕）等特殊情況，然後請他把菸熄了。」有人說：「我會選擇立即按五樓電梯鍵，然後等電梯停在五樓後出去，等下一班電梯。」……有很多不同的選擇。

選擇是一件好事：有選擇，說明我們還有一定程度的自由；就只怕沒有選擇！

但做出的選擇，必須是「合理」的。前文說過，「合理」一詞指的是：①符合自我的期待；②符合他人的期待；③符合法律規定、道德規範和善良風俗。

那麼我們來分析一下當時的狀況：電梯是一個狹小的空間，也是一個公共場所。在當時的那個公共場所裡，只有我與吸菸者兩個人。既然是公共場所，那麼就有我的權益，也有他的權益，這個權益，每人各占50％。我不管他抽菸有什麼理由（國家對公共場所的禁菸是有相關規定的），是出於無意也好，故意也罷，他抽了菸，對於我這個非吸菸者來說，就侵犯到了屬於我的50％的權益 —— 呼吸乾淨空氣的權益！

二、退讓型行為

如果我選擇了「放棄屬於我的50％的權益」，那麼，我就選擇了退讓型行為！

此時選擇退讓型行為的表現有：默不作聲，「忍耐」；按停下一樓層電梯鍵，然後出去等待下一班電梯；懇求他把菸滅掉；示弱（「我」生病了、喉嚨痛、懷孕了等）……這些行為之所以是退讓型行為，是由於其並不符合上面所說的「合理」三個條件中的「符合自我的期待」，即「尊重自我內心的合理訴求」，且在人際互動過程中表現出了膽怯、軟弱、退讓、取悅他人甚至迴避的行為。

有人說：「電梯從四樓上到二十六樓，也不過二三十秒而已，忍一忍就過去了。俗話說，『小不忍則亂大謀』！」這話聽上去很有道理，作為一種暫時的迴避問題的策略倒也不錯，且似乎很能反映出持此觀點者的「智慧」與「哲理」！那麼，這種「隱忍」的做法真的對嗎？首先，應當尊重每一個人的每一個行為選擇；其次，每一個人必須對自己當下的每一個行為選擇負責！

這裡沒有對錯的評判！但我們可以推想一下：類似的（我們放棄本屬於我們自己「合理」權益與訴求的）事情，每天會發生多少？每週會發生

多少？每年會發生多少？一生會發生多少？我們每一個當下的選擇，都決定著我們當下甚至是今後的情緒、心情與做事效率；我們每天對類似情形的行為選擇，會決定著我們當天的情緒、心情與做事效率；我們一生當中遇到的所有類似情形的大多數相同的行為選擇（比如「隱忍」），將會決定我們一生的性格與命運走向……

人生，是由無數的當下的行為選擇累積而成的！

有這麼一句名言：「播下一種行動，你將收穫一種習慣；播下一種習慣，你將收穫一種性格；播下一種性格，你將收穫一種命運。」

我看過很多的新聞報導，累積的隱忍行為，最終因忍無可忍而導致像彈簧一樣的劇烈反彈：無法承受長期家暴的妻子最終舉起菜刀砍傷或殺死自己的丈夫；屢受欺凌的下屬最後退無可退憤而對上司暴力相向；長期屈服於家長或老師淫威的孩子、學生最後絕望之下離家出走……

這些兩敗俱傷的事例，無一不在說明著「退讓型行為」帶給我們的長期的、悲傷的、令人遺憾的負面影響！

三、強勢型行為

那麼，此場景之下的強勢型行為的表現是什麼樣的呢？「強勢型行為」的表現有：大聲斥責，喝令「停止吸菸」；指責對方沒有公德心，道德綁架他人；威脅、恐嚇對方如果不熄掉菸，那麼將會舉報、投訴吸菸者；直接奪取對方的香菸，扔在地上……這些行為之所以是「強勢型行為」，是由於其並不符合前文所說的「合理」三個條件中的「符合他人的期待」，即「他人有獲得尊重與平等對待的合理訴求」，且在人際互動過程中表現出了強勢、強硬、蔑視、進攻甚至冒犯的行為。

這些行為不僅容易引發暴力肢體衝突，甚至有可能引發傷害事件，

直接造成兩敗俱傷的局面！

　　有人說：「他在公共場合吸菸，本來就是對我的不尊重，我又何必尊重他呢？」此話乍聽有理，但仔細分析，裡面還是有欠考量的。這個人在公共場合吸菸，如果是「故意」的，帶有對「我」的「挑釁」成分在裡頭（這種可能性有，但是非常小），那麼我們可以透過果敢表達、理性交流（在後面第五章「回饋技巧」裡會談到具體的方法）來與對方溝通。但絕大多數的情況和可能性是：這個人是無意為之。換言之，他並未意識到他的行為已經對別人造成了負面影響，即他對「我」的不尊重是無意的，此時，如果我們以強勢行為回應，勢必會引起對方強烈不滿，有違「合理」三個條件中的「符合他人的期待」（他人有獲得尊重與平等對待的合理訴求）。那麼，衝突的發生就不可避免（除非對方是個「退讓型行為」的人）！

　　綜上所述，當我們遇到困難的溝通情境時（我們合理的權益與訴求受到了挑戰，如上述「電梯吸菸」場景），我們通常會有兩種行為選擇：不干預、干預。如果我們選擇了「不干預」，那麼我們就選擇了退讓型行為；如果我們選擇了「干預」，那麼我們就會面臨另外兩種可能的行為結果：強勢型行為和果敢型行為。

　　強勢型行為一定是對方在溝通過程中受到了冒犯，沒有被「我」所尊重。因為我們很多人並不知道如何做到果敢型行為，所以通常會選擇退讓型行為（自己心理會極度不適），或強勢型行為（對方心理會極度不適）。而強勢型行為又極易引發衝突，我們又害怕衝突。為了避免「可能」的衝突，我們寧願收聲、沉默、退讓，進而選擇了相對安全的退讓型行為。換言之，我們有時還沒有行動，就被並沒有發生的、想像中的衝突嚇壞了、打敗了，進而選擇了退讓！

　　當遇到困難溝通情境的時候，如果僅有兩種行為選擇（退讓型行為

與強勢型行為），那麼我們通常會選擇退讓型行為，它們占到了我們行為選擇的 67%的可能，主動選擇退讓型行為占三分之一；主動選擇強勢型行為占三分之一；因害怕強勢型行為引發的潛在衝突而不得不被動選擇退讓型行為占三分之一。

可是不要忘記，在退讓型行為與強勢型行為之外，我們還有第三種行為選擇，那就是尊重我們的合理意願，選擇果敢型行為，果敢表達！

四、果敢型行為

那麼，什麼是尊重意願的果敢表達呢？我們對果敢表達的定義是：堅持自己，同時不多餘地冒犯他人！果敢表達。

這裡的「堅持自己」，指的是堅持表達自己合理的意願、權益與訴求，以符合自我的期待（尊重自我內心的合理訴求）；「不冒犯他人」，指的是我們在表達時，應符合他人的期待（他人有獲得尊重與平等對待的合理訴求）；「不多餘地」，指的是之所以我們要表達合理訴求，前提是對方的行為在一定程度上並不符合法律規定、道德規範和善良風俗的要求（如排隊插隊、電梯吸菸、無理要求、不按規定行事等）。當我們在糾正對方的不當行為、表達自己的合理訴求時，對方或多或少地會感覺到不適，而我們的表達要盡可能將這種不適感降至最低，甚至沒有，最好的情況是對方還感覺到愉悅！

這個定義非常重要，請讀者務必記牢！

那麼如何做到果敢表達呢？我們會像本章一樣，有邏輯地、系統地、結構化地在第三章進行闡述，因為做到它其實並不容易。一旦你掌握了果敢表達的技巧，那麼它將助益你一生！

第二節　三種行為辨析

在我教導過的學員中，當面臨困難溝通情境時，大約有 70％的人會選擇退讓型行為，20％的人會選擇強勢型行為，只有不到 10％的人會選擇果敢型行為。而這些選擇果敢型行為的人，大多數並不知道其選擇的是果敢型行為，即無意識而為之。

一、不能做出果敢型行為的五個原因

那麼，為什麼大多數人不能夠做出果敢型行為呢？除了擔心衝突，不了解、未掌握果敢型行為表達意願的技巧外，還有以下五個主要原因：

（1）文化與宗教的影響：我們知道，絕大多數東亞、東南亞、南亞國家和地區的人，在人際互動中，會無意識地選擇退讓型行為，這在臺日韓等國的民眾中表現尤為明顯。這與幾千年來的包括佛教、儒學等宗教與文化在該地區的盛行與影響密不可分。尤其是佛教強調「隱忍」，儒家宣揚「溫良恭儉讓」等等。這些主張的本意，其實並不是讓我們退讓。比如佛教強調「隱忍」的初衷是一種自我修行，以防止所謂的「嗔念」，即仇恨心、憤怒心等；再如儒家的「溫良恭儉讓」，本意是要求我們對待他人要善良、恭敬，對自己要節制、克制等。這些主張在宣揚的過程中，因為溝通漏斗和民眾理解程度的差異，最後往往被理解為要退讓。這實際上是對宗教與文化本意的一種曲解。當然，這也從另外一個方面說明了宗教與文化在宣揚的過程中，其教育的方式或深度還有待改進。但無論如何，文化，特別是區域性文化，會對民眾造成意識領域的深刻影響！

（2）社會治理結構的影響：在東亞等地區，大多數國家的社會治理結構是金字塔式結構，特別典型的如日本企業、韓國企業、中國的國有

企業等組織結構，往往有很多的階級（我曾工作過的日本企業佳能，在二〇〇〇年代初期，從 A0 級員工到 CEO 相差了 17 個階級）。這麼多的階級，會導致下級員工在與上級主管溝通的時候，有很大的精神壓力，他們擔心稍有不慎就會冒犯、觸怒上司，進而影響自己的利益、待遇或職涯發展。這些壓力或擔心，隨之就會轉化為退讓型行為，表現為有問題、有疑問不敢說，或隱晦地說。而大多數的歐美公司，階級相對就會少很多，且越是國際化的大公司，越會強調扁平化管理的重要性。比如全球連鎖的美國麗思卡爾頓酒店，每一位員工都被授權 2,000 美元的使用許可權，即 2,000 美元以下的使用無須上報主管，全憑員工自己視情況緊急或必要程度來判定是否應該為客人提供額外的服務。這種「扁平化管理」的授權方式，不僅為員工向客人「創造獨特難忘的親身體驗，勇於面對並快速解決客人的問題」提供了堅實後盾，讓員工在面臨問題時得以向上司果敢表達，掃除了很多心理障礙。

而另一方面，在金字塔式結構的組織中，每一個位於金字塔中高一階級的主管，往往會對下屬表現得頤指氣使（強勢型行為）；轉身面對上司時，又表現得唯唯諾諾、畢恭畢敬（退讓型行為），從而造成行為的不統一和人格的分裂。

（3）成長與教育經歷的影響：我們在很小的時候，很多的父母都會跟孩子講「孔融讓梨」或類似的故事，但孔融為什麼要讓梨，在什麼情況下讓，什麼情況下可以不讓，並沒有說得清楚。再大一些，父母、老師會告訴我們要「聽話」，在家聽家長的話，在學校聽老師的話，在部門要聽主管的話等等，但為什麼要「聽話」，什麼樣的話必須聽，什麼樣的話可以不聽，並沒有人給我們解釋得很清楚。等讀到了大學、碩士甚至博士，我們會被告知「只做學問，不問其他」。這就導致了一部分畢業生精於專業，但疏於人際交往的基本技能（注意，是「基本技能」），即包括

禮貌、尊重的最基本的人際互動都做不到或做不好，更不要提果敢表達了！隨便舉個日常生活的小例子：我在進出賣場或公司大樓的入口時，如果我進門或出門後，拉著門以便後面的人進出時，十個人中有超過50％的人不會說聲「謝謝」（一種不尊重他人的「強勢型行為」的表現），這就是基本人際交往能力的教育缺失導致的結果。

現今，有不少獨生子女，在家中成為「小王子」和「小公主」，這些被嬌生慣養的「公子」、「王子」和「小姐」、「公主」，相當不適應進入社會後的需要平等、相互尊重的人際互動環境，產生了諸多要麼強勢、要麼退讓、要麼衝突的溝通情境。

身為父母和老師，如果自身的行為不妥當，就會對孩子產生直接的影響。例如小時候經常受到家長或老師訓斥的孩子、學生，長大後通常表現得不自信，行為上傾向於退讓；過於被嬌縱的孩子，長大後通常表現為強勢；父母或成長過程中某一個曾經的老師如果行為上有暴力傾向，那麼這個孩子長大後通常也會表現得有暴力傾向；父母或老師中，如果某個對孩子特別有影響力的人在行為上表現得非常退讓，那麼這個孩子在成年後，要麼也表現得退讓，要麼就會表現得比較極端（或者退讓、或者強勢）。

（4）角色定位的影響：二〇一九年冬天的一個夜晚，我和來自加拿大的同事 Emily 在國內的一個餐廳用餐。離我們不遠的桌上有四位先生在用餐，他們一邊大聲說話一邊抽著菸吞雲吐霧（依菸害防制法規定，大眾交通、醫療機構、公共場合、三人以上共用之室內工作等場所禁菸）。我對餐廳的一位女服務生說：「麻煩您讓那桌抽菸的先生們把菸熄了！」這位中年女服務生笑著對我說：「我是服務生，我哪裡有權力要求客人不抽菸呢？」我很詫異，指著餐廳裡張貼的禁菸標誌對她說：「這是餐廳的合理要求啊！」她更不好意思了，陪著笑說：「不行，我是服務生，我不

能說……」這時我只好站起來準備走過去親自說，但 Emily 拉住了我說：「We could change another table.」（我們可以換張桌子。）於是，我只好和她換到了一張更遠一些的桌子用餐。

這裡，餐廳女服務生選擇了退讓型行為，理由是她是「服務生」——她對自己的角色定位（當然，我的同事也選擇了該行為，但理由並非角色定位）！我們對自己的角色定位會為我們的行為方式帶來潛在的心理影響。特別典型的例子，就像這位女服務生一樣的絕大多數在服務業工作的服務人員，因為工作性質的原因，將自己定位在「低人一等」的服務者角色上，從而下意識地在人際互動中頻繁使用退讓型行為（實際上我們都知道「職業並無高低貴賤之分」）！同樣的角色定位還表現在下屬對主管、學生對老師、業務對客戶、外地人對本地人……反之，如果我們將自己定位在「高人一等」的角色上，那麼就很有可能下意識地在人際互動中使用強勢型行為，比如上面所列舉的反向角色：主管對下屬、老師對學生、客戶對業務、本地人對外地人……

（5）潛在的歧視：歧視是由於優越感造成的。優越感當然也受到前述文化、角色定位等的影響，但遠遠不止於此。從廣義的角度上講，歧視是某一群體因在某一方面具有優勢，而對在該方面缺乏優勢的另一群體的貶抑化看待與對待。比如男性對女性、健康人士對殘障人士、富人對窮人、擁有某技能的人對無該技能的人……

歧視與角色定位的區別是：角色定位高的一方，未必在某一方面比角色定位低的一方，更具有某項優勢（如田徑教練未必比田徑選手跑得更快，游泳教練未必比游泳選手游得更快，而選手都是各自領域世界冠軍的「常客」）；而歧視，一定是某一方比另一方在某方面更具有優勢，如男性比女性更有力量（在古代，男性是家庭經濟收入的主要來源），富人比窮人擁有更多的物質財富……

　　在歧視的關係中，歧視者通常會無意識地表現出強勢型行為，被歧視者往往會無意識地表現出退讓型行為。比如社會會要求女性表現得溫柔、體貼、謙讓，殘障人士在社會資源中所處的劣勢（如有些公共廁所沒有無障礙設施）會導致其表現得自卑、退讓等等。但是不要忘記，女性的溫柔並不等於應放棄自己的合理訴求；超市外的停車場上，距離超市門口最近的停車位，往往是留給殘障人士的。

　　消除歧視與偏見，創造一個更加平等與包容的社會環境，這條道路漫長而遙遠，但並非遙不可及！

　　那麼，我們如何來區別退讓、強勢、果敢這三種行為表現呢？它們有各自的適用情境嗎？如果長期在人際互動中表現出某一特定行為，會帶給我們什麼樣的影響呢？

二、退讓型行為的表現、適用情境及影響

　　有退讓型行為傾向的人，通常表現得比較軟弱、順從、謹慎、壓抑、不自信；肢體語言方面，眼神不敢或很少直視對方，交流時易低眉垂目，或面帶很多微笑，身體無法站定、站直，有時候手足無措；聲音方面，語氣猶豫、遲疑，音量較小；經常使用的語言包括「我不能」、「可以嗎」、「要不」等祈求式或自我否定式的語句；人際互動中通常不願意當眾表達個人觀點，對困難情境予以迴避，問題發生時通常保持沉默，易對他人屈服、讓步，不敢拒絕，擔心衝突，容忍他人侵犯自己的權益，取悅他人，任由他人做決定，也易被他人忽視或拒絕，從而感到沮喪、受傷等等。

　　退讓型行為如果作為一種人際互動的策略，在某些情境下是適用的，比如不需要自己承擔主要責任時；沒有足夠力量或能力影響或改變結果時；有更強而有力的人主導某一事務而自己居於輔助角色時；當眼

前的目標於己而言不是很重要時；被外力脅迫而一己之力無法改變現狀時（權宜之計）；其他作為暫時性迴避可免遭更大損失時。

　　一個人如果長期表現出退讓型行為，對自我的影響是：自我價值感和自信心降低，失去主動性，缺乏責任感和勇於擔當的勇氣，自我貶低，壓力累積，在社交生活中感到像個受害者，感覺被孤立，長此以往可導致心理壓抑、鬱悶，或憂鬱症等心理疾病；對人際關係的影響是：易被他人忽略或輕視，難以獲得他人的信任，易被當作「軟柿子」（所謂「人善被人欺，馬善被人騎」），在團隊中被視為弱者、權益最易被侵犯的人。

　　我們常說「可憐之人必有可恨之處」，比如魯迅筆下的阿Q，從來不知道抗爭，也不勇於表達自己的意願，因而常常被人欺侮。我們在譴責那些欺負老實人的趙太爺之流時，也應該看到，正是由於阿Q的退讓型行為，給了他人侮辱、侵害其尊嚴與權益的機會。

三、強勢型行為的表現、適用情境及影響

　　有強勢型行為傾向的人，通常有強烈的控制慾，愛採取主動行為，因而表現得比較富有進攻性，反應衝動、易被激怒，常常不自覺地冒犯他人；肢體語言方面，眼睛直視對方，面部表情比較少或比較嚴肅，走路、行動快速，手勢誇張，愛指點他人；聲音方面，語氣冷冰、強硬，音量較大，語速快；經常使用的語言包括「你最好」、「你必須」、「你應該」、「我認為」等要求或命令式的語句；人際互動中習慣居於主導地位，強調其個人觀點或利益，忽略他人感受，不給他人發言機會，愛挑戰他人、打斷別人、指責他人，或處於防禦狀態，充滿敵意，時時準備挑起爭端，一點就著，或表現得具有「老大」風範，有保護欲，愛「罩著」他人，干涉或替別人做決定，但時常侵犯他人權益，不惜以冒犯他人為代

價來實現個人目標或期望，行為不可預知。

　　強勢型行為如果作為一種人際互動的策略，在某些情境下是適用的，比如發生特別緊急的情況（如火災、地震等）時；需要承擔主要責任時；需要立即做出決斷、決定時；目標的實現重要而緊迫時；需要自我保護或避免被傷害時；其他需要快速達成目的而不得不犧牲對方心理舒適度的情況發生時。

　　一個人如果長期表現出強勢型行為，對自我的影響是：長期焦慮、壓力大，無法信任他人，難以放心把任務交給他人，凡事過問，凡事憂心，忙碌奔波，甚至焦頭爛額，長此以往甚至可能罹患「三高」（高血壓、高血脂、高血糖）；對人際關係的影響是：因經常發號施令、責備他人，易與他人發生矛盾或衝突，人際關係差，易被他人疏遠，產生隔閡，導致孤獨、落寞、被冷落、孤立。

　　強勢型行為的主管者如中國古代的秦始皇（在 51 歲時壯年暴亡）、英國前首相柴契爾夫人（晚年孤獨淒涼）、美國總統川普（下屬很難與其相處，且經常被調換）……其實，在達成同樣的期望目標的意願下，強勢行為是可以予以改善的。

四、果敢型行為的表現、適用情境及影響

　　能做到果敢型行為的人，通常表現得比較自信而富有親和力，他們知道保護自己的權益，同時也尊重他人的權益，並在不多餘地冒犯他人的前提下，實現個人目標或期望；肢體語言方面，目光真誠，凝視對方，面帶自然與適度的微笑，站姿挺直，體態、動作大方得體；聲音方面，語氣體貼而堅定，音量、語速適中，表述清晰；經常使用的語言如「我想」、「我希望」、「讓我們」、「我們的選擇有……」；人際互動中通常不會

繞開問題，而是選擇主動，面對困難，積極商討對策，提供雙贏解決方案，不隱藏個人觀點，坦誠、開放，具體地回應，有良好的自我情緒控制能力，尊重對方的立場與感受，不傷害或觸怒對方，能夠自然而合理地表達異議或拒絕，同時也能夠專心傾聽對方，表現出同理心。

　　果敢型行為適用於絕大多數正常溝通的情境，特別是合理權益受到侵害時；為重要決定而需要保持一致時；需要在不傷害他人情感的情況下拒絕他人要求時。果敢型行為能夠做到在達成個人意願與目標的同時，令對方感受到相對舒適、沒有受到冒犯、保留了尊嚴。

　　一個人如果能夠長期做到並表現出果敢型行為，對自我的影響是：對自身行為感到滿意，充滿自信，有擔當，有責任感，能在願意承擔後果的前提下做出果斷而清晰的決定，提升工作績效與個人效能，減少猶豫不決和緊張焦慮，並有勇氣面對未來可能出現的挫折和失敗，長此以往因言行一致而倍感身心愉悅；對人際關係的影響是：因在人際互動中表現得有理有據、不卑不亢、進退有度，能了解彼此需求，尋找雙贏方案，因而容易獲得他人的好感與信賴，營造長期友好而融洽的關係。

　　另外，透過果敢型行為表達自我意願還可以維護自身合理的權益與訴求，避免不必要的物質與心理損失，不累積不良情緒，避免過激行為與衝突，從而營造良好、健康、長期的合作關係。

　　綜上所述，我們可以看到，退讓型行為表明我們為個人贏得的人際空間是不夠的，往往壓抑自身的意願與感受，而將合理的權益與訴求過多地讓渡給了對方，導致了自身權益與情感的損失；強勢型行為表明我們在為個人贏得人際空間時，忽略了他人的感受，或損害了他人的利益，從而損害了人際關係，從更長遠的角度來看，也不利於長期的信任與合作；果敢型行為既關注個人意願與利益的表達，同時也關注他人的權益與感受，從而為雙方的相互理解、彼此信任與長期合作奠定了基礎。

第三節　果敢表達要點

果敢表達，需要做到三個要點：非語言資訊、「界限」的掌握、「我」的表達！

一、非語言資訊

果敢表達第一個要點是非語言資訊。美國心理學家艾伯特‧麥拉賓（Albert Mehrabian）在一九六〇年代的研究顯示：當人們在進行情感與態度（Feelings or Attitudes）的交流時，視覺資訊（Visual，即肢體語言）會傳遞55%的真實性或有效性，聽覺資訊（Vocal，即聲音語氣）會傳遞38%的真實性或有效性，而語言資訊（Verbal，即表達文字）僅會傳遞7%的真實性或有效性。這也就是說，當我們想判斷一個人的情緒與好惡，這三者相加達到100%時（視覺資訊、聽覺資訊、語言資訊完全一致），才能互相印證這是一個真實而可信的表達。這就是著名的「3V法則」，如圖2-2所示。

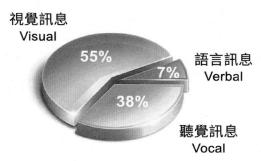

圖 2-2　「3V 法則」── 可信度三要素

「3V法則」又被稱為「可信度三要素」，即「3V」一致即真實，真實則可信！

比如一個男子向一位女子表達愛慕之情，他表達的語言文字是：「我愛你！」這句話只占據資訊真實性與有效性的很小的一部分（7%）；如果他的聲音語調是漫不經心、敷衍了事的，那麼我們基本可以判斷，其聽覺資訊的真實性（38%）是非常值得懷疑的；如果他沒有站立並直視那位女子，而是坐在椅子上一邊低頭玩手機一邊說出這句話的（55%），那麼我們就可以比較肯定地說：他並沒有表達出他愛那位女子的真實情感；或乾脆可以斷定，他並不是真正地愛著那位女子！

如果這三者完全一致 —— 語言上說「我愛你」（語言資訊，7%）；聲音飽含真情（聽覺資訊，38%）；雙手緊緊握住女子的雙手，雙目脈脈含情，心臟因激動緊張而怦怦直跳（視覺資訊，55%）。那麼，我們就基本可以斷定其當下所表達的情感是真實的、值得相信的！

需要說明的是，「3V 法則」只適用於「情感與態度表達的可信性」（三要素一致，可信度高；三要素不一致，可信度存疑），而非指「資訊內容傳遞」的占比 —— 很難想像一位物理老師在教室裡僅靠他的面部表情和肢體動作（有視覺資訊）和敷衍應聲（有聽覺資訊）而一個字不說（無語言資訊）就讓全體學生掌握第一宇宙速度、第二宇宙速度和第三宇宙速度的！（本章後附短文〈關於「3V 法則」的趣聞兩則〉，可作為本段內容的對照來閱讀。）

在果敢表達時，除了我們所要表達的語言文字（語言資訊，如「請按時提交報告」或「請您把菸熄滅」等），我們對對方所表現出來的聲音語調（聽覺資訊）和我們當時的站姿、手勢、面部表情等（視覺資訊），都會對我們表達的效果發揮非常關鍵的作用 —— 因為後兩個「V」所占的比例，加起來達 93%。這 93% 的聽覺資訊和視覺資訊部分，我們稱之為「非語言資訊」！

　　果敢表達中的非語言資訊，一是向對方表明了我們對意願、期望、觀點與立場等的情感與態度，二是向對方傳遞著我們的情感與態度是否是真實的、堅定的。當這93%的非語言資訊與語言資訊一致時，則顯示了我們意願的可信性與堅定性！

　　那麼在果敢表達的過程中，如何做到非語言資訊的可信性與堅定性呢？

　　第一，目光要凝視對方。目光要展現出你內心的真實與真誠，而不是虛假與做作；目光的交流不必死盯著對方，要視對方的接受程度適度凝視。目光的接觸受到區域文化的影響，比如以中國為例，南方人普遍比北方人要更加內向一些；女性比男性更羞澀一些；東方人比西方人更內斂一些等等。碰到這種情況，就要避免目光長時間的接觸。比如與日本人交流，他們大多比較含蓄，也不太會有過多的目光交流（一般目光會停留在對方頸部，而非對方的眼睛及面部），這時候就需要適度交流。而如果與歐美人交流，他們大多比較直接，如果你的目光閃躲游移，或低眉垂目，那麼就很有可能被對方認為你在撒謊。

　　第二，身體姿勢要正且直。正，即站得端正；直，即腰桿打直。如果身體搖搖晃晃，那麼你多半在向他人暗示你對自己意願的表達不會太肯定（退讓型行為的表現），這樣別人就會認為你在猶豫，從而會拒絕你的請求或建議。而如果歪頭斜腦、身體後仰，則很有可能給他人以過於傲慢的印象（強勢型行為的表現），從而會心生牴觸，降低你意願達成的成功率。這裡要注意，即使坐著，身體（特別是上半身）也要盡可能地正、直，最好向對方稍微前傾，以示自己正在聆聽，並向對方表達尊重。

　　第三，手勢要自然、端正。雙手可以自然垂於身體兩側，亦可交叉於腰部或腰部以下。但不要雙手在胸前交叉或在背後交叉（強勢型行為

的表現），也不要不知所措、不知放在哪裡（退讓型行為的表現）。

第四，身體距離保持適度。溝通雙方的身體距離一般在 50 ～ 100 公分之間是比較合適的，雙方的心理舒適度在這個距離內會比較高；小於 50 公分的距離我們稱之為「親密距離」，意即特別或比較親密的人之間的距離（如親人、好友等）；大於 100 公分的叫「社交距離」，通常是在商務場合或一般社交場合，相識度一般的兩個人之間的距離，但也不要相隔太遠，最好在 3 公尺以內。如果雙方關係一般，而身體距離小於 50 公分，通常某一方會感到心理不適或非常不適。不過這也與文化背景有關係。西方人交談身體距離會比較大一些，而阿拉伯人、部分南歐人、拉丁美洲人，會傾向於近距離交談。所以，如果一個美國人與一個中東人或義大利人（南歐人）交談，就會出現有趣的一人步步後退、另一人步步進逼的情況。其實，雙方都沒有錯，他們都在尋找自己習慣的、心理舒適的距離。因此，了解溝通對象的文化背景，掌握合適的身體距離，令對方感到舒適，就顯得尤為必要。

第五，面部表情要自然、適度微笑。面部沒有表情或非常嚴肅會被看作是強勢型行為的特徵；如果不僅嚴肅，而且拉長了臉，把心裡的不快或憤怒全部寫在臉上，那對方就更不願意和你溝通了，恨不能敬而遠之。而面部擁有過多的微笑，或長時間的微笑，會被視為退讓型行為的表現，有取悅、諂媚他人之嫌；如果這些笑容是做出來的假笑，就更糟糕了（民族舞蹈一般會有笑容的訓練，舞蹈表演者從始至終在面對觀眾的時候都要保持微笑，且這個微笑不會有變化或變化很小；不知道臺下的觀眾感受如何，從筆者看來，這些長時間沒有變化的笑容，恰好反映了東方人偏向退讓型行為的文化特徵）。因而，適度、自然、發自內心的真誠微笑，就顯得尤為重要，它會使果敢表達更富親和力與人情味！

　　第六，聲音語氣要乾脆、堅定。乾脆指的是意思表達明確、清晰，不拖泥帶水、不含糊；堅定指的是意志明確，毫不猶豫。這兩者都是透過適度的音量、語速和清晰的聲音傳遞給對方的。通常，音量高、語速快會被視為強勢型行為的特徵，令人有壓迫感、不悅感；而聲音低、語速慢、猶豫、含糊等會被看作是退讓型行為的表現，會令人產生輕視感，從而無法達到果敢表達的目的。

　　以上是在表達自我意願時對非語言資訊的要求。非語言資訊占到了資訊傳遞可信度的 93％，因此對於有效表達個人意願異常重要。

　　讀者可透過回憶、反思自身的溝通習慣，或透過詢問他人對自己在溝通中的印象，來檢視自身在非語言資訊表達上的優勢與劣勢，看看自己傾向於強勢型行為、退讓型行為，還是果敢型行為，並據此做出調整，強化自身肢體語言與聲音語調表達的優勢，修正自己在這方面的缺陷，並採用對照鏡子反覆練習、向熟人（如家人、好友等）反覆尋求回饋等方式，改善自身的非語言資訊行為，為有效地果敢表達奠定堅實的基礎。

二、「界限」的掌握

　　果敢表達的第二個要點是「界限」的掌握。界限，又稱分寸。拿捏分寸，是世界上最難做的事情之一！

　　戰國時期楚國文學家宋玉在他的辭賦作品〈登徒子好色賦〉一文中曾描述了其鄰居東家之女的美麗程度，其文曰：「天下之佳人莫若楚國，楚國之麗者莫若臣裡，臣裡之美者莫若臣東家之子。東家之子，增之一分則太長，減之一分則太短；著粉則太白，施朱則太赤。」意思是說鄰家的那位少女啊，身材恰到好處，多一公分就太高了，少一公分又太矮了；膚色也是恰到好處，臉上撲粉的話看上去就太白了，抹胭脂的話看上去

就會顯得太紅！你看看這位美女的「美麗程度」，是多麼稀世罕有、恰如其分啊！

中華文化博大精深，有很多關於拿捏分寸的描述，茲摘幾例：「人生有度，過則為災；功不求盈，業不求滿；花看半開時，酒飲微醉處」、「樂不可極，樂極生悲；欲不可縱，縱慾成災」、「情深不壽，慧極必傷；過猶不及，物極必反」、「勢不可以使盡，使盡則禍必至；福不可以受盡，受盡則緣必孤；話不可以說盡，說盡則人必易；規矩不可行盡，行盡則事必繁」、「逢人只說三分話，未可全拋一片心」……

但是，你可以發現：在上述的那些關於度的描述中，絕大多數都是非常主觀的。比如說「逢人只說三分話，未可全拋一片心」，我說多少句算三分？說多少句算四分？對對方如何表達才顯得我真誠？如何表達卻會顯得我虛偽？再比如東家之子，她的身高到底多高才會顯得不高不矮？她的臉色到底紅與白的比例是多少才會顯得恰到好處？

由此可見，凡是由主觀評判的事件，不同的人勢必會有不同的判斷標準。所以我們這裡所說的界限或度，一定或最好是有客觀的衡量標準的！

首先，我們要明確：在意願的果敢表達方面，界限或分寸指的是溝通雙方各自利益、訴求與權益的劃分！

其次，這個界限，是要有客觀的衡量標準的！

以上面提到的「電梯吸菸」為例：在電梯裡，只有我與吸菸者兩個人，而電梯是公共空間，因此，我們兩人對這個空間各擁有 50% 的權益。他吸菸了，違反了國家關於公共場所禁菸的相關規定，侵犯了屬於我的 50% 的權益。因此，我有權力表達讓他把菸熄掉的訴求。

回到我們之前所列舉的一些生活或工作中的五個困難溝通場景：

（1）你在排隊購物／購票，前方有一人突然插隊……

（2）你在車上／火車／飛機裡安靜地看書，剛上來的一個年輕人在你旁邊拿著手機大聲通話……

（3）你的一個親戚或朋友向你借錢，金額不低，而你手頭也不會太寬裕，這令你左右為難……

（4）你的同事屢次不按時提交資料給你，導致你工作經常拖延……

（5）客戶提出一個不合理的要求，你卻不知該如何拒絕……

在場景（1）中，插隊的那個人侵犯了後面排隊的所有人的關於公平的權益，他越界了。

場景（4）中，這個同事沒有按照公司或部門的規定／要求（按時提交資料）來行事，影響了你或團隊的工作效率，他越界了。

這裡的界，一定是有客觀的衡量標準的。

那麼場景（2）、（3）、（5）中的當事人，越了什麼「界」呢？請讀者自己思考一下。

如果無法分清彼此的權益與界限，那麼我們的表達就會含糊、不明確，也會令對方困惑，從而意識不到自己做出行為有改變的必要性，增加了溝通的不確定性，甚至產生齟齬、矛盾（強勢型行為的結果）或內心不安、沮喪（退讓型行為的結果）。

只有搞清楚彼此的界限或度，才能夠清晰地、明確地表達我們的意願、訴求與期望，才能令對方明白、理解、接受我們的合理要求，進而做出行為的改變，達成我們的目標！

因此，在果敢表達之前，請先分析清楚彼此的界限或度是什麼，即①自己的利益、訴求與權益是什麼；②對方的利益、訴求與權益是什麼；③其客觀的衡量標準是什麼。

三、「我」的表達

　　果敢表達的第三個要點是「我」的表達！

　　前面提到，由於文化與宗教的影響，特別是儒家「溫良恭儉讓」和佛教「隱忍退讓」等的主張，東亞地區的大多數人會在人際互動中表現出無意識的退讓型行為，這種行為一會導致個人合理的權益與訴求被壓制，二會導致個人合理的權益與訴求在未能公開獲取的情況下進而被迫轉移到私下獲取或乾脆不獲取，即迴避的狀態（既未能讓自己得到，也令他人無法獲得）。

　　這樣的例子比比皆是。比如排隊有人插隊的情況，如果我發聲制止，很有可能既得不到他人的聲援與支持，還會面臨衝突或損失，那麼我乾脆就不發聲（採取迴避的策略），這樣自己的利益也得不到，別人（排在後面的其他人）的利益也得不到；如果我拒絕了客戶的過分要求，萬一得罪客戶而導致訂單取消，那麼這個「鍋」（責任）就有可能由我個人來背負，我與其「背鍋」，不如先答應客戶的無理要求，萬一有損失也是由部門或公司來背負，而且客戶要求得到了滿足，至少訂單不會被取消……

　　凡此種種，不一而足！

　　如果要做到果敢表達，那麼就必須對「我」進行重新認知！

　　「我」是一個個體，一個有著獨立人格的個體，既有權利，也有義務，更有責任。

　　權利指的是個體在事件中應當獲得的合理利益；義務是與權利相對應的、個人應承擔的職責；責任是我們在扮演某種身分與角色時應盡的義務，以及對當沒有盡到或沒有完全盡到義務時產生不利後果帶來的懲罰性結果的擔當。

　　比如說，在排隊購買火車票的場景中，我的權利是按照公平的順序購買火車票（我的利益），當有人插隊時，就損害了我公平獲得利益的權利；我的義務是維護我的利益不受到損害；我的責任是採取行動制止插隊行為，如果沒有制止成功（如對方有特殊情況或對方是非理性人），我願意承擔我所採取的相應行為的結果（無法按照公平的順序購買火車票）。

　　再如，客戶提出非分要求，我的權利是維護公司與身為員工的我的利益（公司利益包含員工利益）；我的義務是維護公司、部門的利益（其中也包含了我的利益）不受到損害；我的責任是採取行動，想方設法使客戶收回不合理要求，如果沒有影響成功，我願意承擔我所採取的相應行為的結果（如訂單取消而導致的業績受損）。

　　當然，在上述場景中，除了個體應當採取行動應對事件外，環境（如社會或組織的獎懲機制）與決策人（如車站的工作人員或公司的主管等）也應當創造一個有利於公平、公正解決問題的條件。因本書內容屬行為心理學範疇，側重於個人的行為改進，因而對外部環境因素暫不做深入探討。

　　我們大多數人都知道自己的權利（當然也有一些人因各種原因沒有意識到自己的權利），也應該能夠意識到自己的義務，但一旦談到責任，很多人就退縮了。除了環境因素，導致這個問題的個體心理因素是人的趨利避害的本能。

　　人們都希望獲得利益、好處，但鮮有人會願意付出代價。懲罰性的結果就是一種代價。

　　我們都知道「天下沒有免費的午餐」、「世上沒有白拿的好處」，但不得不說，人性的弱點令相當多的人不願意為獲得合理的利益付出代價、

承擔責任、接受懲罰性的結果。這裡我們要看到，承擔責任的結果其實有兩種：一種是事件干預成功（如插隊者退出隊伍，或成功讓客戶收回不合理要求等），那麼我們將獲得合理的利益，並收穫成功後的心理舒適與自信；另一種是事件干預失敗（如插隊者沒有退出隊伍，或客戶堅持過分的要求），那麼我將獲得懲罰性結果（無法公平地購買火車票，或失去訂單、影響業績）。這兩種結果的可能性理論上是各占 50％ 的。但是，以筆者多年的果敢表達的親身經驗和心得體會來看，只要我們能做到果敢表達，避免強勢型行為和退讓型行為，我們是完全可以將成功的機率提升到 80％ 以上的！

何況，即使我們的結果是失敗的，那又有什麼關係呢？誰又能保證自己永遠獲得成功呢？即使失敗了，天也不會塌下來。不要忘了，如果我們選擇了退讓型行為或迴避，那麼我們失敗的機率將達到 100％，付出的代價將會更大！

因此，當需要承擔責任時，我們應當鼓起勇氣！這份勇氣，其實可以給我們帶來更大的成功機率和更大的收益！

那麼，如何做到「我」的表達呢？

首先，時常問自己幾個問題：我是否經常意識到「自我」？「我」是誰？我的身分與角色是什麼？我有多少種主要的身分與角色（比如管理者的身分、員工的身分、父親的角色、兒媳的角色等）？在這些身分與角色中，我的合理的權益與訴求是什麼？我的權利、義務與責任是什麼？

保羅・高更的〈我們從何處來？我們是誰？我們向何處去？〉引人思索，如圖 2-3 所示。

圖 2-3　法國後印象派畫家、雕塑家保羅・高更 (Paul Gauguin, 1848-1903)
創作的〈我們從何處來？我們是誰？我們向何處去？〉

　　其次，在具體的情境中，詢問自己：我當下的權利、義務與責任是什麼？我當下的目標、期望、心理預期是什麼？我當下的心理感受是怎樣的？如果事件干預成功，我的心境會有什麼不同（積極心理暗示）等等。

　　最後，採用「我」做主語來表達自己的訴求。比如在「排隊插隊」的場景中，我們可以對那個插隊者說：「我注意到你沒有排隊就進入隊伍中，這讓我感覺不公平，我覺得這對後面排隊的所有人都不公平⋯⋯」；再如，在客戶提出過分要求時，我們可以對客戶說：「『我』非常能理解您提出降低價格這個要求的理由和心情，但是『我』擔心，在現在原材料和人工費用普遍上漲的情況下，價格的降低有可能導致品質下降，會為您的使用者帶來不好的產品體驗，進而影響貴公司的品牌聲譽⋯⋯」等等。在以上的例子中，都採用了「我」做主語以表達自己的觀點與訴求，這一方面展現了「我」對於此事的主動性與責任感，另一方面也向對方傳遞出自己發自內心的善意與良好的初衷。這對於增進彼此的理解與信任極有助益。

　　試想，如果一個人有一個意願或訴求，不是透過「我」來表達，而是透過他人表達，會是一個什麼樣的情況呢？比如小張看到很多部門都漲了薪水，而自己所在部門並沒有漲，又不想直接表達自己的訴求，他就有可能找到同一辦公室的小李，對他說：「小李你看，別的部門都加薪了，你是不是也和主管建議一下，讓我們部門也加薪啊？誰讓你和主管關係好呢……」；又如，你對提出非分要求的客戶說：「不是我不同意降價，而是我們主管不同意，我也沒辦法……」；再如，你對來借錢的朋友說：「哎呀，我也很想借給你，我老婆不同意啊……」如此云云！在這些表達中，當事人沒有採用「我」的表達，而是將責任甩給了他人（小李、主管、老婆等）。試想，與你溝通的人會怎麼看待你，他會認為你是一個負責任、有擔當的人嗎？是一個值得信賴、值得託付的人嗎？你們彼此的關係是會更加親近，還是會受到負面感受的影響呢？進一步設想，如果你的主管或老婆知道了你在此場景中的溝通過程和所說的話，他們會怎麼看待你呢？

　　果敢表達的定義中，「堅持自己，同時不多餘地冒犯他人」中，「自己」的意思即是「我」的表達。

　　「我」的表達其實沒有那麼難，因為你即將表達的是一個願望，而非命令。在表達時，你要充分思考自己想得到的是什麼，表達時要準確、簡潔、清晰，明確說清楚你希望對方做的事。另外，時機的選擇也非常重要：選擇一個好的時機表達，會令事件進展加快；選擇一個不好的時機表達，有可能適得其反。

　　「我」的表達，對於那些有著無意識退讓型行為的人來說，有可能一開始不那麼容易，但如果按照以上的三點去做，一步步實踐，日積月累，你會發現，自己的自信度與心理舒適度將會得到極大的改善。

下次，再碰到類似合理權益受到冒犯時的場景時，問一下自己：「我做到『我』的表達了嗎？」

本章中，我們介紹了溝通中常見的三種行為，以及如何做到意願的果敢表達。特別是最後一節，我們闡述了「我」的表達的重要性。所有這一切，都是圍繞著「我」的表達來展開的。但是，正如第一章所介紹的那樣，溝通的過程是由兩個或兩個以上的主體構成的，即「我」與「你」。對於「你」，以及如何做到對「你」的關注（這一點對於那些有著無意識強勢型行為的人來說尤為重要），我們將在第三章進行詳細闡述。

■ 關於「3V 法則」的趣聞兩則

雖然美國心理學家梅拉比安強調「『3V 法則』只適用於情感與態度表達的可信性」，但很多後來的引用者都將其引申或泛化為如下公式：溝通＝語言（7%）＋聲音（38%）＋肢體語言（55%），即人類在溝通中傳遞的全部資訊是由 7% 的語言文字、38% 的聲音語調和 55% 的肢體語言資訊構成的。

雖然這一誤傳影響深遠（不僅在歐美，而且包括中國、日本在內的很多亞洲的專家學者都在引用該公式），超出了梅拉比安所表述的本意，但如果你看了如下兩則趣聞，也許會覺得那個公式也不無道理呢！

第一則趣聞是關於春秋時期孔子問道於老子的故事。其實，孔子問道於老子的故事早在 2,000 多年前就被《禮記》、《史記》詳細記載，且孔子不止一次地問道於老子。以下的故事並非來自正史，而是來自民間野史 —— 據說孔子作《春秋》時遇到了種種難題，遂率弟子三五人，驅車西行到樓觀向老子求教。孔子一行來到樓觀的時候，老子正在閉目打坐。孔子趕忙上前施禮並說明來意，然後帶領弟子退到一旁垂手恭候。老子旁若無人地從日上三竿一直打坐到夕陽西下。幸虧孔子有耐心，恭

敬惶恐地侍立於一旁，不敢有絲毫懈怠，然而他的弟子們卻早已不耐煩了。待傍晚時，老子才微睜雙目，然後張開嘴巴，用手指了指空空的牙床，然後又伸出舌頭，用手指了指軟軟的舌頭，隨後閉上眼繼續打坐……孔子連忙向老子施禮告辭，之後率弟子離開。東歸途中，孔子的弟子們很是不滿，埋怨等了一天老子什麼也沒說，而孔子卻興奮異常，感嘆不虛此行。他對弟子們說：「老子實際上在告訴我，牙齒是堅強的，卻沒有了、消失了；而舌頭雖然是軟弱的，卻一直保留著，至今完好無損 —— 這難道不是在說『剛者易折，柔者長存』的道理嗎？！」弟子們恍然大悟。

當然，這只是野史，未必真實，因為還有另外一個講述類似故事的版本，不是孔子問老子，而是老子問其即將死去的老師長樅，其故事情節是類似的。

這個故事間接說明了肢體語言的重要性。雖然故事未必真實，但現實生活中不乏類似的僅透過肢體語言就傳遞出核心要旨資訊的例子，默劇的表演形式，就是透過肢體語言來給觀眾傳遞出主要資訊。但是，因為肢體語言以及默劇主要是透過視覺資訊（Visual）來與人溝通，沒有或很少有聽覺資訊（Vocal），完全沒有語言資訊（Verbal），因此，資訊傳遞者的肢體語言必須明確、誇張，而資訊接收者的理解能力也必須高。否則，很有可能資訊接收者接收到的是部分的甚至是錯誤的資訊！

第二則趣聞是關於一匹馬的。20 世紀初，德國一個名叫威廉·馮·奧斯滕（Wilhelm von Osten）的退休中學教師買了一匹馬，並為其取名為漢斯。因為職業的關係，奧斯滕開始給馬上課，因為他很想知道馬的思維能力究竟能達到什麼程度。不久，令人吃驚的事情就發生了：在奧斯滕的教授下，這匹叫漢斯的馬居然學會了自己敲著蹄子數數，只要主人把

一個數字寫到黑板上，並大聲讀出這個數字，漢斯就能用蹄子在地板上敲出相應的數字。例如，主人在黑板上寫上 5，然後大聲讀出來，漢斯就會在地板上用蹄子敲 5 次。更令人吃驚的是，經過主人的耐心訓練，又過了一段時間，聰明的漢斯竟然掌握了四種基本的算數：當人們對漢斯說出一些算術題時，牠會用蹄子準確地敲出答案。這件事在 1904 年被《紐約時報》報導後引起轟動，奧斯滕也帶著漢斯四處表演，雖然他並沒有利用漢斯賺什麼錢，但聰明的漢斯卻引起了很多動物學家和心理學家的高度關注。德國教育委員會組織了一個由著名哲學家和心理學家卡爾·斯圖姆夫 （Carl Stumpf）牽頭的、13 人組成的小組，稱為漢斯委員會，對此進行研究。但該委員會經過調查研究，並沒有得出一個令人信服的結論，反而證明了漢斯好像真能聽懂那些問題，並且是經過自己的思考才做出了正確回答的。

　　事情陷入了僵局。此時，德國比較生物學家和心理學家奧斯卡·豐斯特（Oskar Pfungst）接手了這個調研難題。豐斯特很聰明，他提出了四個不同的實驗策略，終於揭開了事情的真相。這四個實驗分別是：①將馬和提問者與觀眾分開，讓馬無法從提問者與觀眾那裡獲得正確答案的線索；②使用其他提問者來代替馬的主人，看馬是否能夠回答問題；③在馬回答問題的時候，把馬的主人遮蓋起來，讓牠只能聽見不能看見；④讓提問者問一些自己也不知道答案的問題。

　　經過大量實驗，豐斯特得出了一些驚人結論：雖然漢斯不能真的回答問題，但牠卻擁有一項非常厲害的本領，即牠能透過人們臉上的微表情變化，來猜測並判斷人們的想法，即漢斯能夠從提問者臉上或身體動作判斷正確答案。例如，如果讓漢斯計算「7+2 ＝？」時，牠開始用蹄子踏地。剛開始時，馬的主人奧斯滕會肌肉繃緊，雙唇緊閉，目光一直盯

著馬的蹄子，但當牠踏到第 9 下時，奧斯滕的緊張表情一下放鬆下來，嘴角露出一絲滿意的微笑，漢斯馬上就明白應該停下來了。不僅如此，漢斯還會透過現場觀眾「下意識發出的訊號」得到正確答案的線索。每當漢斯的蹄子敲擊到正確的次數時，觀眾都會做出一些下意識反應，以表示讚嘆和吃驚，看到這些表情時，漢斯就會停下來。在豐斯特設計的實驗中，當漢斯看不到提問者，或是提問者問了自己不知道答案的問題時，漢斯就沒法回答了。

謎底解開了：奧斯滕並非有意欺騙大家，漢斯也沒有計算能力，但是牠卻具備另一種特殊能力，即透過觀察人們的肢體語言（Visual），來獲得微妙的提示，並作出人們希望牠做出的判斷！

此後，人們把動物能辨認出訓練員的微小表情動作提示的現象，叫做「漢斯效應」。漢斯效應需要滿足兩個條件：第一，提問的人知道答案是什麼；第二，被提問的動物可以看見提問者的反應。

透過以上兩則趣聞，我們回過頭來再看看人們誤傳的梅拉比安的溝通公式：溝通 = 語言（7%）+ 聲音（38%）+ 肢體語言（55%），會不會覺得也有一些道理呢？要不怎麼會有那麼多的專家學者樂此不疲地傳播這個公式呢？

但是筆者還是想強調一下：對於簡單的或不多的資訊的傳遞，這個公式還是管用或比較管用的，但如果要傳遞的資訊足夠長、足夠多、足夠複雜，語言資訊（Verbal）就顯得越發重要了！

第三章　果敢表達中的同理心

　　這是因為：第一，如前所述，溝通的過程是由兩個或兩個以上的主體構成的，除了「我」，還有對方；第二，前文已經指出，困難溝通場景的成功解決標準有三個：①事情結果或目標（「我」的合理「意願」）達成；②對方心理舒適（至少沒有不適，或將不適感降至最低）；③「我」心理舒適（至少沒有不適，或將不適感降至最低）。以上三個標準缺少任意一個，都不能說明這個困境被成功地解決了！

　　因此，本章將會著重對「對方心理舒適」這一點展開詳述！

　　那麼，對方在什麼情況下會感到心理舒適呢？在絕大多數的情況下，對方會在「感受到被尊重與平等對待的情況下感到心理舒適」。我們也可以在果敢表達的定義中（堅持自己，同時不多餘地冒犯他人）看出這一點，即對方不希望被冒犯或被過多地冒犯！

　　如何避免對方被冒犯，是很多有著無意識強勢型行為的人應該特注意的。在前面所列舉的「電梯吸菸」場景中，大聲斥責對方，喝令「停止吸菸」；指責對方沒公德心，道德綁架他人；威脅、恐嚇對方如果不熄菸，那麼將會檢舉、投訴吸菸者；甚或直接奪取對方的香菸，扔在地上……這些行為都會令他人感到被冒犯，從而增加了對方拒絕我們合理訴求的可能性，為我們干預行為的失敗埋下了伏筆！

第一節　傾聽的藝術

一、傾聽的好處

　　傾聽有兩點好處：一是可以幫助我們更好地了解對方「為什麼要這樣做」；二是可令對方感受到我們對他的尊重與體貼。

在我們講述傾聽之前，請讀者先試著完成以下關於傾聽能力的小測試：以下測試列出了有效傾聽中常見的障礙，請依據以下所描述的每一個情況與自身的傾聽習慣相符合的程度來打分，並將分數記在右側的橫線上：

非常符合，計 3 分；

比較符合，計 2 分；

不太符合，計 1 分；

完全沒有，計 0 分。

1. 我只會聽個大概，很少聆聽細節或事實。_____

2. 我發現自己在聽別人說話時，常會想其他的事情。_____

3. 周圍的嘈雜聲或活動，會分散我的注意力。_____

4. 我常常發現自己對其他人說的話不感興趣。_____

5. 我常常在別人說完話之前，就知道他們想要說什麼。_____

6. 我希望別人盡快說到問題的要點。_____

7. 如果我不喜歡某人說話的方式或所使用的言辭，我就很難注意聽他們說話。_____

8. 我經常需要別人重複他們所說的內容。_____

9. 我通常不等別人把話說完，就提出自己的問題。_____

10. 我可以一邊聽一邊完成簡單的例行工作，而且通常不會漏聽別人說話的內容。_____

（以上「傾聽障礙測試參考答案」見本節最後）

二、溝通中的非語言訊息

　　我們在與人溝通時，經常會表現出一些我們自己都察覺不到的自身非語言訊息。

　　案例一：我曾在某世界 500 強公司工作時，擔任培訓部門的負責人，公司要求在採購產品時需要至少貨比三家。有一次，我們在採購某培訓產品時，其中一個服務供應商的銷售代表和培訓師應約來到我所在公司的會議室，向我們介紹培訓課程。在會談過程中，每當培訓師發言時，那位銷售代表就開始迅速低頭看手機，不時地在收發訊息，看上去非常忙碌。我中間故意開了個玩笑說：「你最近業務很多吧？看上去你挺忙的。」她握著手機抬起頭笑了笑，說：「可不是嘛，現在是業務旺季，我手頭有很多客戶需求，所以很忙！」聽到這話，我當即決定將原定一小時的會面盡快結束。實際上，會談在半個小時內就結束了。

　　案例二：上面案例介紹的是我在甲方的一段工作經歷，現在這個案例是我在乙方的一段場景類似的經歷，只不過服務供應商變成了我所在的乙方公司。有一次，我們與一家公司負責採購培訓產品的人力資源總監（HRD）會面，介紹我公司某培訓產品。雙方坐在會談長桌的兩側，我詳細介紹了該培訓課程的特色及其與市面上同類產品的區別所在，那位 HRD 看上去也在仔細地聆聽。介紹完畢，那位 HRD 忽然問我：「請問您這個培訓課程的特色是什麼呢？」我十分驚訝，因為我剛剛已經介紹過了，但我立即意識到，她剛才其實沒有聽進去，也許是走神了，於是我將 PPT 翻回去又講了一遍。她看到那些簡報，好像意識到這些圖片剛才都展示過了，顯得有點不好意思，於是又問：「您能介紹一下這個課程與市面上同類產品的區別是什麼嗎？」我只好又講了一下區別。她似乎也意識到這些圖片也看過了，更不好意思了，說：「噢，剛才您介紹過了，

對不起！」在隨後的詢價中，她問我價格是否可以優惠，我想到心理補償原理，又想到這個課程的市場唯一性，委婉拒絕了她殺價的請求。事後證明，我的判斷是對的，這個客戶最終採購了我們的課程。

案例三：我父母是安徽人，所以自我記事起就記得父母特別愛聽家鄉的黃梅戲，特別是上海電影製片廠 1955 年拍攝的由嚴鳳英主演的黑白戲曲片《天仙配》，真是百看不厭、百聽不倦。我也是耳濡目染，對全劇臺詞倒背如流。電影講述了玉帝最小的女兒七仙女，因愛慕凡間的農家弟子董永，偷偷下凡與之婚配。玉帝知道後，命令七仙女回宮，並威脅如若違命「定將董永碎屍萬段」。嚴鳳英飾演的七仙女迫於壓力被迫在懷有身孕的情況下拋別董永，返回天庭。七仙女臨別前的幾句唱詞如下：「董郎昏迷在荒郊，哭得七女淚如濤。你我夫妻多和好，我怎忍心將你丟拋！為妻若不上天去，怕的是連累董郎命難逃；撕片羅裙當帛箋，咬破中指當羊毫；血淚寫下肺腑語，留給董郎醒來瞧。來年春暖花開日，槐蔭樹下把子交……」每次看到這個片段，我都會情不自禁淚如雨下：除了藝術家精湛的表演以外，那種親情割離的悲愴，每每令人感同身受，倍感悽婉……

在案例一中，大家可以推斷出來，我們沒有採購那家培訓服務供應商的產品。除了參加會談的培訓師表現一般外，那位銷售代表的心不在焉的肢體語言（頻繁地用手機收發訊息）透露出了她內心的真實想法：要在同一時間服務多家客戶（至少不只是眼前的一家），因為現在是業務旺季！所以，對於她而言，我們並不是最重要的客戶。可以想見，如果把這個單子給了這家公司，他們提供的服務也很可能是不專注、不專業的。

在案例二中，那位 HRD 雖然看上去在聆聽，但實際上她並沒有在聽，而是假裝在聽或選擇性地聽。她當時在想什麼我並不知道，她當時聽到了哪些內容、沒有聽到哪些內容我也不清楚，但我知道的是：她的兩次提問暴露出了在至少兩個關鍵內容的介紹上她走神了，導致了她的

愧疚心理，進而在後面的議價過程中，基於心理補償原理，她沒有強行壓價，而是接受了我們的報價。心理補償是指人們因為主觀或客觀原因引起不安而失去心理平衡時，企圖採取新的方式來表現或發展自己，藉以減輕或抵消不安，從而達到心理平衡的一種內在要求。這也是人們通常會為了克服自己生理上的缺陷或心理上的自卑，而發展自己其他方面的長處、優勢，從而趕上或超越他人，獲得心理補償的一種心理適應機制。這種心理機制解釋了很多有嚴重自卑情結的人為什麼最終獲得成功的原因。生理缺陷越大的人，自卑感越強，尋求補償的願望就越大，做事成功的動力就越大。例如西漢著名史學家司馬遷，因替李陵敗降之事辯解而受宮刑，身體的殘缺令其發憤圖強，最終寫出了傳世鉅著《史記》。心理方面，一個人越有內疚感或愧疚感，越會想法盡力補償對方（所謂「知恩圖報」其實是人的本能，但因社會化原因，也有很多人喪失了這種本能）。此案例中的那位 HRD 就是因為沒有做好聆聽產生了愧疚心理，因而在後面的議價環節做出了相對平和的反應。

　　在案例三中，我想很多讀者都有類似的經歷：那就是當溝通的對象表達了其所經歷且你亦曾經歷過的類似事情時，一定會觸動你在當時經歷中的深刻感受，從而產生共鳴（同理心），進而產生「於我心有戚戚焉」的強烈的情感！電影中七仙女與親人的離別，往往觸動我與親人離別的場景：如父親的離世；再如在孩子成長的過程中，我一家四口曾經歷多年在四個城市生活的分別之苦，且這四個城市分布在地球的東半球與西半球、南半球與北半球。那種親人見面時的喜悅，以及離別來臨之際的感傷，往往令筆者在看到電影中類似的離別場景時，百感交集、難抑淚眼……

三、傾聽過程中的非語言訊息要點

上面我們透過三個案例分享了在傾聽過程中的我們的一些行為表現，往往會影響對方的行為走向：要麼對方的行為朝著我們預期的方向發展，要麼對方的行為與我們的期望背道而馳！這裡面十分重要的、需要再次提及的，就是「3V 理論」，即我們在表現對對方尊重這一方面（令對方感覺心理舒適），我們的語言資訊、聲音資訊以及肢體語言，都在向對方傳遞著我們的心裡是真的尊重對方，還是假的尊重甚或根本就不尊重對方。尤其是在資訊一致性中的占比達 93% 的「非語言資訊」（聽覺資訊與視覺資訊），在傾聽過程中尤為重要！

傾聽過程中對「非語言資訊」的要求，在第二章第三節已有詳細論述，這裡我們再扼要回顧一下，並新增一些其他需要注意的傾聽過程中的非語言資訊要點，它們是：

- 目光要凝視對方。
- 身體姿勢要正且直。
- 手勢要自然、端正。
- 身體距離保持適度。
- 面部表情要自然、適度微笑。
- 聲音和語氣要乾脆、堅定。
- 專注，放下手頭的工作，不要看手機或其他能令我們將注意力從對方身上轉移走的東西。
- 身體微微前傾。
- 不要搶話題。
- 適當回應（下一節會專門說明「回應」）。
- 避免干擾，如他人打擾，或電話鈴響（可將手機設定成靜音模式）。

・以相同情緒回應，當然，最好是同理心回應。

……………

以上傾聽過程中的行為表現，將令溝通對象感覺心理舒適，至少不會反感、厭惡，提高我們表達的成功率；反之，上述所列要點的反面，即是不能展現「有效傾聽」的行為特徵，會降低我們表達的成功率，所以請務必避免！

傾聽有五層境界，分別是：①心不在焉地聽（如上述案例一）；②假裝在聽（其實是在走神，如上述案例二）；③選擇性地聽（可能的表現是我們在溝通中經常打斷對方，經常插話，把談話引導到我們感興趣而非對方想說的話題上去）；④專心地聽（很少有人能做到）；⑤有感情地聽（如上述案例三，即同理心傾聽，最高境界的傾聽，本章後面會具體講到）。

看看本節後附的「傾聽障礙測試參考答案」，你通常是在第幾層境界中傾聽呢？

■　附：傾聽障礙測試參考答案

每個人在傾聽的過程中，都或多或少地存在不專注的情況，即每個人其實都或多或少地存在傾聽障礙。

如果你的測試得分介於 0 ～ 5 分，那麼你堪稱完美的傾聽者了，你有非常強的同理心潛力，傾聽能力極為優秀。

6 ～ 10 分，你是一個優秀的傾聽者，得分在 10 分以內的人在人群中不超過 20%。

11 ～ 15 分，你的傾聽能力良好，還有提升的空間，需要在傾聽過程中更好地專注於對方。

16 ～ 20 分，你的傾聽能力一般，經常會被內部或外部的「噪音」（干擾因素）打擾，影響你對對方資訊的接收，你需要反思並改善。

21 ～ 25 分，你的傾聽能力有比較大的問題，你很少關注對方，而是過多地關注自己的需求與表達，對方一般會對你感到不滿（但他們未必會說出來）。

26 ～ 30 分，非常不幸，你的傾聽能力非常糟糕，你要麼是一個非常強勢的人，要麼是一個消極迴避者。你在他人眼中是一個缺乏同理心的人，這將令你在工作與生活中缺少朋友，你時常感到孤獨，這迫切需要你警醒、反思並盡快地予以改善！

第二節　回應的藝術

一、回應的方式

每個人都有過傷心的經歷，無論具體的事情是什麼。試想，假如你正在與某人談論一件非常傷心的事情，對方有可能有以下五種回應方式：

A. 「哦，你為這種事傷心嗎，我有件事比你那件事可慘多了！我當年……」

B. 「……」（對方除了眼睛在看你，無任何回應）

C. 「哦……嗯……」

D. 「真可憐，太慘了！」對方一邊搖著頭，一邊皺著眉頭說。

E. 「那是發生在什麼時候的事？真是太令人難過了！」對方一邊擁抱你，一邊說，「真沒想到你曾經有過那麼傷心的經歷……現在一切都過去了，希望這樣的事情永遠不要再發生。」

請問以上五種回應的狀態中，哪一個回應狀態會令你更感動？

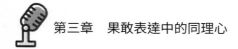

上面我們列舉了五種常見的在溝通過程中的回應狀態，它們是不是很熟悉？有些就是我們自己的翻版，對嗎？

A. 可以說，這是一個很糟糕的回應。回應者完全把注意力放在了自己的身上，而非表達者身上，從而令表達者完全不能感受到對方的情感回應。

B. 這是我們大多數人經常做的，只是在聽，面無表情，沒有任何回應。

C. 這只是應付式的回應，同樣會令表達者喪失繼續溝通的願望。

D. 這表達了同情心，但還不是同理心（本章第四節我們會講到兩者的區別）。

E. 這應該算是一個很好的、近乎同理心的回應了，不僅展現了對表達者的感同身受，而且以體貼關懷的肢體語言來表現對表達者的安慰之情。

一個糟糕的回應，或沒有回應，或沒有真心、應付式的回應，會令溝通對象倍感冷落、失望，從而喪失繼續溝通的意願，進而會損害彼此感情的加深、距離的縮短；而過度的回應，也會令對方感覺做作、虛偽。

一個好的、有感情的、有同理心的回應，不僅會令對方感受到你在傾聽，而且會鼓勵對方說得更多，從而拉近彼此的心理距離。如果是有意識的、帶有引導性的回應，還會加深彼此的理解從而減少誤解，或令對方梳理表達的架構及思路，更好地達到溝通目標。最重要的是，一個好的回應能夠增加對方的心理舒適度，讓表達者倍感溫馨與體貼！

二、「內容的回應」和「情緒的回應」

那麼我們如何在溝通表達時給予對方回應呢？

回應包括「內容的回應」和「情緒的回應」！任何一個人在溝通時，其所發出的訊息均由兩部分構成：內容與情緒，如圖 3-1 所示。

圖 3-1　資訊包括內容與情緒

看這段描述：我的祖母於 2020 年初在老家因病去世，時年 72 歲。她的去世，使我的家庭成員僅剩下了我一個。在我小時候，父母因意外去世，是祖母拉拔我長大的。她的離去，令我倍感孤單、難過……

這段描述基本涵蓋了表達內容的「5W1H」，但其表述的想法與意圖我們仍然可以透過 What 的問題不斷去釐清。並不是每個人都可以在溝通過程中能清楚地說明一切，因此我們可以在回應的時候，透過「5W1H」來了解對方在內容表述方面不太清楚的地方。比如我們可以這麼回應：「這件事是什麼時候發生的？」「在什麼地方發生的？」「當時都有什麼人在場？」對內容的回應不僅可令對方表述事情的脈絡更加清晰，有利於後面我們對事情的判斷或決策，更可以表明我們在傾聽過程中的專注與認真。

對內容的回應方式有兩種。第一種是澄清，用以澄清資訊，比如上段文字所提的「5W1H」問題，又如「我聽到你的意思是說……」「你聽起來是……」「你給我的感覺是……」等；第二種是總結，用於在對方表達

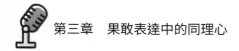

完一段話之後的整體含義的確認，如「讓我整理一下，你剛才想表達的意思是……」「總之，你是想要……對嗎？」等。

所謂情緒，即我們在表達內容時的內心感受。情緒可以分為很多種，但大致上有三種：心情好的、心情不好的以及無所謂好壞的無情緒狀態。並不是每個人都可以敏銳地捕捉到對方心理情緒的變化，也並非每個捕捉到對方心理情緒變化的人都能夠迅速而準確地對對方的情緒給予回應（本書第四章會講到「情緒與情商」）。

在上面的那段關於「祖母去世」的描述中，你能感受到表達者的情緒是什麼嗎？

除了其所表述出來的「孤單、難過」外，還表達出了一種深深的憂傷與無奈，在所有親人離去後的巨大悲痛與無依無靠的感覺，以及因為無依無靠而產生的對未來未知生活的擔心與恐慌。

對情緒的回應可以有兩種角度。第一種是「你的角度」，如「你一定非常難過……」「我猜你很開心……」「那你當時一定很為難吧……」等；第二種是「我的角度」，如「我很為你難過……」「我真為你高興……」「太好了，我為你感到驕傲……」等。

三、回應的注意事項

在回應的時候要注意以下七點：

· 不要為了回應而回應，即不要做作、虛偽地回應。

· 回應妥當不僅是出於禮貌與尊重，更是發自內心的、真實的感受。

· 回應要及時，但時機的選擇也很重要，不要過度使用，最佳時機是在澄清重要觀點、總結討論內容以及對方處於強烈的情緒狀態之中時。

- 一定要聽對方表達完他的意思，不要輕易打斷。
- 用我們自己的語言來回應所聽到的內容與情緒，並在關鍵點上與對方確認是否理解準確。
- 如果雙方認知相同，則繼續交流；若不同，則需要繼續回應、澄清。
- 回應的基礎是雙方意見充分交流，這樣才能確保回應準確、理解到位。

一個好的回應，會拉近彼此的心理距離，加深雙方的理解與意願的達成；一個不好的回應，則會令對方感受糟糕，妨礙意願的實現。那麼，在對方發出的訊息包括內容與情緒這兩部分時，我們要先回應哪一個呢？

一個好的、有經驗的行銷人員或客服人員，一定會在溝通過程中的內容與情緒的傳遞中，敏銳地捕捉到對方情緒上的變化，並迅速做出回應，先解決情緒層面的問題，之後再解決內容層面的問題。

比如我們看到一個怒氣沖沖的客戶衝進辦公室投訴時，一個有經驗的工作人員通常會做出如下反應：「您好！您別著急，有話慢慢說……」「您先請坐，我給您倒杯水……」「先生，真的是非常抱歉，這個問題我的職權不夠。您看這樣好嗎，我向我的上司彙報一下，先把您的情況跟上司說說，然後在 24 小時之內回覆您……」「您可以先拿我們提供的替代品使用，您購買的這個商品先留下，我們來處理。一旦有了處理結果，會第一時間通知您……」等。

先安撫對方的情緒，目的是令對方冷靜、理智，再解決內容層面的問題，就會容易得多；如果反過來，先解決內容層面的問題而又無法達成一致，那麼勢必會在對方本已惱怒的情況下火上澆油，令事件變得越發複雜。

　　當然，我們說先回應情緒通常指的是在問題解決方案上無法暫時達成一致意見時的舉措；如果能就內容層面的問題迅速達成一致、快速解決，那麼情緒層面的問題自然會迎刃而解，快速消融。

　　關於內容與情緒的回應，我們來看一個很好的範例。美國電影《班傑明的奇幻旅程》（*The Curious Case of Benjamin Button*）講述了一個一出生便擁有 80 歲老人形象的名叫班傑明‧巴頓的人，他的外形隨著歲月的流逝逐漸變得年輕，最終回到嬰兒形態，並在蒼老的戀人黛西懷中離世的奇異故事。電影中，班傑明越來越年輕，而戀人黛西越來越老。黛西對班傑明說：「你臉上幾乎沒有皺紋，而我的皺紋卻不斷增多，這真不公平！」班傑明回應道：「我愛你也愛你的皺紋，兩個我都愛！」

　　你看，這個高情商的班傑明，既做出了內容層面的回應（承認對方越來越老、有皺紋的事實，沒有撒謊），又做出了情緒層面的回應（不要擔心有皺紋，「你」和「皺紋」他都愛）；既真誠，又體貼；既安撫了對方的不安，又表達了對對方的愛意。這是不是一個很好的、有同理心的回應呢？

第三節　提問的藝術

　　說到提問的藝術，就不能不提一下古希臘最偉大的哲學家蘇格拉底！

　　蘇格拉底（Socrates, 470B.C.-399B.C.）是「古希臘三賢」之一，與孔子同時代人（比孔子小 81 歲），如圖 3-2 所示。「古希臘三賢」指的是曾在古希臘文學、藝術、哲學領域做出過非凡貢獻且影響至今的三位偉大人物：蘇格拉底、柏拉圖、亞里斯多德。蘇格拉底是柏拉圖的老師，柏拉圖又是亞里斯多德的老師。怎麼樣，是不是很厲害？然而，更厲害

的是：蘇格拉底一生沒有寫過任何傳世的文字作品（孔子整理過《詩》、《書》、《禮》、《樂》、《易》、《春秋》六部古籍），他的生平事蹟，通常是由其弟子們記錄下來而流傳於世的（雖類似孔子弟子們所記錄的孔子言行的著作《論語》，但又不在同一本著作中），卻被後人奉為西方最偉大的哲學家，其原因何在呢？

　　蘇格拉底出身平凡，然而卻非常好學，善於思辨。他一生中的大部分時光都是在室外度過的，包括市井街頭、市場、運動場等公眾場所。他非常喜歡與各色人等交流，並提出各式各樣的問題，比如你做什麼工作？你的技能是什麼？請問什麼是虔誠？什麼是民主？什麼是美德？什麼是勇氣？什麼是真理？諸如此類的問題。當別人向他提出問題時，他通常並不直接給出答案，而是用提問（反問或反駁）的方式，令對方自己思考，並自己得出答案。以下是他與其弟子學生歐提德謨斯的一段有趣的對話——

　　歐提德謨斯：「先生，請問什麼是善行？」

　　蘇格拉底：「盜竊、欺騙、把人當奴隸販賣，這幾種行為是善行還是惡行？」

　　歐提德謨斯：「是惡行。」

　　蘇格拉底：「欺騙敵人是惡行嗎？把俘虜來的敵人賣作奴隸是惡行嗎？」

　　歐提德謨斯：「這是善行。不過，我說的是朋友而不是敵人。」

　　蘇格拉底：「照你說，盜竊對朋友是惡行。但是，如果朋友要自殺，你盜竊了他準備用來自殺的工具，這是惡行嗎？」

　　歐提德謨斯：「是善行。」

　　蘇格拉底：「你說對朋友行騙是惡行，可是，在戰爭中，軍隊的統帥

為了鼓舞士氣，對士兵說，援軍就要到了。但實際上並無援軍，這種欺騙是惡行嗎？」

歐提德謨斯：「這是善行。」

…………

蘇格拉底在與人交談的過程中，透過提問來引發他人的思考，令對方主動分析問題、解決問題，進而養成思辨性、批判性的思維方式，鍛鍊獨立思考、辯證思維的能力！這種教學方法，至今仍在廣泛而深遠地影響著西方國家的教學實踐。

蘇格拉底曾說：「我的母親是個助產婆，我要追隨她的腳步：我是個精神上的助產士，去幫助別人產生他們自己的思想。」而他使用的「助產思想」的工具，就是「提問」！

良好的、有深度的提問，不僅可以激發思維，而且可以引導對方向著有利於問題解決的方向去思考。此外，還可以令溝通對象產生自己找到答案後的興奮感與成就感，並加深溝通雙方的理解與情感聯結！

一、提問的方式

最基本的提問方式有兩種：封閉式問題與開放式問題。

封閉式問題即只需回答是與否（Yes or No）的問題，是一種帶有預設答案的問題，如「你喜歡游泳嗎？」「明天會下雨嗎？」「你同意這個建議嗎？」等。封閉式問題一般用於確認提問者的設想、澄清事實或縮小討論的範圍。

封閉式問題的好處是：它可以檢驗提問者的觀點、設想是否被對方認同、認可，使得目標更容易定位，從而縮小討論範圍，進而比較快地獲得想要的答案。但其亦有很多弊端，如：過多的封閉式問題會令被提

問者產生壓迫感、緊張感，且只能按照提問者的思路回答問題，不能向提問者表達更多被提問者個人的想法與見解，範圍過於局限，從而壓制思路的拓展，不利於創造性地解決問題。

　　開放式問題是不帶有預設答案的問題。因其對回答內容不設限制，完全放開，故而提問者可以提出更為廣泛、概括、範圍更大的問題。前文曾介紹了「5W1H」的問題，因本節專門講述提問，因此這裡我們把開放式問題的範圍擴大到「6W3H」，即 When、Where、Who、What、Why、Which 與 How、How many、How much，用中文表述即「何時」「何地」、「何人」、「何事」、「何因」、「哪一個」與「如何發生的」、「發生的數量」、「發生的程度」。比如：「這件事是何時發生的？」「在哪裡發生的？」「當事人都有誰？」「發生了什麼？」「起因是什麼？」「哪一個環節出錯了？」「事件發生的過程是怎麼樣的？」「有多少人會受到這個事件的影響？」「影響程度有多大？」等。

　　這裡需要注意的是 Which（哪一個）這個詞。如果其所給定的範圍是開放的、無限制的，那麼它就是一個開放式問題，如「我們的聚餐你想去哪一家餐廳？」「大學填志願你想報哪一個科系？」等；但如果它所給定的範圍是有數的、有限制的，那麼它就是一個封閉式問題，如「樓下的韓餐廳、日料館、中餐廳，你想去哪一間吃飯？」「A、B、C、D 四個答案你覺得哪一個正確？」等。

　　開放式問題的好處是：因其不設限，故而被提問者可以以開放的心態表達出更多的想法，向提問者提供更多的資訊，有利於拓展思路，創造性地解決問題，且被提問者會感受到自己被聆聽、被關注，溝通的意願度更強，心理舒適度也更高。但因其著眼於對方（不似封閉式問題著眼於驗證「自己」的資訊），且回答不設限，因而提出開放式問題的難

度更大，需要消耗的時間更多，最後如果想縮小討論範圍、獲得理想答案，還是需要封閉式問題來收尾。

綜上所述，封閉式問題主要是用以確定我們「自己」的想法與目標，但對方會感到壓力與緊張；開放式問題關注點在「對方」，因而溝通的資訊量更大，對方的心理舒適度也更高。因此，如果我們希望對方能更好地配合我們的意願、想法與目標，建議最好多問開放式問題，最後用封閉式問題來確認與收尾即可。

可是人的本性是關注「自我」更多一些，也就是說溝通過程中人們更容易提出的是封閉式問題，不太容易提出開放式問題。如果讀者仔細回顧、思考一下自己的溝通與提問習慣，或觀察一下周圍人的溝通習慣，你就會發現這是一個令人尷尬的普遍現象。那麼，如何提出令對方心理舒適度更高的開放式問題呢？

二、提出開放式問題的兩個技巧

這裡筆者介紹兩個提出開放式問題的技巧：「轉換技巧」與「盒子技巧」。

所謂「轉換技巧」，即理論上講，所有的封閉式問題都可以轉換成開放式問題，比如：

「你喜歡這款衣服嗎？」→「你喜歡什麼款式的衣服？」

「您是王先生嗎？」→「請問您是哪位？」

「這個假期你想去臺南嗎？」→「這個假期你想去哪裡？」

「這把鑰匙是辦公室鑰匙嗎？」→「哪一把鑰匙是辦公室鑰匙？」

⋯⋯⋯⋯⋯

以下練習請讀者試著把封閉式問題轉換成開放式問題 ──

「名冊上的李樺是女生嗎？」

「昨天摔傷後你去醫院了嗎？」

「你受的傷嚴重嗎？」

「你有男朋友嗎？」

「你喜歡小孩子嗎？」

…………

所謂「盒子技巧」，即每句表述都包含至少一個「盒子」（「關鍵詞」，其往往能提供進一步的資訊），開放式問題就是開啟盒子的鑰匙。

不知道大家有沒有過「尬聊」的經歷。「尬聊」即聊天時因為不知道該說什麼，或聊著聊著就「聊死」了，而情境又必須聊天，以至於雙方都很尷尬。產生這一現象的原因是溝通的某一方或雙方的溝通技巧欠缺，不懂得提問的技巧，因而就出現了尷尬的局面。如果掌握了盒子技巧，那麼「尬聊」的現象將不復存在。

任何一個人，只要一張口，一定會透露出一些資訊，比如「今天天氣真不錯」或「我非常想念家鄉的親人」。第一句中，主要的關鍵詞有「今天」、「天氣」、「不錯」，我們可以針對這些關鍵詞提出的開放式問題分別是：「通常什麼時候天氣會不錯？」「今天的天氣哪部分讓你感覺不錯？」第二句中，主要的關鍵詞有「我」「非常」「想念」「家鄉的親人」，針對這些關鍵詞可以提出的開放式問題有：「你有多想念家鄉的親人？」「你對家鄉的親人有什麼感覺？」「你想念親人的什麼？」由此可見，每一個關鍵詞，我們都可以以一個開放式問題來進行提問。

應用舉例：

情景一：連假假期之後你與朋友聚餐聊天，朋友說：「我連假去了黃山。」你可以針對關鍵詞「黃山」提問一些開放式問題，如「哦？你和誰

去的？」「黃山在哪裡？」「黃山怎麼樣？」「黃山有哪些景點比較好玩兒？」「黃山的什麼地方令你印象深刻？」等。如果你朋友回答說：「黃山四絕『奇松、怪石、雲海、溫泉』中的『奇松』令我印象深刻。」你可以繼續針對關鍵詞「奇松」提問：「黃山的松樹和其他地方的松樹有什麼不同嗎？」「為什麼『奇松』令你印象深刻？」等。如果你朋友回答說：「它令我有一種心曠神怡的感覺。」你可以針對「感覺」繼續提問：「能打個比方嗎？心曠神怡是一種什麼樣的感覺？」「通常什麼情境會帶給你類似的心曠神怡的感覺？」「這種感覺下你最想做什麼？為什麼？」……

　　情景二：你正在與一個需要採購培訓課程的客戶溝通需求，客戶說：「我們的管理人員都太年輕了。」（關鍵詞「年輕」）「所以呢？年輕對於管理者意味著什麼？」「他們管理經驗不足。」（關鍵詞「他們」、「管理經驗」、「不足」）「這些管理人員的情況您能介紹一下嗎？他們需要什麼樣的管理經驗？哪裡不足？有什麼表現？能舉一些例子嗎？」「他們經常耐心不夠，控制不住自己的情緒，導致與下屬關係緊張。」（關鍵詞「耐心」、「緊張」）「通常在什麼情境下他們會顯得耐心不夠？關係緊張導致的後果是什麼？」……

　　從以上兩個例子可以看到：溝通對象只要有一句表述，那麼裡面一定有至少一個盒子（關鍵詞）；我們針對這些盒子來提出一個或多個開放式問題（即開啟盒子的鑰匙），往往就能獲得更多的資訊，使溝通順利進行下去。

　　從理論上講，盒子技巧可以令溝通無限進行下去，也就避免了「尬聊」現象的存在。但是要注意：一是不要過度使用盒子技巧，以免令對方厭煩；二是提問的鑰匙要針對關鍵的盒子，即針對你要解決的關鍵點來提出問題，不要令溝通的目標跑偏了！

上面我們分別介紹了兩種基本的提問方式（封閉式問題與開放式問題），以及如何提出開放式問題的兩個技巧（轉換技巧與盒子技巧）。下面我們來深入介紹一下封閉式問題與開放式問題的具體應用，以及如何提出強而有力的問題（Powerful Questions）。

三、封閉式問題的應用

封閉式問題一般用來確認「自己」想知道問題的答案，其特點之一就是限定性。有一種帶有引導性質的封閉式問題，常常帶著隱蔽的色彩，將答案隱藏起來進行提問，這就是引導式問題。引導式問題即為了讓對方說出提問者所期望獲得的答案，而將答案隱藏在給定的一個或幾個限定性選擇裡的封閉式問題。

這種問題引導性強，隱蔽性強，是一種較高水準的提問方式，一般多用於銷售過程，或推銷自己的觀點與主張。引導式問題主要以下有三種：

（1）直接引導問題，又被稱為肯定式引導問題，如：「今天天氣真好，對吧？」「這件衣服的款式很適合你，你說是不是？」「所以這一款理財產品是最適合您目前的需求的，您說對嗎？」這類問題隱含著明確的答案，通常被提問者只能給出肯定的回覆。

（2）間接引導問題，提問中往往加入了心理暗示，如「這是時下最流行的服裝樣式，不知道您想買什麼樣的？」問題中暗示購買者這是「時下最流行的」，引導其購買「最流行的」；再如「90%的客戶都選擇購買這一款理財產品，您覺得怎麼樣？」暗示大多數客戶都購買了這款產品。間接引導問題看似是開放式問題，實則因其引導性強，更像是封閉式問題。

（3）選擇引導問題，即提問者給出兩個以上的限定性選擇來提問，如「你想吃韓式還是日料？」「我們去百貨公司、超市，還是去電影院或遊樂場？」「房子您也看過了，您看您傾向選 A 戶型、B 戶型還是 C 戶型？」最後這句是暗示客戶就在這個房地產購房，不要去其他開發商的房地產選房了。

這種引導式問題因隱蔽性強，故而被提問者往往會在提問者給定的範圍內做出有限的選擇，殊不知，被提問者其實還有其他很多選擇。

四、開放式問題的應用

開放式問題不設限，可令被提問者表達出更多的想法與思路，特別有利於開拓性思維。探索式問題是為了探索無限可能而提出的鼓勵表達更多想法的開放式問題。我們介紹以下六種：

（1）澄清（Clarification），用於澄清事情原委及對方的想法，如「你想要表達什麼意思？」「你認為主要問題是什麼？」「你能否（How about，開放式問題）舉一個例子給我們？」「你能否做進一步的解釋說明？」

（2）目的（Purpose），用於探明對方動機、目標等，如「你為什麼這麼認為？」「這個問題為什麼這麼重要？」「你想達到的目標是什麼？」

（3）假設（Assumption），用於探明對方在類似場景下的其他可能性的看法，如「如果凶手不是他，你認為會是誰，或什麼樣的人？」「如果這個事情再發生一次，你會有什麼不同的做法嗎？」「如果這件事不是發生在公司，而是發生在客戶那裡，你會怎麼處理這個問題？」

（4）原因和證據（Reason ／ Evidence），用於探索事情的證據和論證，如「你為何相信這是真的？」「什麼令你得出這一結論？」「哪裡令

你覺得可疑？」「還有什麼可以證明你的觀點是正確的？」

（5）暗示（Implication），用於探索暗含的可能的結果，如「那樣做會有什麼結果？」「你會怎麼促使這件事發生？」「這種事情發生的機率會有多大？」

（6）相關（Relevance），用於探索對方對相關資訊的考量，如「什麼令你有這樣的感覺？」「其他人會有什麼想法？」「這兩者有什麼區別？」「你可以推論出什麼來？」

為了激發對方更深入、更深刻地思考，有時候我們需要提出強而有力的問題。那麼什麼樣的問題可以激發對方的深入思考呢？強而有力的問題有如下特點：

- 通常是開放式問題；
- 簡短、有力；
- 可以激發對方深入思考；
- 更關注人而非事；
- 一次只問一個問題；
- 具有聯結性（聯結上下文資訊，即 Context）；
- 在恰當的時機提出。

茲舉以下三個例子：

例一：有一次我為某歐洲製藥公司的銷售團隊總監（中年女性）進行諮商，她提到有一個心病近十年來一直困擾著她。細問得知，約十年前，她曾經與一位朋友在交往過程中因為一點小事發生了矛盾，從此再不往來。這些年，每每想到那位朋友，她內心就很不安，不知道該如何恢復兩人的關係。我問她：「你為什麼想恢復與那位朋友的關係？」她說：「我也不知道，說不上來！」我問：「你怎麼定義一個好的關係？」她說：「能談

得來，互相理解，最好興趣愛好、價值觀都類似或接近。」我問：「如果有這樣的一位朋友，你會為你們之間關係的價值打幾分？如果滿分是十分的話。」她說：「那肯定是十分了，至少九分。」我繼續問：「那你能否按照親密關係程度或關係價值分數的高低，來說一下你周圍的人際關係是怎麼樣的嗎？」她說：「首先，最親密、價值最高的當然是家人了；其次，是親朋好友，尤其是興趣愛好、價值觀接近的好朋友；再次，是同事，包括我的上司與下屬；最後，是一般朋友。」我問：「那你為你和那位朋友的關係價值打幾分？」她想了想說：「也就兩分吧。」我又問：「為什麼呢？」她說：「因為我們關係一般，而且也不是特別能談得來。」我繼續問：「未來她在你的關係圖中的重要性你打幾分？」她說：「也就一兩分，不是很重要。」我接著問：「那請問你現在想與其恢復關係的意願度是多少分呢？」她又想了想說：「好像沒有剛才那麼強烈了。我覺得恢不恢復都無所謂了，畢竟那麼多年沒聯絡，而且她在我的朋友中也沒有那麼重要。」

　　以上的提問是層層遞進的，其中的「那你給你和那位朋友的關係價值打幾分？」「未來她在你的關係圖中的重要性你打幾分？」和「那請問你現在想與其恢復關係的意願度是多少分呢？」等幾個問題是強而有力的問題。這些問題激發了她對兩人關係價值與重要性的思考，思考之後做出了果斷放棄的決定。因為人的精力是有限的，我們應該把有限的時間與精力投入到值得我們投入的重要的人際關係和事務中去。這次對話令這位女士最終放下了其糾結近十年的困擾。

　　例二：某連鎖公司 2019 年在全國開展了一次「最棒員工」主題巡迴演講活動，十餘個精選出來的員工，每人負責宣傳一個「員工模範」的事蹟，到地區各處進行巡迴演講，將模範們的故事帶給每一個地區的員工，激發大家的工作熱情。為了參加公司總部的演講比賽，受該地區公

司委託，我為這十餘個演講者進行為期三天的「演講技巧」強化訓練。其中一個年輕的女性演講者小呂，所講述的故事非常動人，她的演講技巧也不錯，但就是看上去沒有熱情。當我向她指出這一問題時，她說：「這個主角的故事我都講了幾十遍了，講得我都快吐了！」我說：「為什麼呢？」小呂答道：「重複太多次了！還能有什麼原因？！」我問她：「你看我上課的時候有熱情嗎？」她說：「有啊，我要是能達到您這樣的狀態就好了！」我接著問：「可是你知道這個課我上過多少遍嗎？」她說：「不知道，但我想不會比我巡迴演講的次數少吧？」我說：「是啊！雖然講了無數遍，對於我自己而言，也快吐了。但是每當我看到臺下的學員時，那種感覺就會消失。因為每一批學員都是新的，對於『這批』學員而言，他們是『第一次』聽到！我想問你的是：你面對的觀眾，每一次都是一樣的嗎？」小呂眼睛一亮，說：「不是！」她想了想說：「還真是這樣，每次我都只考慮到自己的感受，沒有想到每一次演講，觀眾都是不同的。對於他們來說，我講的故事就是他們第一次聽到的故事！」

這裡，「你面對的觀眾，每一次都是一樣的嗎」就是一個強而有力的問題。雖然它是一個封閉式問題，但由於其具有聯結性（聯結「演講」與「上課」的相似性），激發了小呂對於觀眾需求的思考，從而改變了其「重複、厭倦」的心理狀態。從這以後，小呂的演講狀態發生了迥然不同的變化！

例三：也是在 2019 年，我為國內一家知名 IT 公司的產品部門總監上課，這是一位三十六七歲的年輕有為但飽受職涯規劃困擾的先生。據他自述，加入這家公司五六年的時間，他就換了三個工作職位。我很好奇，問：「哦？能說說具體情況嗎？」他說，剛來這家公司的時候，他擔任某地區負責人，因為該地區業績不好，他大力整頓，使地區業績快

速攀升，人員能力也得到很大改善；沒想到剛滿兩年，公司總裁就把他調入總部的銷售部門任總監，但是銷售部門一盤散沙，人員流動率也很高，在他的管理下，不出兩年，部門激勵政策深得人心，銷售業績也持續改善，人員穩定性也大幅度提高；沒想到，今年公司總裁又把他換到了產品研發部做總監，這個部門簡直就是一個爛攤子，產品研發緩慢不說，在國內同行業中也是競爭力不足……我問他：「總裁怎麼看你？」他說：「總裁對我還不錯，也非常認可我的能力，但總是把我換來換去的，這令我很鬱悶！」我繼續問：「你提到總裁『認可你的能力』，請問你覺得身為管理者你最大的能力是什麼？」他說：「從我的經歷來看，我覺得我最大的能力就是能站得高、看得遠，有大局意識，並能從亂局中撥亂反正，把混亂局面整理、恢復成一個好的狀態。」我又問：「那請問，你提到的這個『能從亂局中撥亂反正，把亂局整成良好局面』的能力，與上司兩次調換你的工作職位之間，有什麼關聯嗎？」他聽了一愣，沉默片刻，回答說：「老師，我明白了！」

　　無須多言，他已經明白上司屢次把他調到比較混亂的部門的原因了，正是因為看中了他的這個能力，也希望他能提升產品研發部門。這裡面的強而有力的問題是：「那請問，你提到的這個『能從亂局中撥亂反正，把亂局整成良好局面』的能力，與領導兩次調換你的工作職位之間，有什麼關聯嗎？」這句提問激發了其對自身職位變換原因的思考，並增強了其對自己的認可和自信心。我相信他未來的職涯發展不會太差！

　　提問的藝術在果敢表達中非常重要，不僅是因為其具有強烈的互動性，能激發對方思考，而且在很多方面（如問題解決與決策、教練技術、行動學習等）都有廣泛的應用，因而本節我們用了較長的篇幅來介

紹它。只有打好了提問的藝術這個基礎，在後文中介紹包括回饋技巧等內容時，大家才會更牢固地掌握這一溝通的強而有力工具！

第四節　同理心與同情心

一、同理心

戰國時期列禦寇所著《列子‧湯問》裡記載了一個故事：「伯牙善鼓琴，鍾子期善聽。伯牙鼓琴，志在登高山。鍾子期曰：『善哉！峨峨兮若泰山！』志在流水，鍾子期曰：『善哉！洋洋兮若江河！』伯牙所念，鍾子期必得之。」後來，鍾子期死，伯牙謂世再無知音，乃破琴絕弦，終身不復鼓。這就是千古流傳的「高山流水遇知音」的典故。

所謂「千金易得，知音難求」；同樣，理解已不易，同理心更難！

同理心（Empathy）指的是能夠了解、預測他人行為，感知、預測他人情緒，並能感同身受地理解、體驗，自然而然表現出與對方情感相共鳴的一種人際能力。

同理心是一個心理學名詞，其源自希臘文 Empatheia（神入，亦被譯為「移情」、「共情」、「共感」、「同感」等），原來是美學理論家用以形容理解他人主觀經驗的能力；後引申為能設身處地對他人認知、情緒與情感予以覺察、理解與體驗的能力。一個有同理心的人，一定是能夠換位思考、站在別人角度來看待問題的人。研究顯示，同理心強的人往往更慷慨，更關心他人的福祉，也往往有更和諧的人際關係和更大的個人福祉。

早在 2,000 多年前，孔子就說過「己所不欲，勿施於人」；中國有句老話，叫「推己及人，將心比心」；《聖經‧馬太福音》中的「你們願意人

怎樣待你們，你們也要怎樣待人」。這些說的都是同理心，即一方面不要將自己不喜歡或不願接受的東西強加給別人；另一方面，要依據自己希望被對待的方式，或對方喜歡的、期望被對待的方式，來對待他人。

一個有著同理心的人需要具備以下兩種能力：一是認知能力，即能夠站在他人的觀點上理解他人情緒來源的能力，也即理解能力；二是情感反應能力，即能夠暫時進入對方的心理世界，不帶任何評價地去感受對方的感受與體驗的能力，也即共情能力。

以上筆者觀點主要是採納了美國心理學家戴維斯的理論，他把同理心的概念分為認知成分（理解他人觀點）和情感成分（感受他人情感），並將同理心解構成四種不同的維度。[01] 它們分別是：①觀點採擇（Perspective Taking）：指自發地理解他人內在感受的傾向；②想像（Fantasy）：指想像自己是一個虛構的角色時產生的想法和行為；③關懷（Empathic Concern）：指同情和關心痛苦的人；④個人痛苦感（Personal Distress）：指個體在緊張不安的狀態下感受到的焦慮和苦惱。

二、同理心與同情心的區別

同理心不同於同情心（Sympathy）。

同情心是認知到別人的痛苦，從而引起惻隱、憐憫之心，是一種有著潛在的、無意識優越感的俯視化心理；同理心則是不僅認知他人的痛苦，且能夠感同身受，並自發體驗的一種情感共鳴狀態，是一種基於平等關係而非俯視化的心理。

兩者的區別有三點：一是是否能感同身受；二是兩者心理定位是否是平等關係；三是是否有判斷。

---

[01] Davis MH. A multidimensional approach to individual differences in empathy. JSAS Catalog of Selected Documents in Psychology, 1980.

比如我們在大街上、捷運站看到有人乞討，可能會心生憐憫，說：「真可憐！真是太不幸了！」又或者上前施捨，就是一個常見而典型的同情心的例子。類似的例子不勝列舉，比如我們對老弱病殘、鰥寡孤獨、生活困難以及貧窮弱小者的幫助，對因天災人禍慘遭不幸者的支持，對因含冤而受屈者的不忿等。

又如，有一個老奶奶無意間想起了自己過去的悲慘經歷，禁不住失聲痛哭。這時，家裡的老伴、兒子和兒媳紛紛靠過來，經詢問得知原委後又紛紛安慰道：「那都是過去的事了，別難過了！」「您看您現在生活多好啊，多幸福啊！」只有那四五歲的小孫女，看到奶奶痛苦的樣子竟也控制不住地撲到奶奶懷裡，和奶奶一起放聲大哭……這裡我們看到，小孫女切實感同身受地體驗到了奶奶的悲傷的心理與情緒，並與奶奶的情緒產生共鳴，同聲大哭，這是同理心；其他人的安慰是基於各自內心對此現象的看法而產生的同情心。

當他人遭遇不幸時，有同情心的人會說：「我真的為你感到難過！」有同理心的人可能會這樣表達：「我也遇到過這樣的事，我知道這是一種什麼樣的感覺。」同理心是基於理解與尊重的，能夠設身處地體會他人的情緒和想法，理解對方的立場和感受，並站在對方角度思考與處理問題，並體驗對方情緒的一種能力。

前文介紹了在果敢表達過程中的傾聽、回應與提問的要點，這些都是表現同理心的基礎。如果這些基礎都做不到或做不好，那麼要達到同理心基本是不可能的。但是要記住，那三個基礎動作是「器」，是「物」，它們也許會令我們表現出我們的同情心，但要達到同理心這種「道」與「魂」的狀態，則需要我們有著極強的敏銳的對情緒的認知與體驗能力，以及極高的情商（下一章我們會講到「情緒與情商」）。

動物也具有同理心。加州大學柏克萊分校的心理學專家達契爾‧克特納（Dacher Keltner）認為共情是高等動物的一種本能。他認為相對於原始基因驅動的同類互助，由共情所驅動的幫助往往是更加不求回報的一種利他行為，也只有高等智慧的動物才會因為共情，而幫助和自己毫無關聯的物種。這樣的例子並不少見，比如我們可以看到狗狗會照顧幼小的獅子，貓媽媽會照料年幼的小狗，海豚和虎鯨會救助溺水的衝浪愛好者，等等。

同情心是在情感上發生憐憫，未必會有後續的行動產生，但也有可能會付諸行動，比如施捨、幫助、救助；同理心除了設身處地地感同身受外，通常會付諸行動，比如幫助、救助，或共同面對與處理困難情境（但不會施捨，因為施捨通常是基於優越感，而非平等的心態）。

同情心基於人類樸素的、脆弱的道德感（說其脆弱是因為道德感會因時間與空間的不同而變化），會拉近彼此的心理距離；同理心未必基於道德感（有同理心的動物就沒有道德感），但其會令彼此的心理距離更近。

同情心未必需要傾聽、回應或感受；同理心通常會有傾聽與回應，且一定有感受，因為其情緒感知與社會情感洞察力更加敏感。

同情心不排除自己會「有判斷」，即可以沒有對對方的「判斷」，也可以有「判斷」；而同理心的原則之一就是「沒有判斷」，即雖然未必會贊同對方的觀點，但不會對對方的觀點與立場進行對與錯的「判斷」，且同時會保留自己的觀點。比如我們雖同情阿 Q，但會有人認為阿 Q 的退讓型行為是不對的，是錯誤的（判斷），即所謂「可憐之人必有可恨之處」；而一個有著同理心的人，會理解阿 Q 的處境，理解阿 Q 的退讓型行為是由於時代的局限、環境的惡劣以及阿 Q 本人的成長過程導致的，不會批判

他的行為是錯誤的（無判斷），但也不會贊成他的退讓型行為，反而會保留自己的「人應該具有果敢型行為」的觀點。

同情心基於個人的受教育背景和道德感，有可能沒有產生行動，也有可能有所行動，因而個體能量的消耗是有限的；而同理心需要我們的大腦、心靈同時處理大量的資訊與感受（通常是無意識的自然反應），還需要「移情」，進入對方的大腦與心靈進行體驗與感受，因而會消耗更多的能量。

同情心絕大多數人都有，同理心在人群中則比較罕有。

三、培養同理心

同理心不僅可以幫我們更好地了解、理解對方，還可以改變自己在他人眼中的形象（當然這不是同理心的初衷）。那麼，如何培養同理心呢？

首先，要做好傾聽、回應與提問的要點，嘗試著體會他人的處境、立場、觀點與感受；

其次，傾聽自己，想想自己的立場、觀點與訴求，問問自己「到底想要什麼」；

再次，果敢地表達出自己的觀點與感受，並告知自己對於對方處境、立場、觀點與感受的看法與體驗；

最後，尋求問題的解決。

這裡需要注意，同理心不是刻意做出來的，它是自然、自發的一種行為反應；它的培養過程是長期而循序漸進的；不要指望去過多地修正別人，要想成功地與人相處，讓別人尊重自己的想法，唯有先改變自己！

四、同理心的應用

　　了解同理心的特點、其與同情心的區別，以及如何培養同理心，對於我們與人交往、判斷「限度」、解決問題是非常必要的。

　　比如不要濫用同情心。只幫忙有需要的人。如果我們濫施愛心、錯施愛心，有可能適得其反。

　　比如國內某著名女星在近二十年前曾以每月一萬五千元的費用資助一位貧困學生，一萬五千元在當時已是很多的錢了，相當於普通勞工的基本薪資。未曾想該學生得寸進尺，上大學後不僅隱瞞自己申請到了十八萬元助學金的情況，而且以各種理由和藉口向女星索要錢財，理由是參加補習班或是買教材，但實際上這些錢都被該學生揮霍掉了。當女星得知此事後毅然決然地斷掉了資助，這個舉動卻惹怒了習慣於伸手要錢的學生，他在網路上發表六千多字長文狠批女星不守信用、斷掉資助……

　　有一句老話：一擔米養恩，十擔米養仇，意思是幫助別人要適度，只幫助有需要的人。如果濫施愛心，將會養出一個仇人來，因為他已經習慣了這種被資助的感覺，並認為這是幫助他的人的義務。但我們都知道，這個世界上沒有無緣無故的義務，也沒有無緣無故的責任。一旦停止其所認為的義務、責任，那麼剩下的，就只有憤恨了！

　　類似的沒有「限度」的事例不勝列舉，比如溺愛孩子的父母或爺爺奶奶，或是為下屬承擔了過多責任的主管，看似愛，實則是沒有分寸，不知道「限度」，屬於退讓型行為，反而會最終為所愛的、所關懷的人帶來傷害。比如過於受到寵愛的孩子，在家裡會感到幸福快樂，而一旦在外或長大，就會成為任性蠻橫、恣意妄為之人，最終處處碰壁，陷入成長的困境。

　　錯施愛心同樣會為對方帶來不好的結果。我們看到很多善良人士，買了動物後毫無理性分析地進行放生，結果放生的動物因為不適應新環境而死去，或者成為外來入侵物種破壞了當地的生態環境。

　　日本企業家稻盛和夫曾說過：「大善似無情，小善乃大惡。」什麼是「小善」呢？那些為了滿足對方一時之需而做出的善行就是小善。當下，這樣的善舉似乎令對方受益了，但隨著時間的推移，對方無法長久獲益或沒有能力獲益，便會產生惡果，比如上面所舉的一些例子。因此，筆者並不贊同輕易地施捨、捐助，而是要思考一下，你有限的施捨、捐助會造成什麼效果、多大的效果、多久的效果。如果無法很好地回答這個問題，那麼很有可能我們在做的是小善，小善有可能就是大惡。

　　那什麼是「大善」呢？大善一定不是基於同情心的，而是基於深刻的同理心產生的一種有利於對方長久獲益的助益行為。

　　日本曾有本暢銷書叫《五體不滿足》，其作者乙武洋匡出生於日本東京，自幼失去雙手雙腳，這種生理上的缺陷令他的生活充滿了辛苦與不便。但其父母為了培養他的自理能力，什麼事都要他自己獨立完成，從不出手相助，只是在一旁默默守護著他，這使得他養成了面對殘酷的命運也能泰然處之的心態，進而對人生充滿了樂觀積極的態度，並完成其自傳《五體不滿足》，在日本暢銷且引發熱議，他的故事也感動和激勵了許多人。

　　在解決貧窮問題時，對受助者進行職業技能培訓會是更好的選擇，也就是授人以漁而非授人以魚。因為有限的財務或物質資助只能解決一時之需，無法解決長久問題，而職業技能的提升往往能比較長久地解決貧窮與謀生的問題。

　　這，就是大善似無情！

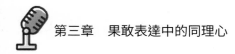

綜上所述，表達同理心，不一定當時表現出來（當然，絕大多數的同理心現象都是當時就表現出來的），也可以是事後地、慢慢地表現出來。同情心，則請慎用。

我們現在所生活的時代是一個科技快速發展的時代。科技的發展在為人們帶來生活便利的同時，也拉遠了我們彼此的物理距離與心理距離。一家人很難坐在一起共進晚餐，享受溫馨時刻；朋友、同學雖然生活在同一座城市，但見面的機會彌足珍貴。越來越多的溝通，都是透過電話、語音、電子郵件、簡訊、LINE 等方式進行；這些即時的、快速的、碎片化的交流方式，正在取代面對面的溝通，分散我們對彼此的關注，疏遠心與心的距離，令同理心的產生更加困難，很少能產生對彼此的心靈與情感的共鳴。資訊科技的發展，正在不斷剝奪我們身為人的理解與共情。

面對這種威脅，筆者的建議是：請對你的溝通對象保持關注與專注；「一次只做一件事，一次只面對一個人」；面對你愛的人，你珍惜的人，你在乎的人，請盡量面對面地溝通；如果可能，請放下手機，看著他，拉著他的手，告訴他：「我懂你！」

第四章　情緒與情商

其中最為重要的一個感性要素，就是情緒！

第一節　情緒的認知

一、什麼是情緒

廣義而言（自然世界），情緒是指生物體在自然生活中對外界滿足其生理或心理需求程度的一種身體能量反應（由內而外），或生物體對外界刺激的主觀體驗與感受（由外而內）。

「由內而外」指的是生物體內部產生的需求，得到或沒有得到外界的滿足；「由外而內」指的是在生物體內部無需求時，外部的刺激引發或沒有引發生物體的主觀體驗與感受。

比如一隻老虎長時間未能捕獲獵物，產生飢餓感，就會變得暴躁易怒、更加凶猛，這是因為牠的對食物的生理需求沒有得到滿足，因而產生了強烈的憤怒情緒；再如一隻小貓躺在貓媽媽的懷裡撒嬌翻滾，是因為貓媽媽滿足了其對食物、安全、關愛等方面的生理與心理需求，因而產生了一種愉悅感。這兩種都是能量比較高的情緒反應，也是由內而外的情緒反應，即先有內部需求，繼而看外界是否滿足了這種內部需求。

又如一隻慵懶的、吃飽了的獅子正在晒太陽，忽然烏雲密布、電閃雷鳴，要下雨了，獅子開始變得煩躁，因為牠不得不去找地方躲雨。這是由外而內引發的情緒反應，外界的刺激引發了生物體的主觀感受。

狹義而言（人類社會），情緒是指「人」在社會生活中對自身及外界滿足其生理或心理需求程度的一種身體能量反應（由內而外），或「人」對外界刺激的主觀體驗與感受（由外而內）。

　　比如小張幾乎每天都不能完成其自己制定的學習計畫，網路遊戲、手機訊息等占據了很多時間，導致他經常因為自己的自控力與意志力薄弱而倍感沮喪；再如小李為賺大錢以便能在市中心購買一棟心儀的房產而自己創業開了一家公司，每天早出晚歸、努力勤奮地工作，但是仍然由於包括市場需求低迷等各方面因素影響而導致公司入不敷出，最終倒閉，他感到萬分絕望。這兩種都是能量比較低的情緒反應，也是由內而外的情緒反應，即先有內部需求，繼而看自身及外界是否滿足了這種內部需求。小張是因為自己沒有滿足其對自控力與意志力的心理需求，而產生挫敗感；小李是因為外界沒有滿足其「賺大錢、置房產」的需求，而產生了絕望感。

　　又如有研究顯示，通常情況下，當人們看到紅色或黃色時，會產生興奮或愉快的感覺；看到綠色或藍色的時候，會產生寧靜或平和的心態；看到灰色或黑色的時候，會產生憂鬱或沮喪的感受。這是由外而內引發的情緒反應，外界的刺激引發了人的主觀感受。據說，英國倫敦有一座橋，原來是黑色的，每年都有人到這裡投河自殺；後來，市政部門將橋的顏色改為黃色，在此自殺的人數便減少了一半。

　　在我每年所輔導的近千名學員中，令我十分詫異的一件事是：每當進行與情商有關的諸如溝通、影響力、果敢表達甚至領導力等課程時，絕大多數的學員在我要求其描述一下其所表述的某事件中的自身情緒時，倍感困難！要知道，我所面對的這些學員，90%是各大企業、部門的中高層或基層管理者，他們的平均年齡是 30 ～ 35 歲，而且絕大多數人具有大學以上學歷，其中不乏碩士、博士和海外歸來的留學生，應該是社會中的棟梁之材！

　　誠然，如之前我們在第二章第二節中所分析的受文化與宗教的影

響，東亞人一般都比較內斂、含蓄，不太容易表達自己的感情與情緒，但身為成年人，不能準確或基本準確地表述自身情緒，仍然是一件令人震驚的事情。這使我不得不承認：在臺灣，有關情緒與情商方面的教育，無論是在家庭，還是在學校，都有很多需要提高的地方！

茲舉一例如下：

一次，我所輔導的一個學員描述了其與一個同事間的矛盾糾葛的事件，他的同事沒有在工作中給予有效的合作。我問他：「那此時你的感受是怎樣的？」他說：「我覺得他身為公司一員，有義務配合我的工作。」我一開始覺得我可能沒有問清楚，於是說：「不不不，我是問：你當時的情緒是怎樣的？」他說：「我的情緒就是我覺得他不應該這麼做！」我進一步明確地說：「不，我是問你的情緒，比如高興、沮喪、開心、焦慮等。」他猶豫片刻說：「我不知道。」我繼續問：「想像一下，他拒絕與你合作，你當時的心情難道不應該是憤怒或失望嗎？」這時為了啟發他發掘其自身的情緒體驗，我已經無奈地放棄了提出開放式問題，轉而提出引導式的封閉式問題了。這位學員沉思片刻，說：「我覺得我應該向主管反映！」

類似於這種令人崩潰的提問過程，在我與那些從技術做起來升到管理職位的網際網路公司或生產技術型公司的管理者交流的時候尤為多見。

有的時候我會讓學員隨機分組，來腦力激盪、集思廣益一下，把他們所能夠想到的關於情緒方面的中文詞彙，做一個討論並列舉出來。這是一個很好的活動，他們也都很開心能透過大家的討論，找出這麼多關於情緒方面的詞彙。這個過程也能幫助他們了解其自身的，以及溝通對象的多種情緒。

二、情緒的分類

我們按「心情好壞」與「能量高低」兩個維度可以將情緒分為四種，分別是「喜」（心情好、能量高）、「怒」（心情不好、能量高）、「憂」（心情不好、能量低）、「逸」（心情好、能量低），加上中間無所謂心情好壞與能量高低的「平」，一共是五個情緒類別 [02]，如圖 4-1 所示。

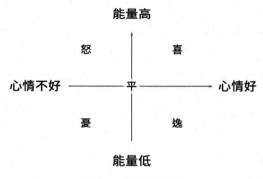

圖 4-1　情緒的分類

這裡的心情，指自身及外界是否滿足了當事人的生理或心理需求，以及滿足的程度。比如，我按照計畫完成了今天的任務，即我自身滿足了我對自己的心理期待，所以心情非常好，很開心；如果超額完成任務（程度高），則會特別開心、開心死了。再如，我想讓太太炒一份她拿手的「豆角炒麵」給我，她炒好了端上桌，因為超級好吃我連吃了四碗，但吃多了撐著了導致胃不舒服，非常難受。這是外界滿足了我的生理期待，但是過度滿足（程度過了），導致我的情緒由「好」轉移到了「不好」，由「高興」轉移到了「痛苦」，即所謂過猶不及。如果這個生理需求沒有得到滿足，即太太沒有做炒麵給我，我也會「心情不好」！

---

[02] 也有人把情緒分為「喜、怒、憂、思、悲、恐、驚」七種，但這種分法尚缺分類依據。

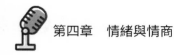

「能量」指我們在表現情緒時的身體狀態，表現亢奮則能量高，反之能量低。

茲列舉一些情緒表述的詞彙如下：

喜：熱愛、開心、高興、喜悅、愉快、愉悅、快樂、歡樂、興奮、欣喜、幸福、欣慰、自豪、驕傲、痛快、欣喜若狂、喜不自禁……

怒：生氣、憤怒、憤恨、仇恨、暴怒、惱怒、急躁、煩躁、焦慮、焦躁、反感、厭惡、輕蔑、鄙視、嫌棄、震驚、嫉妒、憎恨……

憂：憂傷、哀傷、難過、悲傷、失望、恐懼、畏懼、懷疑、疑懼、驚恐、恐慌、惶恐、害怕、擔心、憂慮、內疚、愧疚、羞愧、後悔、悔恨、懊惱、懊悔、寂寞、無聊、尷尬、沮喪、絕望、憂鬱、屈辱……

逸：安逸、愜意、放鬆、鬆懈、慵懶、疏懶、散漫、享受、舒適、舒暢、安適、舒服、舒坦……

平：平靜、安靜、安定、安寧、平和、和氣、麻木、發呆、仁慈、親和、鎮靜、鎮定、悠然、悠閒、心平氣和……

「怒」的情緒通常能量有向外釋放的傾向，能量向外釋放易對他人造成傷害。

「憂」的情緒通常能量有向內施放的傾向，能量向內施放易對自己造成傷害。

有一些複雜情緒是兩種及兩種以上情緒的集合，如「悲憤」是「憂」與「怒」的結合；「驚懼」是「怒」與「憂」的結合；其他如「喜怒參半」「又驚又喜」等。也有一些情緒要視具體事件帶來的具體感受才能確定到底是什麼情緒，比如「驚訝」（有可能是「喜」，也有可能是「怒」）、不安（有可能是「怒」，也有可能是「憂」）等。

辨認情緒對人際互動具有重大意義，因為情緒會直接影響或引發我們

下一步的行動，即情緒有行為的預告性。「好」的情緒會幫助我們更快地實現我們的意願；反之，「不好」的情緒會令我們意願實現的可能性大打折扣！

因此，我們要對情緒的特點有更加深入的了解。

第二節　情緒的特點

一、情緒的意義

每一種情緒都有其積極與消極的意義。比如喜悅，其積極意義是令我們身體放鬆，能量提升，心情愉悅，進而有助於我們更快地對外界做出反應，完成任務，表達對對方的關懷，增進人際關係；如果喜悅過度，則有可能會樂極生悲，導致粗心大意，做事疏漏，或不顧他人感受，影響人際關係。

再如恐懼，其積極意義是令我們保持對外界危險的警惕，及早做出預防性控制措施，確保我們自身的安全，避免利益受損；其消極意義是令我們的行動力受阻，無法創造性地開展工作，甚至會令我們的行為更趨向於保守、退縮，嚴重的則會令身心健康受到嚴重損害。

又如悲傷，其積極意義是令我們釋放負面情緒，讓行為放緩或停止，從而有時間思考諸如親情、友誼、有價值物品等的意義，對失去的東西進行哀悼，從而更好地珍惜那些易失去的東西；其消極意義是令我們的做事效率降低，心情低沉，無法恰當地回應他人或外界的刺激，長時間的悲傷亦會對我們的身心健康造成損害。

請各位思考一下以下六個情緒詞語的積極意義與消極意義：憤怒、嫉妒、悔恨、絕望、無聊、安逸。

理性認知情緒的積極意義與消極意義，有助於我們客觀認知情緒，避免以偏概全地、片面地、單一維度地看待情緒帶來的影響。

二、情緒的來源一：需求

情緒的來源之一是我們自身或外部世界是否滿足了我們生理或心理的需求，以及滿足的程度（由內而外）。我們的生理或心理需求，如果無法滿足，或部分滿足，會令我們的情緒向負面發展（心情不好）；如果能夠滿足，或適量超額滿足，則會令我們的情緒向正向發展（心情好）。

在需求滿足方面，美國社會心理學家亞伯拉罕·哈羅德·馬斯洛（Abraham Harold Maslow）在其 1954 年出版的《動機與人格》一書中有專門論述，即當今廣為人知的需求層次理論（Hierarchy of Needs Theory）。馬斯洛在該書中將人的動機視為由多種不同性質的需求所組成，並將動機分為五層[03]，它們是：生理需求（Physiological Needs）、安全需求（Safety Needs）、社交需求（Love and Belonging Needs）、尊重需求（Esteem Needs）、自我實現需求（Self-actualization Needs），如圖 4-2 所示。

圖 4-2　馬斯洛的需求層次理論

---

[03]　馬斯洛在後來的需求層次理論論述中，將五層需求增加到七層需求，即在尊重需要與自我實現需要之間，又新增了知的需求（Need to Know，指對己、對人、對事物變化有所理解的需求）和美的需求（Aesthetic Needs，指對美好事物欣賞並希望周遭事物有秩序、有結構、順自然、循真理等的需求）。

（1）生理需求，指維持生存及延續種族的需求，如吃、喝、拉、撒、睡及性等方面的需求；

（2）安全需求，指需要受到保護與免遭威脅從而獲得安全的需求，如人身安全、健康保障、財產所有、生活穩定、家庭安全等方面的需求；

（3）社交需求，指被人接納、愛護、關注、鼓勵及支持等的需求，如尋求夥伴、友誼、愛情、社團等；

（4）尊重需求，指獲取並維護個人自尊的一切需求，如自我尊重、尊重他人、被他人尊重等；

（5）自我實現需求，指在精神上尋求真善美合一的人生境界的需求，亦即個人所有需求或理想全部實現的需求，如實現個人理想、抱負，有成就、有創造力，實現道德與公正等。

以上需求由低到高是遵循著由生理需求向精神需求過渡的規律來排列的。

舉一個例子：丈夫週末加班回到家，妻子要求丈夫陪她去銀樓看首飾。已經很疲憊的丈夫不耐煩地說：「我加班很累了，而且這個月還完房貸家裡已經沒有多少錢了，你為什麼又要去買首飾呢？你缺首飾嗎？」妻子不高興地說：「每年我過生日你不都會給我買一些禮物嗎？」丈夫這才想起來今天是妻子的生日，因為工作忙碌竟把這個重要的日子忘記了。原來，妻子想要的其實不只是一件首飾，而是丈夫對自己的關注與愛 —— 愛的需求沒有得到滿足，妻子便產生了不滿的情緒。

馬斯洛的需求層次理論不僅將人類的需求層次做了很好的闡述，而且告訴了我們情緒的來源之一。因此，當我們發現在溝通中出現情緒化傾向的時候，我們可以告知自己：一定是自己或對方某一方面的需求沒有得到滿足。這就為我們下一步的溝通策略提供了一個方向上的「暗示」！

三、情緒的來源二：體驗與感受

　　情緒的來源之二是外界的刺激引發了我們的主觀體驗與感受（由外而內）。外界的刺激為何會引發我們的主觀感受呢？

　　各位讀者還記得我們在本書第一章提到的背包理論嗎？所有區別我們彼此的一個或多個特徵（如年齡、性別、成長經歷、受教育程度、種族、文化背景、信仰、價值觀等）統稱為看不見的背包。當外界刺激發生時，我們會立即將其與我們背包裡的某一個標準相核對，差異越小、共同點越多，主觀感受越好，情緒越積極；差異越大、不同點越多，主觀感受越糟，情緒越負面。

　　比如前面我們舉的顏色的例子。參加中式婚禮，如果新娘穿的是紅色的服裝，大家都很開心（這是文化背包現象，婚禮中的紅色象徵著喜慶）；如果新娘穿了一身黑色服裝，我想雙方的親戚朋友都不會愉悅，因為黑色與紅色差異太大，不符合中國人的文化背包，主觀感受很糟，會引發負面情緒。

　　我最近看到一則新聞，一個新娘在婚禮當天化了一個老年妝，其本意是為了考驗新郎是不是真愛她。但當新郎看到穿著婚紗的「老太太」時，火冒三丈，當街與新娘發生爭吵，並最終扔下新娘一個人在大街上哭泣，自己揚長而去。這個小悲劇的發生，我想是事先兩人沒有就背包的一致性溝通好而導致的。

　　所有背包中，影響我們彼此溝通效果最大的，當屬觀點、信仰、價值觀等思想的最深層部分。

　　比如，年輕的小李高價買了一條滿是破洞的、時尚的牛仔褲，拿回家被父母狠狠地數落了一通，父母認為小李花錢買回來一條「破」褲子（觀點不同），這令小李倍感鬱悶（情緒化產生）。又如，小王要給客戶做

一個方案，為了確保方案品質，他要花費很多時間去撰寫、修改，而小王的老闆卻在不斷催促他，說要在第一時間把方案給客戶。小王要的是品質，老闆要的是速度（價值觀不同），這使小王感覺很煩躁（情緒化產生）。

當背包不同，觀點、價值觀產生差異，我們的情緒就產生了。差異越大，情緒越大。

有一些來自外界的刺激，會引發我們過去的體驗與回憶，進而觸發了我們的經驗背包，從而產生情緒。比如我們看一部悲劇電影，電影中的某個悲劇場景有可能會引發我們內心深處的相同或類似的記憶，產生同理心，進而會感動、啜泣、流淚；又如某個女士在大街上看到一個年輕的父親在狠命抽打他年幼的女兒，頓時勾起了她童年時的類似遭遇的回憶，引發了她強烈的恐懼感，渾身顫抖，不能自已。這些外界的刺激，引發了我們的經驗背包，從而產生了不同的情緒反應。尤其是那些特別巨大的、極為特殊的經歷體驗，會印在我們的腦海裡，形成深刻的記憶；這些深刻的記憶，就形成了創傷！如童年時的食不果腹經歷導致的飢餓感，或曾經被暴力襲擊導致的強烈不安全感，或被戀人／配偶無情背叛與拋棄的絕望感，或被過去老闆當眾羞辱的屈辱感，或艱辛創業終致失敗的挫敗感……這些巨大的、特殊的經歷體驗，最終會留在我們記憶或內心深處，成為一個隱祕的傷疤。當外界類似刺激來臨時，它們就激發了我們內心深處的強烈的情緒化感受！

四、情緒反應

事件發生時，情緒反應通常快於理性反應。所謂情緒反應，即未經大腦理性分析的、身體直覺的生理反應；理性反應，指經過大腦理性分

析的、有控制的身體生理反應和心理反應。

　　例如我們看到一隻熊迎面跑來，身體直覺的生理反應是立即扭頭就跑，根本來不及分析周邊的環境情況，所以極有可能扭頭就撞到了身後的大樹 —— 這是情緒反應。理性反應是我們看見了熊，然後透過眼、耳、鼻、舌、身等身體的資訊收集器官全方位收集周邊環境資訊，然後大腦分析做出判斷，繞開大樹奔跑或爬上大樹 —— 這是理性反應。

　　又如我們走在大街上，迎面來的一個年輕人撞了我一下，我立即瞪了他一眼說道：「你沒長眼睛嗎？這麼寬的馬路還能撞到人！」 —— 這是情緒反應。理性反應會令我們暫停一下並用極快的速度分析思考一下：他也許不是故意的，我沒有受到太大的傷害，如果和他發生衝突彼此的形象都不好看，還會耽誤我的時間，算了，繼續走路吧 —— 這是理性反應。

　　哈佛大學心理學博士丹尼爾‧高曼（Daniel Goleman）在其 1995 年出版的《情商：為什麼情商比智商重要》（*Emotional Intelligence: Why It Can Matter More Than IQ*，以下簡稱《情商》）一書中，對情緒反應先於理性反應的生物學原理做了詳細的說明：

　　「人腦杏仁核是形似杏仁的腦神經細胞核團，專司情緒事務。紐約大學神經科學中心神經學專家約瑟夫‧勒杜克斯（Joseph LeDoux）第一個發現了杏仁核在情緒中樞的關鍵作用。他的研究顯示，『從眼睛或耳朵輸入的感覺訊號首先到達大腦的視丘，然後通過一個單獨的突觸傳到杏仁核；視丘發出的第二個訊號則傳到新皮層，即思考腦。訊號的分叉使杏仁核能先於新皮層做出反應，而新皮層在透過多個層次的大腦迴路對資訊進行充分分析之後，才能全面掌握情況，並最終做出更加精準的反應……該研究在相當程度上解釋了感性壓倒理性的力量』。」

「將杏仁核與腦的連繫割裂，其後果是完全無法評估事物的情感意義，此情形被稱為『情盲』……有位年輕人，因嚴重癲癇而採用外科手術切除了杏仁核。其後，他變得對人毫無興趣，寧可離群索居。雖然他具備完好的對話能力，但不再認得親朋好友，甚至連母親都認不出來了。親人對其冷漠痛苦不堪，他卻仍是麻木不仁。失去杏仁核，就失去了對情感的辨認，也失去了對情緒的任何感受。杏仁核好像是情緒記憶及其存在意義的寶庫，沒有了杏仁核，對個人而言，生命便被剝奪了意義……動物被切除或割裂了杏仁核，就不會恐懼、發怒，沒有了競爭或合作的驅動力，對在同類群體中的地位毫無感受，陷於情緒缺失或遲鈍的狀態。」

關於腦神經對情緒的作用機理，在高曼的書中有更為詳細的介紹，有興趣的讀者不妨拿來一讀。

由上可知，情緒反應比理性反應快得多，是因為情緒反應通常只適用於最基本的決策，如看見老虎或汽車向我衝過來，我會本能地逃跑或躲避，這是由人的生物本能決定的，展現了遠古時期人類對危險的本能反應，是人的動物性的表現；而理性反應就需要收集很多資訊，再分析判斷，最後做出決策。

很難想像一個人在老虎或汽車衝向自己的時候，站在原地，分析老虎奔跑或汽車行駛的速度，左右檢視地形地貌，然後拿出紙筆來計算一下自己逃生的最佳方案……

所以情緒反應的好處是能夠令我們在危急時刻立即做出快速行動回應，以避免危險、確保全全；其弊端是在面對複雜情勢時，有可能會令我們造成誤判，從而導致不利後果，如魯莽行為導致人際關係的損害。很多未經理性分析、基於生物本能所做出的情緒反應，往往在事後令當

事人也很困惑自己當時為什麼那麼做⋯⋯甚至追悔莫及。

　　理性反應的好處是能夠令我們的頭腦更為清晰、冷靜，收集更多資訊，做出更為理智、更加符合各方利益的決斷；其弊端是決策速度要慢一些，需要花費時間，需要我們的耐心與智慧。

　　情感與理智要保持平衡。要尊重自己的情緒體驗，但也不可任由它如脫韁野馬傷人傷己；理性要恰到好處，但不應如冷血動物，毫無感情、沒有人情味。

　　了解了以上關於情緒以及情緒特點的知識，我們就可以來深入談一談關於情商的話題了！

第三節　關於情商

一、什麼是情商

　　情商就是管理情緒的能力。

　　情商的英文簡稱是 EQ（Emotional Quotient），中文意為情緒智慧或情緒智商，簡稱情商。它代表的是一個人的情緒智力[04]（Emotional Intelligence，EI）的能力。

　　在情商概念出現之前，人們通常認為影響一個人成功的最重要因素是智商，即智力商數（Intelligence Quotient），它主要反映人的理性思維的能力。

　　關於情商的研究，始自 1920 年代，當時美國哥倫比亞大學教授桑代

---

[04]　哈佛大學心理學博士丹尼爾·高曼在其著作《情商》一書的 10 週年紀念版作序時寫道：情智（EI）作為情緒智力的簡稱，比用情商（EQ）更為準確。但是，鑑於 EQ 的概念在全球已深入人心，本書仍沿用 EQ 一說。

克（E. L. Thorndike）首先提出了社會智力（Social Intelligence）的概念。他認為擁有高社會智力的人「具有了解及管理他人的能力，而能在人際關係上採取明智的行動」。

1935 年，美國心理學家亞歷山大（Alixander）在他的〈智力：具體與抽象〉一文中提出了非智力因素（Non-intellective Factors）的概念。

1970 年代以來，隨著社會心理學、發展心理學及神經科學的快速發展，有關情緒方面的研究無論在量上還是質上，都有了快速增長。

1983 年，美國心理學家加德納（Howard Gardner）教授提出了多元智力理論（Theory of Multiple Intelligence）。除了傳統公認的智慧能力（IQ），他還新增了包括音樂、體育等其他幾項智力因素，其中兩項智力因素涉及情緒，它們是內省智力（Intrapsychic Intelligence）和人際智力（Interpersonal Intelligence）。

1985 年，以色列著名心理學家魯文・巴安（Reuven Bar-On）首次創造了情商（Emotional Intelligence）這個術語，並在 1997 年出版了世界上第一個測量情緒智力的標準化量表《巴安情商量表》（*Bar-On Emotional Quotient Inventory*，簡稱 EQ-i）。

1990 年，美國新罕布希爾大學心理學家約翰・梅爾（John Mayer）和耶魯大學心理學家彼得・沙洛維（Peter Salovey）一起重新解釋了情商這個概念，並提出了比較詳細的、系統的理論，因而很多人認為這兩位學者是首次提出情商概念的人。

1995 年，哈佛大學心理學博士丹尼爾・高曼（Daniel Goleman）出版了《情商》一書，榮登世界各國暢銷書排行榜，在全球掀起了一股 EQ 熱潮。鑑於其對 EQ 概念普及的貢獻，高曼被世人譽為「情商之父」。

高曼在《情商》一書中指出：「在取得事業成功的過程中，20％靠的是智商，而 80％要靠其他因素，其中最重要的是情商，良好的情商是獲

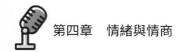

得職場成功的基本因素。」

　　一項針對美國前 500 大企業員工所做的調查發現：不論產業類別，一個人的 IQ 和 EQ 對其在工作上成功的貢獻比例為 IQ：EQ ＝ 1：2，即對於工作成就而言，EQ 的影響是 IQ 的兩倍，且職位越高 EQ 對工作表現的影響就越大。

　　經管學院教授吳維庫在高曼《情商》一書的中文版序言中寫道：「智商高、情商也高的人，春風得意；智商不高、情商高的人，貴人相助；智商高、情商不高的人，懷才不遇；智商不高、情商也不高的人，一事無成。」這段描述很好地說明了情商在人際交往和事業成功中的重要作用！

　　《管理團隊：成敗啟示錄》（*Management Teams: Why They Succeed or Fail*）一書作者、「團隊角色理論之父」馬里諦斯·貝爾賓博士（Meredith Belbin，英國劍橋產業培訓研究部前主任）曾在劍橋大學亨利管理學院做過一個著名的實驗：實驗內容是專為高階經理人打造的高管沙盤實戰演練專案。該實戰演練分為 8 個團隊，每個團隊 6 人。參加演練的幾乎都是在職經理人，平均年齡 40 歲左右，屬於即將被提拔或任命到高管職位的高潛人才。在這些團隊中，貝爾賓教授透過課前智力測驗，特別組建了一個 IQ 表現優異的團隊，取名「阿波羅團隊」。然而不幸的是，在有「阿波羅團隊」參加的 25 次實驗裡，這個團隊只有 3 次取得了第一，他們 4 次第四、6 次第六、12 次倒數第一。透過觀察記錄，貝爾賓發現：這些智力超常的經理人，把大量的時間都浪費在了無謂的爭論上，他們自恃聰明、高度競爭、互相詆毀、相互挑剔，並且經常各行其是、自作主張，不關注也不考慮夥伴們的想法與感受，無法展開有效合作。由於無法迅速達成共識，他們往往在專案即將結束之時匆忙達成共識，結果可想而知。這種現象後來被稱為阿波羅現象，指由聰明人組成的團隊，往往由於各持己見，無法聽取他人意見、進行有效合作，而通常導致失

敗結局的團隊合作現象。

　　一個高情商的人是懂得管理好情緒，並綜合合理運用智商的人。這樣的人通常有如下優秀表現：積極主動，目標遠大，能客觀認知「自我」，合理、適度地表達情緒與訴求，人際關係良好，自信但不自滿，能承受壓力，快速擺脫負面情緒的困擾，有效解決問題，理性做出決策，做事認真而不乏親和力，對人坦誠而不苛責，尊重自身感受，也尊重他人感受，富有同理心，懂得取捨、拒絕，在逆境中保持耐力與韌性，對幸福的標準能理性看待。

　　一個低情商的人則可能具有如下特點：消極被動，沒有目標，自高自大或自我貶低，情緒化，經常發脾氣或鬱鬱寡歡，人際關係差，缺少朋友或結交過多朋友，遇事慌張忙亂，不能識別問題的關鍵，往往被生活中的諸多瑣事困擾，猶豫不決，做事不求甚解，對他人要求過高或抱有不切實際的幻想，經常失望、沮喪，不能很好地表達個人需求，不懂如何取捨與拒絕，對他人的處境不關心，一遇挫折便灰心喪氣，愛抱怨、找藉口、推卸責任，依賴性強，缺乏獨立自主意識。

　　「情商之父」高曼繼承了梅爾和薩洛維的理論，把情商概括為以下五種主要能力：了解自身情緒、管理自身情緒、自我激勵、辨別他人情緒和處理人際關係，如圖 4-3 所示。

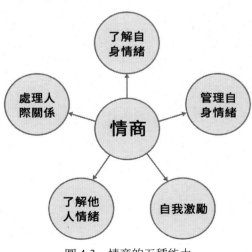

圖 4-3　情商的五種能力

　　本節將就這五大能力在高曼原有理論的基礎上，加以進一步的詳細解說（本節內容除了上面五種能力的表述引自《情商》一書，具體內容完全與《情商》不同，是基於作者對行為心理學的知識、經驗與感悟寫就）。

二、了解自身情緒

　　雖然看上去了解自身情緒是一個關於情緒管理的最基本的能力，但正如本章一開始所描述的，很多人 —— 尤其是含蓄的東方人，並不具備這一基本能力。

　　了解自身情緒，即情緒產生時，能夠自我識別到情緒的產生。就像有個旁觀者，當自己產生情緒時（如憤怒），能在旁邊看到、意識到，並提醒自己「你生氣了，要注意情緒哦」！這需要我們具有很強的自省與反思能力。

　　了解自身情緒至少包含以下五項能力：

　　（1）意識：意識到自己的情緒發生了變化，並意識到情緒的影響；

　　（2）辨認：能辨認、解讀自身情緒特徵（生氣還是憤怒、喜悅還是興奮等），以及情緒強度；

　　（3）歸因：知道自己的情緒為何發生變化，清楚自身的需求；

　　（4）評估：評估環境關係，包括自己與他人的關係，以及自己當下的目標；

　　（5）表達：適當表達自己的情緒，令自己或對方明白自己的情緒對當下造成的影響。

　　其中第一項能力是「情商」的核心能力，也是後四項能力的基礎，它需要有一定的自我覺察能力，即了解自己內心想法、心理傾向的能力。

當形成習慣，它就變成了一種「直覺」。直覺是身體與心理對外界資訊基於經驗的本能反應。直覺行為通常表現為無意識行為（參見本章第二節關於情緒反應的描述），亦可透過後天強化、刻意訓練而習得（形成條件反射）。

　　比如之前當他人因為「我」的身材肥胖而嘲笑「我」時，「我」通常會很沮喪，進而會很長時間甚至一整天都非常鬱悶、煩躁。在經過意識情緒發生的刻意訓練之後，每當聽到別人的嘲笑時，「我」會立即意識到自己的沮喪，進而詢問自己：「這件事對我很重要嗎？我為什麼要那麼在意別人的看法？有合理的理由嗎？我應該怎麼避免這種情緒的困擾呢？」時刻保持對自己情緒的覺察，並客觀審視、分析自己內心深處的真實體驗，將有助於我們對自己的認知。情緒覺察是情緒管理的第一步。

　　心理學有個概念叫做情緒清晰度（Emotional Clarity），它反映的就是我們對自身情緒、感受的辨識能力。情緒清晰度越低，負面情緒對我們的干擾越大。比如親人去世，我們可能在傷心之餘還沒有完全處理好情緒就慣性地投入到工作和生活中去，導致情緒與工作、生活相互影響；又或者我們刻意讓自己忙起來，聚精會神地做某些事情，暫時忘掉哀傷，但當手頭的事忙完，那些傷感的情緒會再次襲來，令我們備受困擾。如果我們增強了情緒清晰度，並能及時歸因與評估，那麼我們抵禦負面情緒的能力也越強。比如焦慮，很多焦慮是由於不切實際的過度擔心造成的，它往往會造成注意力渙散、失眠等後果。但如果我們能找到引發自身焦慮的原因，理性分析與評估導致我們焦慮的事情發生的機率，即提升我們的情緒清晰度，那麼結果可能就會完全不同。比如我出差經常坐飛機，我太太就很擔心飛機失事，可是仔細分析一下，按目前飛機失事的最大機率一百萬之一來計算的話，我需要乘坐 100 萬次飛機

才有可能掉下來一次。換句話說，我這輩子每天坐一次飛機，需要大約飛 3,000 年才有可能遇到一次空難，坐飛機甚至比騎腳踏車都要安全。

表達是銜接了解自身情緒與管理自身情緒的樞紐，只有清晰了解了自身情緒，才能適度地、有效地表達。但很多人卻不知道如何表達自身情緒。心理學家將個體缺乏用語言描述感覺的能力稱為述情障礙（Alexithymia，希臘語），即描述感覺有困難，不管是描述自己的感覺還是他人的感覺，而且關於情緒的詞彙極其有限（關於描述情緒的詞彙請參見本章第一節）。

我們周遭有三種人：第一種人意識不到自己情緒的發生，這種人往往生活在不明所以的糊塗狀態；第二種人意識到了情緒，但無法控制，或者放任情緒發展，聽憑情緒擺布，這種人往往做出許多遺憾、後悔的事情；第三種人能意識到情緒的發生，並能刻意地加以控制或調整，這種人往往能夠比較積極地、高效地處理事務與人際關係。因此，保持對自我情緒的覺察能力至關重要！

三、管理自身情緒

前面提到，如果意識到情緒發生但不能有效管理，聽憑情緒失控，就會造成意想不到的負面後果。因此，能否管理好自身情緒，是對人的意志、理性與智慧的考驗。

管理自身情緒，即適時、適度地控制、改善、調節、引導、釋放自身情緒的能力。

適時是指選擇合適的時機；適度是指既不要放縱情緒，也不要壓抑情緒，而是合理、恰當地表達，因為每一種情緒都有其積極意義與價值（如憂慮的好處是促使我們尋找應對潛在威脅與危險的途徑，即所謂「生

於憂患，死於安樂」），放縱情緒會傷人傷己，壓抑情緒會令自己憂鬱，也會令他人不知道你的感受與訴求。

一個能有效管理自身情緒的人，通常能使自己擺脫強烈的憤怒、焦慮與憂鬱，自我紓壓，積極應對危機，從而盡快地從負面情緒中解脫出來，提升對事務的控制感，增強對自己的信心，保持良好健康的人際關係，並增大實現自身目標的可能性。反之，當無法有效控制自我情緒時，將會使自己長時間處於痛苦的情緒之中，在事務與人際關係的處理中產生挫敗感，降低自信心，並損害自己的身體健康與心理健康。

管理自身情緒，主要有以下六種方法：

（1）控制：當情緒產生時，能立即意識到，並克制衝動，暫緩情緒的宣洩；

（2）表達：適時、適度地表達自身情緒與感受，合理釋放情緒，獲得對方的理解；

（3）轉移：注意力轉移，從引發情緒的事件上轉移到其他活動上；

（4）脫離：脫離引發情緒的現場環境，避免情緒刺激，尋找其他相對安靜的環境，調節、舒緩自身情緒；

（5）認知再造：ABC 理論（詳見下文論述）；

（6）針對情緒產生的原因採取行動加以解決。

以下我們來詳述這六種情緒管理方法。

1．控制

這需要有較強的情緒辨認能力與自控力，也需要不斷拓寬自己的視野、心胸，運用智慧，並長期進行刻意訓練。

2．表達

　　要學會適時地、適度地表達自身情緒與感受，不可壓抑負面情緒，否則於己於人都會帶來不利影響。這需要學習表達技巧與回饋技巧，比如朋友約會遲到，耽誤了「我」很多時間，「我」心生不滿，如果「我」直接表達不滿：「你怎麼遲到這麼久呢？浪費我這麼多時間！」那麼對方一定會很不高興，而且很有可能引發彼此之間的不愉快。但如果「我」這樣表達：「你過了約定時間這麼久都沒到，讓我好擔心，不知道你發生了什麼。」不僅指出了對方遲到的事實，還表現出了我們的關心，對方的反應將會大不相同。關於更為複雜的回饋技巧，我們將在下一章講到。

3．轉移

　　這是將注意力從引發情緒的事件上轉移到其他活動上。比如工作上發生了不愉快的事，我們可以透過從事其他活動，如朋友聚餐、唱卡拉OK、健身跑步、郊區爬山、讀書看報、蒔花養魚、遠足旅行……來讓負面情緒漸漸淡化。

　　不過，這裡需要注意兩點：

　　一是轉移並不等於解決。如果是嚴重的情緒反應，透過注意力轉移也許會暫時消減，但當類似情景再次出現時，那個情緒有可能會重新浮現，且更加嚴重。因此轉移只是權宜之計，而非治本良方。

　　二是轉移是屬於情緒管理的範疇，它不是情緒宣洩。比如我們從引發情緒的事件上轉移到其他劇烈活動，如到健身房將沙袋想像成引發我們負面情緒的那個人猛力擊打，或回家摔杯子、扔東西等，甚至找不相關的人（如家人、朋友，或賣場、餐廳的員工等陌生人）大吵一架遷怒……這些都是情緒宣洩，而非情緒管理。情緒管理與情緒宣洩的區別是：情緒管理是理性轉移，一般不對第三方造成傷害、損害或破壞；而

宣洩是感性轉移，情緒釋放強烈，有可能對第三方造成傷害、損害或破壞。尤其是遷怒，非常不應該！

4．脫離

這是脫離引發情緒的現場環境，轉而尋找其他相對安靜的環境調節自身情緒。因為當情緒來臨的時候，你所說的任何話都將是不理性的。有一次我和兩個朋友一起聊天，其中一位女士說話比較沒有禮貌，屬於無意識強勢型行為，這令我感覺很不舒服，於是藉口去洗手間暫時離開了交談現場，到室外調整了一下呼吸和心情，五分鐘後又回來繼續交流，並設法提早結束了這場不那麼令人愉快的會談。

脫離的好處是避免情緒的發作，也給自己一些時間和新的空間來調整情緒和溝通策略，在保持禮貌的情況下相對優雅地結束會談。

5．認知再造

認知即我們看待自身和外部世界的方式。這裡介紹一下 ABC 理論。該理論由美國臨床心理學家亞伯特・艾利斯（Albert Ellis）提出。A 代表激發事件（Activating Events）；B 代表當事人自身的信念（Beliefs），即其對事件 A 的看法、評價或理念，也就是前文筆者提到的「背包」；C 代表該事件引發的結果（Consequences）。ABC 理論如圖 4-4 所示。

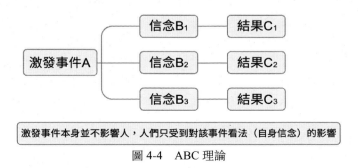

圖 4-4　ABC 理論

比如某個周末我在開車，忽然右側車道的一輛車在沒有打方向燈的情況下忽然插到了我的前方，導致我的車頭差點撞到他的車尾（激發事件A）。我非常惱火，於是一邊猛踩剎車，一邊大聲按喇叭抗議，或咒罵前方車子的司機（事件結果C）。人們通常會認為是事件A直接引發了結果C。但在艾利斯看來，引發C的並非A，而是中間的B（我們對事物的看法與信念）。在剛才這個事件A中，我的信念B是「交通規則很重要，如果變換車道要遵守規則，必須打方向燈」，而對方司機的行為違背了我的信念B，導致事件結果C的產生——我很生氣、踩剎車、按喇叭、咒罵對方司機等。由此可知，事件A本身的刺激情境並不是引發情緒反應和事件結果C的直接原因，個體對刺激情境的認知解釋和評價B才是引起情緒反應的直接原因。

該場景中，激發事件A是不可變數，即不可更改的，但B與C卻是可變數，可以透過調整認知加以改變。假設剛才我們的信念「交通規則很重要」是B_1，事件結果「我很生氣、踩剎車、按喇叭、咒罵對方司機」是C_1的話，如果我們調整一下我們對事物的看法，把「交通規則很重要」（B_1）改為「人無完人，人都有犯錯的時候，對方司機也許是忘了打方向燈，他不是故意的」（B_2），那麼我們的情緒反應和事件結果可能完全不一樣，我們就不會那麼激動地「按喇叭、咒罵對方」（C_1），而是會變成「踩剎車，搖搖頭，微微一笑」（C_2）。讓我們進一步設想一下，假設我們看到對方車牌尾號得知那個司機是我的一個朋友，他是位外科醫生，他開車這麼快也許是著急去醫院搶救一個病危患者（僅僅是假設），那麼我的B_1也許就變成了B_3「醫生救死扶傷有時比規則更重要」（如救護車可以闖紅燈），那麼我的C_1也許會變成C_3「踩剎車，內心對該醫生週末也不能好好休息，而要去施救生命心生敬意」。

　　這個過程，我們叫認知再造，即透過調整我們對事物的看法、信念，從而調整我們對事件反應的情緒和行為。艾利斯在 ABC 理論的基礎上，創造了心理學上的理性情緒療法（Rational-emotive Therapy，簡稱 RET，又稱合理情緒療法），該療法的關鍵步驟是引導當事人對激發事件重新認知，進行批判；因為個體受限於背包（詳見第一章的背包原理）的影響，對事物的認知不一定是完全正確的，甚至很有可能是片面的或錯誤的，因而，透過對信念 B_1 進行批判，引導當事人探索 B_2、B_3⋯⋯ B_n 的可能性，從而改善其情緒反應和事件結果 C_1，形成新的 C_2、C_3⋯⋯ C_n。

　　所以，當某事件發生激發了我們的某種強烈負面情緒時，我們可以靜下心來思考一下：是什麼觀念讓我產生了這個情緒？這個觀念合理嗎？是理性的、正確的嗎？有沒有其他的可能性存在⋯⋯如此可以透過自我批判，或尋求他人的幫助、找尋不同視角，來重新認知事物，改變我們的情緒反應。例如某公司兩位女生小陳、小林在走廊裡看見老闆經過，兩人都熱情地向老闆揮揮手，說了聲「您好」，然而老闆直接無視走過。於是小陳非常惶恐地思考「這幾天哪裡工作沒有做好？是不是哪裡得罪老闆了？」連續幾天都萎靡不振；而小林則認為「也許老闆在思考某個問題，沒有注意到我」，繼續心情愉快地工作。同樣的事件，小陳、小林兩人看待事物的觀點不一樣，導致的情緒反應和行為結果完全不同。因此，批判原有信念，尋求新的視角，進行認知再造，對情緒管理意義重大！

　　很多諸如「杯弓蛇影」、「望梅止渴」、「風聲鶴唳」、「草木皆兵」等的歷史典故，都可以在 ABC 理論中得到解釋。基於該理論的理性情緒療法，對疑心病、憂鬱症等心理類疾病也有良好的效用。

6 · 針對情緒產生的原因採取行動加以解決

這指的是找出近期困擾你情緒最嚴重的一兩件事，然後分析一下根本原因是什麼，然後針對這個根本原因採取行動，來消除情緒源。

例如小李一直為升遷而煩惱，細問得知要想獲得晉升「必須通過英語檢定中級考試」，這是一條硬性要求。因此，小李當下的要務是放下一切手頭不重要、不緊急的事務，將補習英文、通過考試放在第一位，制定行動計畫，如上英文課、每天務必學習兩小時等，在半年內一舉通過考試，徹底消除這個影響情緒的根本原因。

再如小張最近屢次被經理批評，情緒煩躁。細問得知，這是由於他近期的業績不斷下滑導致的，而現在是銷售旺季，理應業績成長才對。繼續分析得知，他的母親因病住院，身為獨生子的他每晚需要去醫院看護，導致其精力分散，白天經常睏倦，無法集中注意力到業務工作上去。因此，小張的當務之急是解決看護問題，或者請其他人看護，或者向上司說明情況，調整業績考核標準。總之，一定要找到情緒產生的原因，並採取切實行動，從根本上解決問題！

情緒管理的目標是以最恰當的方式來表達情緒，尤其是負面情緒。負面情緒與正面情緒的比例決定了人的幸福感。讀者依據上述管理自身情緒的六種方法去紓解情緒，一定會有意想不到的收穫！

四、自我激勵

自我激勵是指面對目標實現過程中的困難與挫折，有效排除情緒干擾，集中精力、聚焦目標，以積極的心態克服挑戰的能力。

沒有一個人的人生是一帆風順的，總會有大大小小的困難與挫折在無預警的某時某刻出現在道路的前方。能否像唐僧師徒一樣，一路降妖

除魔，戰勝九九八十一難，就成為我們每一個人所面臨的挑戰。

我剛到大城市的時候，曾經有過一年的時間在某公司做戶外拓展培訓部的負責人，那是我從之前的新聞記者生涯到之後的培訓顧問角色之間一個短暫的過渡。但在那一年裡，我並不知道這是個短暫的過渡，我當時正處於職業生涯的迷茫期，不知道未來的路應該怎麼去走。每天清晨，我會和其他幾位同事一道來到戶外拓展基地，迎著朝陽爬上十幾公尺高的攀岩牆，然後在安全帶的保護下在空中懸掛著安裝高空器械。經過一天的帶隊拓展訓練，又需要在傍晚等學員離開之後再次上到高空解除那些器械。往往，我是最後一個離開高空的人。有好幾次，我一邊孤獨地解除著訓練器械，一邊遙看著天邊的晚霞告訴自己：「這不是你想要的生活，這樣的生活一定會過去的……」那些時刻，有擔心墜落的恐懼，有不得不去面對、擔當的勇氣，更多的是心裡想著家人對我的期盼和自己對未來美好生活的夢想……正是那些期盼和夢想，幫助我度過了人生中最為艱難的一段時光！一年後，我調到國際合作專案部擔任經理，開啟了一段新的職業旅程。

自我激勵，需要具備以下四種能力：

（1）聚焦目標：集中注意力，對目標堅定不移地認定與追逐；

（2）控制情緒：抑制衝動，排除情緒干擾；

（3）延遲滿足：抵制當下的誘惑，做到延遲滿足；

（4）樂觀心態：以積極心態看待困難，以陽光心態自我激勵。

1・聚焦目標

聚焦目標就是要集中注意力，對認定的目標進行堅定不移的追逐。關於注意力的集中，《情商》一書第六章指出：「注意力指向的方向，就是自己能量集中的地方。眼睛指向的地方就是行為取向的地方。足球運動

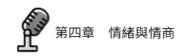

員射門時如果一直想著別射偏了，他就很可能會射偏。如果擔心失敗，就可能失敗。」另外，「龜兔賽跑」的故事，我們大家都耳熟能詳，是講關於注意力集中的道理，因此這裡不再贅述。我們來簡單說說目標。

　　哈佛大學曾在 1970 年對畢業生做了一項關於目標的調查。研究顯示：3％的人有清晰且長期的目標；10％的人，有比較清晰但短期的目標；60％的人，目標比較模糊；27％的人，沒有目標。經過 25 年的跟蹤調查，研究者發現：3％有清晰且長期目標的人，幾乎都成了社會各界的頂尖成功人士，其中不乏白手創業者、行業領袖、社會菁英；10％有比較清晰但短期目標的人，大都生活在社會的中上層，成為各行各業不可缺少的專業人士，如醫生、律師、工程師、高階主管等；60％目標比較模糊的人，幾乎都生活在社會的中下層，只能安穩平淡地工作與生活，但都沒什麼特別的成績；27％沒有目標的人，幾乎都生活在社會最底層，常常失業，靠社會救濟生活，並且常常抱怨他人與社會。

　　舉這個例子是想告訴大家，你有什麼樣的目標，就會有什麼樣的人生。而我們當中的絕大多數人，或者沒有目標，或者目標模糊。因此，這裡請各位讀者思考一下，你的目標是什麼？長期目標是什麼？短期目標是什麼？事業目標是什麼？生活目標是什麼？你準備在何時達成各階段目標？屆時，衡量的標準是什麼？只有設定了有意義的目標，才能集中注意力，聚焦在人生各個目標的實現上！

2．控制情緒

　　關於這點，我們在前面已經論述過，在此不再贅述。

3．延遲滿足

　　這指的是拒絕眼前瞬時滿足的誘惑，做到滿足感延後。

1960 年代，美國心理學家沃爾特‧米歇爾（Walter Mischel）在史丹佛大學附屬幼稚園 Bing Nursery School 做了一個著名的「棉花糖實驗」。實驗對象是 4 ～ 6 歲的兒童，他們所在房間的桌子上放著棉花糖、夾心餅乾或椒鹽脆餅。這些孩子被告知：屋裡的大人（實驗人員）等一下會出去，稍後還會回來。對於桌上的棉花糖等零食，孩子們可以選擇不等大人回來就吃掉，也可以選擇等大人回來後再吃。如果選擇立即吃，每人只能吃一個棉花糖；如果等大人回來再吃，每人就可以得到雙倍獎勵，即兩個棉花糖。當實驗人員離開房間後，一臺隱藏的攝影機開始記錄接下來發生的事情：有大約三分之二的孩子不等大人回來，就忍不住陸陸續續吃掉了他們被允許數量的零食，而有另外約三分之一的孩子選擇了等大人回來之後再吃雙倍的零食。實驗人員從離開房間到再次回到房間的時間間隔是 15 分鐘左右，這期間，那些選擇等待的孩子，為了轉移注意力、避開糖果的誘惑，有的用手蓋住眼睛，有的去玩玩具，有的一起玩遊戲。

這個實驗先後在約 600 名兒童身上展開。實驗結束後，米歇爾持續追蹤這些孩子們的情況，一直到他們高中畢業、參加工作、成家立業，持續了 40 多年。追蹤結果顯示：延遲滿足能力強的孩子相較於延遲滿足能力弱的孩子，意志力、忍耐力更強，目標導向更明確，做事更有效率，更有社交競爭力，更加自信，更善於面對生活的挫折，智力表現也更加優秀（表現在他們在相當於美國大學入學考試的 SAT 中，語文與數學分數比對比組平均高 210 分），成年後的自我管理能力更強，有更好的人生表現。

延遲滿足，需要有較強的自控力與意志力，需要有對於目標實現的前瞻性眼光和想像力，更需要有足夠的耐心與智慧。因為相較於漫長等待後的延遲滿足，瞬時滿足更具有誘惑力，畢竟瞬時滿足唾手可得。可

是，等待越久，回報越大，延遲滿足比瞬時滿足的成就感、愉悅感要更強。但絕大多數人看不到或不願看到未來目標實現時的場景，因為，萬一等不到呢？

類似的例子比比皆是。比如，很多人制定了每日或每週的學習計畫、健身計畫、工作計畫，可這些計畫經常被朋友邀約的飯局、臨時的娛樂活動（比如刷抖音、打遊戲等）打亂，因為聚會、遊戲這些瞬時滿足活動比起學習、健身、工作等枯燥乏味的延時滿足活動更具有吸引力；又如，很多人寧可不停地換工作（瞬時滿足，可以當月就拿到薪資），也不願意駐足思考一下「我到底想要什麼？我要從事一份什麼樣的職業？」（延遲滿足，需要長時間思考並做大量準備），從而導致日復一日，生活毫無新意⋯⋯

延遲滿足，需要有對未來目標實現的遠見與前瞻性，更需要有較強的自制力、忍耐力與智慧。面對當下的諸多誘惑，和你頭腦中的那些尚未實現的夢想，各位讀者朋友，請思考一下：你能做出一個不讓自己後悔的選擇嗎？

4・樂觀心態

樂觀心態就是以積極的心態看待困難，以陽光的心態自我激勵。挫折與壓力，任何人都需要去面對，只是困難程度不同而已。但面對挫折的心態，個體間卻有著巨大的差異：面對相同的困境，有的人看到了失敗，有的人則看到了機會。美國管理專家史蒂芬・柯維在暢銷書《高效能人士的七個習慣》中指出：「在刺激與回應之間，我們每個人都有選擇的自由！」

負面心態會帶給我們更多的沮喪感，並會暗示我們「自己的能力不行」；樂觀心態則會幫助我們更加客觀、更加理性，從更多的角度、更全面地看待問題、分析問題，從而帶來更多的關於問題解決的可能性。比

如受到拒絕的銷售員，如果把失敗簡單地歸咎於自己，那麼他就有可能陷於自責之中，業績也會受到負面情緒的干擾而下降。但一個有著積極心態的銷售員，會更加客觀地看待客戶的拒絕，他會分析自己的銷售能力，也會分析失敗是否與具體的情境有關，比如對方現在不方便、心情不好、時機不對或銷售方法不對，那麼他就會對症下藥，解決具體的問題，而不是一味自責，其業績也會受到心態的影響和具體措施的改進而得到改善或提升。

五、辨別他人情緒

辨別他人情緒，即能透過他人細微表情、動作、語言以及聲音的變化，體察對方當下的意圖、想法和情緒的能力。

前面我們提到，人們了解自己的情緒都很困難，更不要說辨別他人的情緒了。所以，一個人如果能夠敏銳地捕捉他人情緒的細微變化，可以說這個人已經是個情商比較高的人了。因為這是獲知對方需求、確保順利溝通和良好人際交往的另外一項重要能力。

識別他人情緒需要具備以下三個條件：

（1）3V 辨別：敏銳捕捉對方發出的視覺訊息、聽覺訊息和語言訊息；

（2）感同身受：換位思考，站在他人立場，理解他人感受；

（3）同理心回應：能夠以同理心回應對方的情緒。

1．3V 辨別

關於 3V 辨別，我們在第二章第三節已有詳細論述。這裡著重強調的是人們的表情，因為表情是情緒展現最直接、最容易被觀察到的方面。而且，不分種族、民族、膚色、文化、年齡、性別等，全世界人們的表情都具有相似性、共通性，也即表情的捕捉和解讀是有規律可循的。

　　比如人們在高興時會嘴角上揚、額眉平展、面頰肌肉上提、嘴角上翹，生氣時眼睛會瞇起來、眉頭緊皺、嘴唇閉緊……透過表情的細微變化，我們可以觀察到人的喜、怒、憂、思、悲、恐、驚等多種情緒變化，這也成就了一門新興的心理學學科 —— 微表情心理學。微表情研究在美國已經應用到國家安全、臨床醫學和政治選舉等領域：恐怖分子等危險人物也許會輕易通過測謊儀的檢測，但很難逃脫微表情心理學家的眼光；一個政治人物是不是在撒謊，觀察一下他表情的細微變化，就能知道其內心的真實感受和祕密 —— 微表情在傳遞著語言無法傳遞的隱祕資訊。

　　微表情從人類本能出發，不受思想控制，無法掩飾，也無法偽裝。它是心理應激微反應的一部分，是個人內心想法的真實呈現。以下是一些關於虛假表情的列舉：撒謊的時候通常沒有與之相對應的表情，比如當事人說自己很開心，但面部表情呈現的往往是沒有任何高興的表情；驚訝表情超過一秒就可能是假驚訝（對普通人會有例外）；真微笑時眼角通常會有皺紋，假笑眼角是沒有皺紋的；通常越受歡迎的人越會撒謊，因為他們善於隱藏自己的真實情緒，因此更容易受歡迎。微表情在實際生活中更傾向於應用在那些被抑制的感情，比如悲痛、恐懼、憤怒、蔑視等；之所以掩飾被抑制的感情，是因為人們不希望在人際交往中失態。

　　當然，表情不僅僅展現在面部，我們的身體、聲音都可以作為微表情的一部分去加以分析，即我們整個的非語言訊息（聽覺訊息和視覺訊息）都在向外界傳遞著內心深處的真實情感。

2・感同身受和同理心回應

　　關於感同身受和同理心回應，我們在第三章已經詳細論述過。這裡需要強調的是：越能夠換位思考的人，越能夠為他人著想；越具有同理心的人，越容易進入他人的內心世界，覺察、體驗他人的情感狀態。可

以說，辨別他人情緒的最高境界，就是同理心！

同理心越強，道德感越強，越傾向於為社會上的弱勢人群和受害者代言、發聲，甚至進行干涉。研究顯示，旁觀者對受害者的同理心越強烈，他進行干涉的可能性就越大。

同理心訓練對缺乏同理心的人的作用，也是效果顯著。美國心理學家威廉·詹姆士的研究顯示：在獄中接受同理心治療的性侵犯者與沒有接受該治療的性侵犯者相比，他們刑滿釋放後繼續實施侵犯行為的機率只有後者的一半。

關於辨別他人情緒這一點，請讀者與第三章中關於果敢表達中的同理心的相關內容對照閱讀。

六、處理人際關係

處理人際關係，短期而言，是指善於調節與控制他人情緒反應，並能使他人產生自己所期待的反應的能力；長期而言，是指能透過與他人建立良好關係、預防及管理衝突、實現合作共贏的人際互動能力。

處理人際關係是屬於管理他人情緒的一部分，也是前面提到的所有能力的綜合展現。一個有著良好人際關係的人，即使智商一般，也往往能夠透過合作來彌補自己的短處，實現個人的工作與生活目標，如三國時期的劉備、美國總統小布希等，古今中外類似的例子不勝列舉；一個缺乏良好人際關係的高智商者，往往會四處碰壁，而又自以為懷才不遇，不僅給他人傲慢無禮的印象，且在團隊合作中也會屢嘗敗績，如我們前面提到的阿波羅現象。

這裡需要澄清兩點：

第一，有良好人際關係的人，不等同於老好人。老好人有兩個特點：

一是關係第一，絕對不得罪人；二是毫無原則，任何事情只講關係，不講道理和原則。有良好的人際關係者也有兩個特點：一是一定是個有著明確、正確目標的人；二是有原則、有底線、有良知的人，凡是違背了原則、底線、良知的行為，都是不被這樣的人所認同和接受的。

第二，有良好人際關係的人，是會合理分配時間的人。有人誤以為良好的人際關係就意味著和任何人都保持好關係，這是錯誤的認知。我們知道，一個人的時間與精力是有限的，一個有良好人際關係的人，指的是有良好而健康的人際關係的人，他會把有限的時間與精力分配給他生命中最重要的那些人（如親密的家人、志同道合的朋友、合作密切的同事與客戶等），把時間與精力分配在那些有助於目標實現的事務上。總而言之，他的時間是高品質時間，即用在重要人物、關鍵事務上的時間。而那些有錯誤認知的人，往往關係不分親疏遠近，事務不分輕重緩急，只要是認識的人，都笑臉相迎、和睦相處。我們可以看到他每天都忙忙碌碌，迎來送往，飯局、酒局等各種社會應酬應接不暇，一天下來、一周下來，讓他回顧一下收穫，他可能會發現其實一無所獲，家人因缺少陪伴而微詞不斷，真心朋友屈指可數，各種目標既模糊又遙遠……

因此，要成為一個有著良好而健康關係的人，需要具備以下八項素養和能力：

（1）清晰的目標：有明確、清晰的目標，獨到的願景；

（2）健康的人格：有著健康的人生觀、世界觀、價值觀；

（3）同理心待人：待人如己，「己所不欲，勿施於人」；

（4）有領導力與影響力：有領袖氣質，影響他人共同實現符合多數人利益的目標；

（5）衝突管理能力：有效預防、避免衝突，協調關係，衝突發生時

管控情緒與後果，挽回不良後果；

　　(6) 耐力與必要的妥協能力：耐受挫折，在不違背原則的情況下，必要時做出妥協；

　　(7) 溝通與協調能力：有效溝通，協調人際關係；

　　(8) 問題分析與解決能力：識別真正問題，找到根本原因，提出創造性解決方案的能力。

　　具備以上素養、提升以上能力，需要各位讀者長期聚焦、關注自己的情商改善目標，不斷學習、刻意訓練，長期堅持，定有收穫！

　　這裡筆者就一些處理人際關係的必要習慣做個簡單、重點提示：

- **勤於溝通，果敢表達**：有良好的人際關係者勤於溝通，表達事實，充分交流，避免猜忌，待人坦誠。

- **不抱怨、不批評**：有良好的人際關係者一般不批評、不指責、不抱怨別人，而是理性、有技巧地對對方的行為給予建設性回饋，共同商議解決方案。因為他們知道，指責與抱怨於事無補，且容易傳染不良情緒，建設性回饋才是解決問題的正確選擇。

- **保持熱情**：有良好的人際關係者對他人、工作與生活抱有熱情，經常以積極的情緒影響他人。

- **包容和寬容**：有良好的人際關係者心胸寬廣，不斤斤計較，對他人有一顆包容與寬容的心。

- **善於聆聽**：有良好的人際關係者善於傾聽，說得不多，卻字字珠璣；善於聆聽，能夠捕捉他人話語、表情中的資訊與潛在需求，適度關切，令人感覺溫暖。

- **經常讚美**：俗話說：「讚美就像冬日的暖陽！」總會帶給人溫馨的感覺。有良好的人際關係者善於發現別人的優點，並發自內心地指出這些優點，給他人以信心，但這種讚美是實事求是、恰到好處的，

而不是阿諛的、取悅的、虛偽的、違心的。

- **有責任心**：有良好的人際關係者勇於擔當，遇事不推卸責任，並且能夠理性分析問題，合作解決問題。
- **富有同理心與愛心**：對他人富有同理心，對弱勢人群或普通民眾懷有一顆關愛之心；在力所能及的範圍內，有尊重地、適度地、授人以漁式地幫助他人，施以援手。因為他們知道，施予愛不等於氾濫愛，每個人都應該用自己的方式振作起來，而外力的非理性幫忙常常會剝奪一個人自主振作的機會。富有同理心與愛心的人，不會去剝奪他人成長的機會，不會去滋養他人依賴的心理，而是去喚醒每個人內心深處的那種與生俱來的獨立自主、自力更生的精神力量。這，才是大愛之所在！

第四節　情緒挑戰與情商教育

不得不說，我們現在所生活的時代，是一個歷史上最為便捷的時代，萬里之遙，一日可達；也不能不說，我們還生活在有史以來生活節奏最快、壓力最大的一個時代。社會快速發展，人口流動性增加，科技進步改變了人們的生活方式，機器服務代替人工服務，人與人溝通減少、競爭加劇，宗教與信仰的缺失，家庭結構的破碎化（夫妻因工作原因兩地分居，或加班時間延長，少子化，孩子缺少陪伴，離婚率升高，單親家庭增多），家庭及社會支持系統的減弱，溝通方式的變化（親人之間長時間的溝通越來越少，透過手機等電子媒介方式的碎片化、遠端溝通越來越多）……所有這一切，導致人們的耐心、包容心、同理心越來越少，煩躁、焦慮、憤怒等情緒越來越頻繁。

研究數據顯示，美國現當代兒童的情緒幸福指數呈現明顯下降趨勢，兒童的困擾和問題更多、更嚴重，比如孤單、焦慮、不服管教和愛發牢騷等。2014 年，某報紙對 84,740 人進行了一項關於現代人情緒化問題的線上調研。調研顯示，93.4％的受訪者認為如今的現代人情緒化問題嚴重，其中 85.1％的人認為非常嚴重；87.5％的受訪者坦言，自己在日常生活中就有情緒化表現。

由此可見，當今時代人們心理問題比較多，這些都對正常與健康的人際交往以及情商教育構成了挑戰。

其中威脅最大的四個負面情緒分別是：憤怒、焦慮、憂鬱、恐懼。

一、憤怒

憤怒容易引發心血管疾病。因為每個人價值觀與文化背景都不同，我們產生憤怒情緒的原因顯得多樣而頻繁。高曼說：「憤怒是最難控制的情緒……對惹我們生氣的事情思索的時間越長，會讓怒火燃燒得越旺。『遠路無輕載』，再小的事情放在心裡時間長了都會變成大事。」憤怒往往是因為我們感覺受到冒犯，自尊或尊嚴受到損害，如被不公正或粗魯地對待、被侮辱或被命令。因此，適度釋放憤怒的情緒就顯得尤為重要。壓抑不僅無助於問題解決，反而會使憤怒的情緒不斷發酵，損害自身健康，還有可能讓累積的情緒強烈爆發，帶來可怕後果。如同亞里斯多德所言：「任何人都會生氣，這沒什麼難的。但要能適時適所、以適當方式、對適當的對象恰如其分地生氣，可就難上加難。」

二、焦慮

　　焦慮與壓力會削弱人體的免疫力，使人很容易在情緒脆弱時生病。前面我們曾提到，很多焦慮是由於不切實際的過度擔心造成的，即非理性思維催生了焦慮。非理性思維主要有如下三種類型：

　　（1）絕對化：指個體以自己主觀意願為出發點，認為某一事物必定會發生或不會發生的信念。這常常表現為將「希望」、「想要」等訴求絕對化為「必須」、「應該」或「一定要」等，如「我必須成功」、「別人必須對我好」、「他是我男朋友，就應該理解並滿足我的要求」……其他常用的絕對化詞語如「理應」、「務必」、「完全」、「絕對」等。這種絕對化的要求之所以不合理，是因為每一客觀事物都有其自身的發展規律，不可能以個人意志為轉移。因此，當某些事物的發展與個體對事物的絕對化要求衝突時，個體就會感到難以接受和適應，從而陷入情緒困擾之中。

　　（2）概括化（或泛化）：指一種以偏概全的思維方式，典型特徵是以某一件或某幾件事來評價事物的整體價值，或透過對某個行為的判斷擴大到對整個人的判斷。常用的概括化詞語有「從不」、「總是」、「無法」、「永遠」、「毫無價值」、「一無是處」等，如「有刺青的人都是黑道」、「這事搞砸了，我真是一個沒用的人」、「某國的人都是騙子」「他說要來結果沒來，他一定是個沒有信用、不負責任的人」……這個問題在於把「有時」、「某些」概括化為「總是」、「所有」，混淆了個體與整體、部分與全面、個別與全部的關係。

　　（3）災難化：指當一件不好的事情發生時，將其無限放大，認為會導致災難性後果的信念，比如「孩子不爭氣，沒考上大學，他這輩子完了，我的後半生也沒指望了」「沒能在老闆指定的日期前提交報告，我在他眼裡是徹底『沒救』了」「身上長了一個小腫塊，下一步它會不會發展

成腫瘤啊」……我們知道，很多事都一體兩面，「塞翁失馬，焉知非福」，災難化的思維方式只會令個體情緒焦慮感增加，於事無補。

三、憂鬱

憂鬱會引發癌症，或加速已有疾病的惡化。悲觀地看待生活中的挫折，感到無助或絕望，是憂鬱症的來源。

據世界衛生組織在 2017 年發布的《憂鬱症及其他常見精神障礙》（*Depression and Other Common Mental Disorders*）報告中的數據：目前世界範圍內預計有超過 3 億人飽受憂鬱症的困擾，憂鬱症的全球平均發病率在 4.4% 左右；女性發病率明顯高於男性；另外，以 107 年的臺灣為例，輕鬱症患者約 19 萬 2 千多人，重鬱症患者則是 20 萬 8 千多人。

關於憂鬱症的治療手段，目前主要有藥物治療與心理治療。然而，增加對外部世界的了解與互動，經常參加社會活動與人際活動，敞開心扉，開闊視野，才是最好的治療方法。

四、恐懼

恐懼是對未知事物、危險處境、安全威脅或已有嚴重負面刺激的應激性情緒反應，其中嚴重負面刺激（如他人的施虐或自然災害）通常會引發創傷型恐懼。施虐者可能是親人（如父母）或陌生人（如陌生的性侵者），受害者通常難以恢復正常的心理狀態。自然災害的受害者，較之於前者在恢復正常心理狀態方面要相對容易一些。

消除恐懼的辦法有：①自我認知，再學習、再認知（面對曾經遭受的創傷並重新認知）；②他人的幫助（如家人或外界人員持續的心理援助）；③環境的改變（如生活在一個更加充滿愛的環境中，或學習瑜伽、冥想

等放鬆練習）；④藥物治療。

　　以上對負面情緒挑戰的認知，有助於我們勇敢地面對這些嚴重破壞情商發展的心理問題，從而更好地治癒它、規避它，重新樹立對培養良好情商的信心。

　　情商教育的第一場所是家庭。父母要以身作則，不斷學習，相親相愛；對孩子要包容理解，避免命令式、要求式、判斷式、居高臨下式等家長式溝通方式，最好與孩子（尤其是青春期孩子）建立朋友般的關係，用協商、徵詢的方式進行溝通；以身作則，凡是自己做不到的事情，就不要對孩子提出要求（如自己都沒有考上名校，有什麼理由一定要讓自己的孩子考上）；覺察、管理家庭成員的每一個反常的情緒變化，並做出回應與回饋，營造健康的情緒氛圍；對家人 —— 尤其是孩子予以鼓勵、讚美與肯定，會讓家庭的互動氛圍更加健康。情商教育的最佳階段是幼童時期（7歲以前），因此，家庭的作用至關重要！

　　情商教育的第二場所是學校。高曼《情商》一書中指出：「社交與情緒學習已經覆蓋了全世界數萬所學校。目前美國很多地區把社交與情緒學習列為學校的必修課程，規定學生必須掌握這種不可或缺的生活技能，學生的情商競爭力必須像數學和語文那樣達到一定的水準……例如美國伊利諾州制定了詳細、全面的社會情緒能力（SEL）標準，覆蓋了從小學到高中的各個年級：小學低年級學生要學會辨別和準確表述自身情緒，並了解情緒如何引發行為；小學高年級開設同理心課程，要求兒童根據非言語線索辨別他人的感受；國中階段，學生應當學會分析哪些東西會造成壓力，哪些東西能激發出最佳表現；高中的社會情緒能力學習重點包括：透過有效地傾聽和交談解決衝突，防止衝突更新，並協商出雙贏的解決辦法。」

　　在臺灣，有些人對於情商教育存在著錯誤的認知，這是非常令人遺憾

的事情。希望本書的出版在推動臺灣情商教育方面能夠發揮到一定作用。

　　情商教育的第三場所是社會，即我們每天在工作生活中與他人的互動過程。人無法脫離社會，我們每天都需要與他人互動、溝通。每一件事情的處理，每一次溝通，都或多或少地引發我們的感受，或強或弱。情緒的一端是沒有或少有情緒反應，另一端是情緒過分敏感。透過覺察自己的情緒變化，輔以理性應對，才是正確的應對之道。但是，也正如我們之前的分析，理性與情緒的平衡與拉扯，在很多情況下是情緒獲勝、理性失敗。這是由於人的動物性本能造成的（詳見本章第二節關於杏仁核的內容）。也正因為此，更需要我們把情商訓練當成每日必修之課，時時警醒，處處反思。堅持下去，我們方可在前兩者教育缺失或不足的情況下，自省提升！

　　18 世紀的英國作家霍勒斯・沃波爾（Horace Walpole）曾經說過：「生活對於理性的人來說是喜劇，對於感性的人來說是悲劇。」這是提醒我們要當心情緒造成的陷阱。但是，控制情緒不意味著扼殺情緒。社會的發展令人類理性思考能力不斷提升，但情緒在表達情感方面（如愛與哀傷）仍是理性不可替代的，畢竟，我們是「人」！

　　透過面對情商挑戰，重視情商教育，我們至少應該在一些基本的情緒體驗與認知中獲得一些技能，如覺察與識別感受、表達感受、評估感受強度、管理感受、延遲滿足、控制衝動、了解感受與行為的差異等。要記住，情商不是天生的，但透過正確的後天學習是可以得到改善的！

　　除了美國「情商之父」丹尼爾・高曼的《情商》之外，筆者這裡還要推薦一部美國「現代成人教育之父」戴爾・卡內基（Dale Carnegie）的在世界影響深遠的經典之作《人性的弱點》，該書在人際互動與情商教育方面，是一部驚世之作，必讀之書，讀者有時間不妨拿來一閱。

　　最後，請各位讀者牢記：情商管理的最低標準是不傷害自己、不傷

害他人；最高標準是透過自己與他人的互動，創造最佳效果 —— 情緒愉悅，結果雙贏！

國際標準情商測試題

　　這是一組歐洲流行的關於情商的測試題，可口可樂、麥當勞等眾多世界前五百強公司曾以此作為員工 EQ 測試的基本題，幫助員工了解自己的 EQ 狀況。本測試共 33 題，測試時間 25 分鐘。假如你已經準備就緒，請開始計時。

　　第 1 ～ 9 題：請回答下列問題，選擇一個和自己最切合的答案。

1. 我有能力克服各種困難：＿＿＿＿＿＿

　　A. 是

　　B. 不一定

　　C. 否

2. 如果我能到一個新的環境，我要把生活安排得：＿＿＿＿＿＿

　　A. 和從前相似

　　B. 不一定

　　C. 和從前不一樣

3. 一生中，我覺得自己能達到我所預想的目標：＿＿＿＿＿＿

　　A. 是

　　B. 不一定

　　C. 否

4. 不知為什麼，有些人總是迴避我或對我很冷淡：＿＿＿＿＿＿

　　A. 否

B. 不一定

C. 是

5. 在大街上，我常常避開我不願打招呼的人：＿＿＿＿＿＿

　　A. 從未如此

　　B. 偶然如此

　　C. 有時如此

6. 當我集中精力工作時，假使有人在旁邊高談闊論：＿＿＿＿＿＿

　　A. 我仍能用心工作

　　B. 介於 A、C 之間

　　C. 我無法專心且感到憤怒

7. 我不論到什麼地方，都能清晰地辨認方向：＿＿＿＿＿＿

　　A. 是

　　B. 不一定

　　C. 否

8. 我熱愛所學的專業項目和所從事的工作：＿＿＿＿＿＿

　　A. 是

　　B. 不一定

　　C. 否

9. 氣候的變化不會影響我的情緒：＿＿＿＿＿＿

　　A. 是

　　B. 介於 A、C 之間

　　C. 否

第 10 ～ 16 題：請回答下列問題，將答案填入右邊橫線處。

10. 我從不因流言蜚語而氣憤：＿＿＿＿＿＿

　　A. 是

　　B. 介於 A、C 之間

　　C. 否

11. 我善於控制自己的面部表情：＿＿＿＿＿＿

　　A. 是

　　B. 不太確定

　　C. 否

12. 在就寢時，我常常：＿＿＿＿＿＿

　　A. 極易入睡

　　B. 介於 A、C 之間

　　C. 不易入睡

13. 有人騷擾我時，我：＿＿＿＿＿＿

　　A. 不露聲色

　　B. 介於 A、C 之間

　　C. 大聲抗議，以此洩憤

14. 在和人爭辯或工作出現失誤後，我常常感到戰慄、精疲力竭，而無
　　法繼續安心工作：＿＿＿＿＿＿

　　A. 否

　　B. 介於 A、C 之間

　　C. 是

15. 我常常被一些無謂的小事困擾：＿＿＿＿＿＿

　　A. 否

　　B. 介於 A、C 之間

　　C. 是

16. 我寧願住在僻靜的郊區，也不願住在嘈雜的市區：＿＿＿＿＿＿

　　A. 否

　　B. 不太確定

　　C. 是

　　第 17 ～ 25 題：請回答下列問題，選擇一個和自己最切合的答案。

17. 我被朋友、同事取過綽號、譏諷過：＿＿＿＿＿＿

　　A. 從來沒有

　　B. 偶爾有過

　　C. 這是常有的事

18. 有一種食物使我吃後嘔吐：＿＿＿＿＿＿

　　A. 沒有

　　B. 記不清

　　C. 有

19. 除去實際能看見的世界外，我的心中沒有另外的世界：＿＿＿＿＿＿

　　A. 沒有

　　B. 記不清

　　C. 有

20. 我會想到幾年後會有什麼使自己極為不安的事：＿＿＿＿＿＿

　　　A. 從來沒有想過

　　　B. 偶爾想到過

　　　C. 經常想到

21. 我常常覺得自己的家人對自己不好，但是我又確切地知道他們的確
對我好：＿＿＿＿＿＿

　　　A. 否

　　　B. 說不清楚

　　　C. 是

22. 每天我一回家就馬上把門關上：＿＿＿＿＿＿

　　　A. 否

　　　B. 不清楚

　　　C. 是

23. 我坐在小房間裡把門關上，但我仍覺得心裡不安：＿＿＿＿＿＿

　　　A. 否

　　　B. 偶爾是

　　　C. 是

24. 當一件事需要我做決定時，我常感到困難：＿＿＿＿＿＿

　　　A. 否

　　　B. 偶爾是

　　　C. 是

25. 我常常用拋硬幣、抽籤之類的遊戲來猜測凶吉：＿＿＿＿＿＿

　　　A. 否

B. 偶爾是

C. 是

第 26 ～ 29 題：請回答下列問題，僅須回答「是」或「否」即可，在你選擇的答案下打「√」。

26. 為了工作我早出晚歸，早晨起床時我常常感到疲憊不堪：

　　是＿＿＿＿＿　　　否＿＿＿＿＿＿

27. 在某種心境下我會因為困惑而陷入空想，擱置工作：

　　是＿＿＿＿＿＿　否＿＿＿＿＿

28. 我的神經脆弱，稍有刺激就會使我不安：

　　是＿＿＿＿＿＿　否＿＿＿＿＿

29. 睡夢中我常常被惡夢驚醒：

　　是＿＿＿＿＿＿＿　否＿＿＿＿＿＿

第 30 ～ 33 題：本組測試共 4 題，每題有 5 種答案，請選擇與自己最切合的答案，在你選擇的答案上打「√」。答案標準如下：1. 從不；2. 幾乎不；3. 一半時間；4. 大多數時間；5. 總是。

30. 工作中我願意挑戰艱鉅的任務。　1　2　3　4　5

31. 我常發現別人好的想法。　1　2　3　4　5

32. 我能聽取不同的意見，包括對自己的批評。　1　2　3　4　5

33. 我時常勉勵自己，對未來充滿希望。　1　2　3　4　5

▌參考答案及計分評估

計分時請按照計分標準，先算出各部分得分，最後將幾部分得分相加，得到的那一分值即為你的最終得分。

第 1 ～ 9 題，每回答一個 A 得 6 分，回答一個 B 得 3 分，回答一個 C 得 0 分；計＿＿＿＿分。

第 10 ～ 16 題，每回答一個 A 得 5 分，回答一個 B 得 2 分，回答一個 C 得 0 分；計＿＿＿＿分。

第 17 ～ 25 題，每回答一個 A 得 5 分，回答一個 B 得 2 分，回答一個 C 得 0 分；計＿＿＿＿分。

第 26 ～ 29 題，每回答一個「是」得 0 分，回答一個「否」得 5 分；計＿＿＿＿分。

第 30 ～ 33 題，從左至右分數分別計為 1 分、2 分、3 分、4 分、5 分；計＿＿＿＿分。

總計為＿＿＿＿分。

▌測試說明

本《國際標準情商測試題》最大 EQ 分值為 174 分。

測試後，如果你的得分在 90 分以下，說明你的 EQ 較低。你常常無法控制自己，你極易被自己的情緒所影響；很多時候，你很容易被激怒、發脾氣，這是非常危險的訊號 —— 你的事業可能會毀於你的暴躁。對此最好的解決辦法是能夠給不好的東西一個好的解釋，保持頭腦冷靜，使自己心情開朗。正如富蘭克林所說：「任何人生氣都是有理由的，但很少有令人信服的理由。」

如果你的得分在 90 ～ 129 分，說明你的 EQ 一般。對於一件事，你在不同時候的表現可能不一，這與你的意識有關。你比 90 分以下的人更具有 EQ 意識，但這種意識不是常常都有。因此，需要你多加注意，時時提醒。

如果你的得分在 130 ～ 149 分，說明你的 EQ 較高。你是一個快樂

的人，不易恐慌、擔憂；對於工作，你熱情投入、勇於負責；你為人正義正直、同情關懷。這些是你的長處，應該努力保持。

　　如果你的 EQ 在 150 分以上，那你就是個 EQ 高手。你的情商很高，這不但是你事業穩定的保證，更是你事業有成的一個重要前提條件。

 第四章　情緒與情商

第五章　果敢表達中的回饋技巧

本章我們將從什麼是回饋、周哈里窗、為何人們需要回饋、回饋與暗示的區別、FITA 反應過程、回饋的類別、如何回饋等多個方面闡述回饋的原理，並舉例說明。

第一節　回饋與周哈里窗

一、回饋

情景一：曉峰和小麗在談戀愛。曉峰對小麗的各方面都很滿意，包括相貌、身材、家庭、學歷、工作等，但就是有一點不滿意：小麗吃飯的時候總會發出一些聲音。終於有一天，曉峰提出分手，這讓小麗非常驚訝，小麗問：「為什麼啊？」內向的曉峰說：「不合適！」「哪裡不合適？」「不知道，反正就是不合適！」無奈之下，兩人分手了。小麗熱心的好友玲玲私下詢問曉峰分手的原因，得知是因為吃飯習慣的問題後，玲玲說：「我以為多嚴重呢，這個問題我來解決！」可喜的結局是：在玲玲的提示下，小麗慢慢改掉了吃飯發出聲音的習慣，並在玲玲的撮合下，與曉峰和好如初了。

情景二：某公司銷售部小李負責每月底前將銷售數據提交給財務部對接人小王，小王匯總各部門數據後，將匯總數據提交給公司上級用於經營決策。小李比較粗心，每次提交報表都會有幾個錯誤數據。一開始小王都是透過和小李同事小趙電話確認核實後，再匯總數據。之所以這麼做，是因為小王不好意思和小李直接確認，但她和小趙關係不錯，所以採用了這種「迂迴戰術」。不過這個方法一是增加了小王的工作量（需要反覆核對）；二是時間久了小趙也會不耐煩，畢竟這不是她的工作職

責。終於有一天，忍無可忍的小王拿著當月有著錯誤數據的報表來到小李面前，把報表往小李桌上一扔，說道：「你工作做成這樣乾脆不要做好了！」小李十分納悶，問：「怎麼了？為什麼突然這麼說？」「你自己看看，每個月報表都出錯，誰想幫你擦屁股！」「你怎麼說話這麼難聽？」……結局可想而知，兩人在辦公室大吵一通，發生了衝突。進而，也驚動了兩個部門的負責人，最後透過部門間會議協商的方式，制定了一套防止數據出錯的流程監控措施，事件才得以解決。然而，小王和小李的關係從此惡化，兩個部門間的問題也傳到了其他部門中。

情景三：某公司兩名副總陳剛、李倩和一名外派來此的副總 Michael 去出差，因班機延誤，只好在機場候機廳坐著等候。陳剛習慣性地在座位上脫下鞋子、蹺著二郎腿看手機。一旁的李倩覺得這個動作十分不雅，尤其是在公共場合更不合適。她用手肘碰了一下身旁的陳剛，向他使了一個眼色，說：「欸，你看看這個機場，人好多啊！」陳剛順著她的眼神往機場大廳看了看，說：「是啊！人真是挺多的！」說完低下頭繼續看手機，氣得李倩「啪」的一聲，用手掌打了陳剛的小臂，嚇得陳剛抬起頭看著怒目而視的李倩不知所措。

上面我們列舉了三個生活和工作中常見或似曾相識的一些場景。在這些場景中，都有一個共同的特點：就是其中一方當事人在沒有給予另一方回饋的基礎上，就直接採取了行動。這些行動，有的造成了衝突，有的造成了誤解，有的造成了關係的短暫破裂。

什麼是回饋呢？

回饋就是直接談論對方的行為，讓對方明白自己的行為和行為方式對他人造成的影響。

為什麼要這麼定義呢？

二、周哈里窗

我們先來介紹周哈里窗（Johari Window）的概念，如圖 5-1 所示。

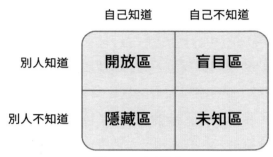

圖 5-1　周哈里窗

周哈里窗是 1950 年代美國心理學家喬瑟夫‧魯夫特（Joseph Luft）和哈利‧英格漢（Harry Ingham）提出的一個關於自我意識發現的回饋模型，又稱視窗理論。該理論依據「自己知道 —— 自己不知道」和「別人知道 —— 別人不知道」這兩個維度，將人際溝通訊息劃分為開放我、盲目我、隱藏我和未知我四個區域。

開放我指的是自己知道、別人也知道的資訊，比如你的姓名、興趣愛好、過去經歷、工作狀況等。各位可以想想：哪些人對你的這些資訊十分了解呢？答案是我們身邊最熟悉我們的那些人，比如家人、親朋好友、熟悉的同事等，這些人都是我們十分信任的人；反過來說，如果我們想增強與某個人的信任，那麼彼此的開放我區域越多越好。這就是為何當我們想加強與某人關係時，我們會對對方提出很多的關於其背景資訊的問題的原因。因此，這個區域又稱為信任區。總之，雙方的開放區越大，信任感就越強，關係越有可能增進。

盲目我指的是自己不知道、別人知道的資訊。有一些資訊別人知道，而我們自己不知道，比如我們性格上的弱點、壞習慣、某些處理問

題的方式等，它們為他人帶來什麼影響，有時候我們自己並不清楚。因此，該區域又稱為多問區或尋求回饋區，意為如果你想多了解自己的盲目我區域，擴大自己的開放我區域，那麼不妨多向對方詢問其對自己某些行為的看法、尋求對方的回饋。若一個人的盲目我區域很大，那麼他給人的印象通常是誇誇其談、眼高手低、高高在上、自以為是。我們看到很多身居高位的人，很難聽到關於自己的真話，就是由於圍繞在自己身邊的人多是一些阿諛奉承、愛拍馬屁的人。如果這些身居高位者不反思，不懂得不恥下問，就很容易做出錯誤決策，最後把事情搞砸，還要負責善後。因此，一個謙虛的、智慧的人，一定是個在盲目我區域喜歡多問、多尋求回饋的人。

隱藏我指的是自己知道、別人不知道的資訊，比如自己的祕密、心願、希望、好惡或某些痛苦的經歷等。由於各種原因，我們有可能不太願意過多披露自己的隱私。適當保護必要的隱私無可厚非，但如果自己什麼資訊都不向對方披露，就會給他人一種封閉、神祕、難以信任的感覺。尤其是在資訊不對等的情況下，比如你是上司，很了解下屬，但你卻不告訴下屬你的想法、你的資訊，那麼你就很難獲得下屬發自內心的信任與尊重。因此，該區域又稱為多說區或給予回饋區，意為除了多向對方透露自己的資訊，擴大自己的開放我區域外，還要適度給予對方回饋，告知你對他人行為的看法，以增強彼此的信任。

以上兩個區域，即盲目我和隱藏我，透過多問和多說，可以擴大開放我的範圍，增進雙方的互信。

未知我指的是自己不知道、別人也不知道的資訊，例如自己不知道的隱藏的疾病、自己在某些方面的潛力、一些自己計畫採取行動但仍未行動的結果等。未知我是一個等待開發的潛力區，透過上面提到的多

問、多說，以及多嘗試、多行動，那麼未知區就會不斷縮小；反之，不問、不說、不行動，很多潛在的機會就會從身邊悄悄溜走。

　　周哈里窗將人的心理分成四個部分：公開的自己、盲目的自己、隱藏的自己、未知的自己。透過多告知、多給予回饋，以及多探詢、多尋求回饋，擴大開放區，減少盲目區和隱藏區，不僅可以增強彼此信任度，更可以令雙方的溝通更加順暢，減少誤解，防範衝突。這也是回饋的意義所在。

三、給予回饋

　　回到本節開始的三個情景，每個情景都是由於缺乏回饋，而導致誤解與衝突。在第一個情景中，小麗吃飯會發出聲音是自己的盲目我，曉峰不喜歡這個生活習慣的感受是自己的隱藏我。曉峰沒有給予小麗關於其生活習慣的回饋（多說，告知小麗自己的隱藏我感受），小麗也沒有尋求曉峰對自己的看法（多問，尋求回饋，減少自己的盲目我），導致兩人暫時分手。在第二個情景中，小王沒有及時給予小李關於其報表出錯的回饋（小李工作的盲目我），導致發生衝突，進而引起連鎖反應。在第三個情景中，李倩沒有給予陳剛關於其脫鞋子的回饋（陳剛生活習慣的盲目我），導致李倩非常生氣，而陳剛還不知道原因為何，產生了誤會。

　　綜上所述，給予回饋，主要是針對對方的盲目我和自己的隱藏我（自己對對方行為的觀點與看法）；尋求回饋，主要是針對自己的盲目我和對方的隱藏我（對方對自己行為的觀點與看法）。這就需要多說、多告知，多問、多探詢。

　　如果不給予回饋，即不告知自己對對方行為的看法，那麼對方很有可能誤以為你認同其行為方式，因而在採取行動時，就不會考慮、顧及

你的感受，從而做出令你非常不滿意的行為；如果不尋求回饋，即不探詢對方對自己行為的看法，那麼很有可能會在一定程度上影響到或傷害到對方，從而引發誤解、衝突，甚至破壞雙方的關係。

生活與工作中有很多類似的例子。比如父母與子女關係緊張，大多是由於父母急於去了解子女的一些資訊（父母的盲目我），而子女又不主動告知父母自己的想法或現況（自己的隱藏我）；又或者下屬不告知上司自己的工作進展（上司的盲目我），或對上司某些管理方式的看法（自己的隱藏我），而上司又因為工作忙碌疏於探詢（自己的盲目我或下屬的隱藏我），導致上下級關係逐漸緊張，以至於互相猜忌、防範；同事間類似的情況就更多了。

有一個有意思的現象：現在很多人都將自己的社交平臺貼文檢視的範圍設定為「最近三天」，請讀者思考一下：這是屬於哪個區域的行為呢？它會帶來什麼結果？在本節最後各位可以看到參考答案。

前面說過：回饋就是直接談論對方的行為，讓對方明白自己的行為和行為方式對他人造成的影響。

有人會有疑問：為什麼要直接談論呢？那多不好意思！萬一對方聽了不舒服、得罪對方怎麼辦？可不可以用別的方式表達呢？

生活中，我們每天早晨出門前，都需要照鏡子，目的是確認自己的形象好看，別人看我們也舒服。鏡子會直接回饋出我們的形象，因為我們使用的鏡子都是平面鏡，不會是扭曲形象的哈哈鏡。同理，每個人的內心深處其實都渴望獲得他人的直接回饋，而不是間接回饋。然而，因為有些人沒有掌握回饋的技巧，說出來的話不好聽，因而看上去好像大家都不喜歡直接回饋。

古語說：「忠言逆耳利於行。」對於那些格外豁達、包容的少數人而

言，直接的甚至不好聽的回饋，他們也能聽進去；凡夫俗子就未必有那麼大的度量了。然而，一旦掌握了回饋技巧（詳見後文），那麼我們基本可以做到「忠言未必逆耳」！

如果直接回饋讓你覺得很難為情，說明你的心理傾向於退讓型行為；如果你擔心對方聽了不舒服，怕得罪對方，說明你潛意識裡認定「只要是回饋，就一定是強勢型行為」。這兩種思考方式，都是給予他人回饋的心理障礙，需要克服！

下面我們來說一說「可不可以間接回饋」的問題。間接回饋有兩種方式，一種是暗示，另一種是藉助第三方之口。

在上述第三個情景中，李倩用手臂肘碰了一下身旁的陳剛，向他使眼色，說：「欸，你看看這個機場，人真多啊！」這就是一種暗示。暗示指的是人們為了達到某種目的，不直接告知，而是透過含蓄的語言、表情、動作、符號或其他間接方式，會意被暗示者，希望被暗示者做出某種特定回應動作的行為。因為暗示的資訊模糊和間接性特徵，使得被暗示者必須具有較高的智商、情商以及推理能力，方能理解暗示者的意圖。因此，80%左右的人通常要麼是會錯意，要麼是一頭霧水，要麼是無動於衷（比如情景三中的陳剛）；那些20%能夠準確做出回應動作的人，要麼之前有過接收類似暗示的經歷已形成條件反射，要麼在之前已被暗示者告知暗示規則，要麼就是 IQ、EQ 非常高。也就是說，暗示失敗的比例會非常之高。生活與工作中類似的例子也是比比皆是。

藉助第三方之口也是一種間接回饋的方式。比如說我非常想加薪，於是告訴同事小李：「欸，你和老闆關係好，你和老闆提提加薪的事吧！」請你想想：此時小李該如何看你？如果他真的轉述了你的話給老闆，老闆又會怎麼看你？即使小李以他自己的名義向老闆提出加薪的需

求，沒有提及你，小李心裡就真的對你沒有意見嗎？再如你非常喜歡一個女孩，而又羞於表白，於是讓朋友小張代為傳達愛意，請問：小張會怎麼看你？他會願意傳話嗎？如果他不願意你該怎麼辦？如果他傳了話，那個女孩會怎麼看你……當然，藉助第三方之口未必就不會成功。然而這樣做會有四個問題：一是其成功率不高；二是會令對方為難；三是有可能會對你的形象造成負面影響（要麼會被人看作是沒有擔當、沒有責任感，要麼是缺乏勇氣、能力不夠）；四是萬一你在藉助他人之口時還隱藏了自己的部分動機（比如借刀殺人），一旦東窗事發，則雙方關係必然破壞不說，自己的名聲也會因此受到影響。

那麼，應當如何給予對方直接回饋呢？我們將在下一節進行論述。

在結束本節之前，不知道各位讀者是否思考好了我們之前的提問——現在很多人都將自己社群軟體的朋友檢視的範圍設定為「最近三天」，請問這是周哈里窗中哪個區域的行為呢？它會帶來什麼結果呢？

社群軟體是一種維護中距離關係的社交工具，將社交平臺貼文檢視的範圍設定為「最近三天」實際上是一種維護隱藏我的行為，它限制了開放我區域的擴大，本質上是不利於彼此信任關係的增進的。但是也應看到，當今浮躁的社會中，人們通常會不經過全面思考和分析，就輕易對他人做出判斷，近於盲人摸象，只摸到了一小部分，就對整個人得出結論，從而影響了彼此的好感度和親密度。作為一種防禦性、自我保護措施，避免不必要的誤解和他人的誤判，因此許多人選擇將社群軟體貼文檢視的範圍設定成「最近三天」，這也是一種無奈之舉，也是社會發展過程中人們彼此信任度降低的一個悲劇化的縮影。解決這個問題，需要大家增強同理心，提升情商技能，多些溝通與交流，多些理解和包容！

第二節　FITA 反應過程

一、什麼是 FITA 反應過程？

先來想像一下這樣一個場景：你正在路上開車，忽然看到前方十字路口的數字交通燈顯示，還有三秒鐘，綠燈就將變成黃燈，你一下子渾身肌肉變得緊張起來，眼睛睜大，然後開始迅速思考。你需要在這三秒之內快速做出判斷：剎車停下，還是快速衝過？你的大腦迅速地計算了一下你和交通燈的距離以及車速，你判斷在三秒之內是可以通過紅綠燈的，於是一腳油門「咻」的一下，在綠燈變成黃燈之前快速通過了十字路口⋯⋯

這是我們生活中經常會遇到的一個場景，類似的需要我們做出快速反應的場景還有很多。在這個場景中，不知道讀者是否注意到：我們從反應到採取行動的過程中，不是同時完成的，而是需要一個過程，這個過程，我們叫 FITA 反應過程，如圖 5-2 所示。

「FITA」是英文「Fact、Impact/Feeling、Thinking、Action」四個詞的第一個字母的縮寫，意為「事實、影響／感受、思考、行動」。「FITA」指的是人從感知事物發生到採取行動的過程中的反應步驟。

Fact—Impact / Feeling—Thinking—Action

圖 5-2　FITA 反應過程

FITA 反應過程包括以下四個步驟：

（1）事實（Fact）的發生，是感覺器官眼、耳、鼻、舌、身所對應的視覺、聽覺、嗅覺、味覺、觸覺透過收集外部資訊而獲知的。這些資訊通常都是直接的、客觀的，也是比較真實的、不易篡改的。上例中，你透過眼睛看到了綠燈變成了黃燈這個事實，這個事實無法透過我們的臆想加以改變，如變回綠燈。

一個人用於收集外部資訊的感官越多，對這個事物的認知就越全面。但一個人，即使動用了身體所有的感官，也許只能看到、感知到某一事物的區域性或某一方面，他需要收集、綜合其他人提供的更多的資訊，才有可能看到、感知到比較大的、更加全面的圖景。

（2）影響／感受（Impact/Feeling），指的是事實／事件帶給當事人的影響或感受。事實／事件直接觸發了你的直覺、情緒、感受、回憶、經驗。前例中，當你看到綠燈變黃燈時，一下子肌肉變得緊張起來、眼睛睜大。這是由於外界事物的刺激，引發了你對於過去的經驗的回憶：如果你不停車，就很有可能闖紅燈、收到罰單，甚至有可能撞到人或車。這些可怕的過去發生在你或別人身上的經歷，引發了你情緒上的緊張感受，因而肌肉變得緊張。

這個過程是一個自然的生物反應過程。各位還記得前面講到的杏仁核嗎？紐約大學神經學專家勒杜克斯在他的研究中，揭示了當我們的新皮質思維中樞尚未做出決策時，杏仁核有可能越俎代庖，支配著我們的行為反應。勒杜克斯說：「情緒系統可以不依賴於新皮層自動做出反應。有些情緒反應和情緒記憶可以在完全沒有任何意識和認知參與的情況下形成。」（高曼《情商》第二章）也就是說，在事實發生之後，大腦判斷之前，外界資訊先是刺激到了杏仁核，它令我們迅速產生了直覺反應、情緒反應等。

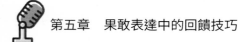

（3）思考（Thinking），指的是事實發生與影響／情緒產生之後，大腦做出分析、判斷的過程。如果說上一個過程是感性反應過程的話，那麼這個過程就是一個理性反應的過程。我們的大腦依據事實與經驗，做出一個理性的分析與計算，然後做出決斷。這個過程是理解、分析、判斷，或尋找目的、意義、價值、重要性的過程。

上例中，你透過眼睛看到了綠燈還有三秒鐘就將變成黃燈這個事實，這個事實無法透過我們的臆想加以改變，如剩餘三秒不會變成剩餘六秒。你的大腦透過計算車與交通燈的距離以及車速，做出了一個判斷：你的車能在三秒之內通過紅綠燈，這個判斷就成為下一個步驟的前提。如果透過分析與計算，你認為車子在三秒之內通過紅綠燈會很危險或來不及，那麼你的下一個動作就有可能完全不同。

（4）行動（Action），指的是人基於理性的分析、判斷，而採取的動作、行為、舉動或解決方案。上例中，你的分析與判斷是車子能在三秒之內通過紅綠燈，所以你一腳油門將車子迅速開過了十字路口；如果你的分析與判斷是車子不能在三秒之內通過紅綠燈，那麼你將不會踩油門，而是踩剎車，將車子停在紅綠燈前。

不同的分析與判斷，將導致我們採取不同的行動措施。

以上就是我們從感知事物發生到採取行動的 FITA 反應過程。為了便於記憶，我們可以把上述反應過程簡化理解為「眼→心→腦→手腳」的過程，即「感知事實→影響／感受→分析判斷→採取行動」的過程。

二、了解 FITA 反應過程

FITA 反應過程是連續的、不可切斷的一個反應過程。切斷了其中任何一個過程，我們認知外部世界、對外部世界做出能動反應的過程都將

會是殘缺的、不完整的。

如果切斷了對事實的全景資訊的收集，我們感知到的將是一些碎片化的資訊，無法完整地、全景化地認知事物，也就無法做出明智的決策。如果是團體，將無法確定彼此討論的是同一件事，就如盲人摸象時，每個人都認為自己所感知到的是真實的，那麼將很難達成共識，做出一致決策或採取一致行動。

如果切斷了影響／感受的步驟，那麼我們將無法處理內心深處的直覺、情緒與感受，無法喚起過去的回憶、經歷與體驗，也無法深入連結下一步對意義、價值、含義的思考與追索，從而導致困惑、困擾、不滿、挫敗，甚至抗拒。

如果切斷了思考的步驟，那麼我們將會像動物一樣，本能地、被動地應對外部世界的刺激，無法做出積極的、有效的反應，如同行屍走肉一樣沒有自主意識地生活在這個世界上。

如果切斷了行動的步驟，那麼我們前面所做的一切，都幾乎是在浪費時間，也是在痴人說夢、紙上談兵，或是成為一個思想的巨人、行動的矮子。

這裡面最容易被我們大多數人切斷的，是中間兩個步驟：影響／感受和思考。比如父母經常會這麼問孩子：「你看你們班上的小蘭，成績那麼好，你就沒有什麼具體的改進計畫嗎？」又如，部門裡的上司經常會這麼與下屬對話：「你的業績這麼糟糕，有想出什麼行動方案或解決辦法嗎？」諸如此類。這樣的對話直接將事實與行動對接，忽略、切斷了中間兩個步驟，那麼對方很有可能會無法表達內心的真實感受，感覺壓抑、不滿甚至憤怒，也無法深入分析思考面臨的現狀與相應的對策，甚至沒有時間去思考事件的意義與價值，從而產生反感、憤懣甚至牴觸、抗拒的情緒，令溝通無法進行下去，甚至引發誤解與衝突。

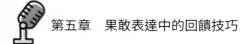

更糟糕的是，即使當事人（這裡提到的孩子與下屬）迫於壓力或階級關係，被迫制定了一個倉促的行動計畫；然而這種不滿的、被壓抑的情緒，在其他場合或適當時機，會重新顯露出來。比如，下屬在其他場合向同事或客戶抱怨自己的上司不近人情，或孩子在之後的某一天因為計畫無法按時完成而與父母大吵一架等等負面情況。

因此，了解 FITA 反應過程對於我們理性、有效地給予對方回饋至關重要。我們的回饋技巧，也是基於 FITA 反應過程而提出的。

第三節　正向回饋與負向回饋

一、FIT 正向回饋法和 FIFA 負向回饋法

一個好的回饋，可以幫助對方提升個人認知，保持對方的動力與熱情，增進彼此的感情與合作，促進雙方的理解與信任，有利於長期關係的建立與維繫。一個不恰當的或不好的回饋，會使對方反感、牴觸、抗拒，削減對方的動力與熱情，令對方產生誤解，引發矛盾與衝突，進而會損害雙方的合作與關係。

在給予回饋的時候，要及時、具體、明確、客觀，要給予對方充分的時間去感悟與思考，要選擇適當的環境；不要情緒化，不要過於倉促或逼迫對方，盡量不要將對方與他人做比較，更不要對人做判斷！

前面我們說過：回饋就是直接談論對方的行為，讓對方明白自己的行為和行為方式對他人造成的影響。影響有正面影響，有負面影響。因而，我們將回饋分為正向回饋與負向回饋兩種。相應的 FIT 正向回饋法和 FIFA 負向回饋法，如圖 5-3 所示。

FIT 正向回饋法

· Fact：事實

· Impact / Feeling：影響 / 感受

· Trait：品質

FIFA 負向回饋法

· Fact：事實

· Impact / Feeling：影響 / 感受

· Finding thoughts：發覺對方的想法

· Action：行動

圖 5-3　「FIT 正向回饋法」和「FIFA 負向回饋法」

二、正向回饋

正向回饋指的是當對方做出的行為可以產生正面影響的時候，我們所給予的希望該行為能在今後得以持續、重複發生的回饋。

比如小明英文考了 100 分，他的父母和老師都希望這個行為持續、重複發生，因而會給予小明正向回饋。又如員工小趙在服務客戶的過程中，因為態度好並解決了客戶的技術難題而受到客戶表揚，小趙的上級希望小趙的這個行為得以在今後繼續、重複發生，還希望小趙的行為被部門員工廣為學習，因而也會給予小趙正向回饋。

依據 FITA 反應過程原理，正向回饋的技巧可以用 FIT 正向回饋法來進行。「FIT」是英文「Fact、Impact/Feeling、Trait」三個詞的第一個字母的縮寫，意為「事實、影響／感受、品質」，即正向回饋要從這三個方面來進行。

比如小明英文考了 100 分的例子，我們可以先問小明：「小明，你英文考了 100 分的原因是什麼啊？」小明也許會說「我上課認真聽講了」，或「我現在每天回家都會用 30 分鐘的時間來複習當天學過的內容」等。又如小趙被客戶表揚的例子，我們可以問小趙：「客戶為什麼會表揚你

呢？」小趙也許會說「因為我覺得服務客戶很重要啊，沒有客戶，哪有好的業績」，或「客戶是我們的衣食父母啊」等。這個在給予回饋前的提問過程，是發掘對方做出某個特定行為背後的原因、動機和品格的過程。這個過程很重要！

　　之後，就要用到 FIT 正向回饋法了。我們可以這麼說：「小明，我看到你英文考了 100 分（Fact：事實），感覺非常開心（Impact/Feeling：影響／感受），我覺得你這個上課認真聽講的習慣（Trait：特質）特別棒！」

　　我們同樣可以用 FIT 正向回饋法給予小趙正向回饋：「小趙，當我聽到你因為服務周到而被客戶表揚時（Fact：事實），我為你感到很驕傲（Impact/Feeling：影響／感受），我覺得你這種『以客戶為第一』（Trait：特質）的服務理念，非常值得我們學習！」

　　再來一個複雜一點的例子：「小陳，感謝你在這一次合約執行過程中，及時協助我們部門！客戶突然提出退貨要求時，你努力加班並在三天內給出了最新的檢測報告（Fact：事實），使客戶認同了我們產品的品質，維持了合約的執行，為公司創造了近五十萬元的利潤。客戶十分滿意，並願意與我們繼續合作（Impact/Feeling：影響／感受）。你這種『急客戶所急，想客戶所想』的精神（Trait：特質），令我們感動，和你的合作非常愉快！」

　　前面我們提到，給予回饋要選擇適當的環境。在給予正向回饋的時候，我們要盡量「公開」！所謂「公開」，即當眾說，當眾表揚。因為我們期待這個行為持續、重複發生，期待這個行為不僅被當事者重複，而且被其他人複製。複製的越多、重複的越多，正面影響就越大！因此，我們可以在教室裡當眾表揚小明，這樣全班同學就可以學習小明這種「上課認真聽講」或「每天回家複習」的良好特質（習慣）了；也可以在辦公

室當眾表揚小趙，這樣全部門同事都可以學習小趙這種「以客戶為第一」的服務理念了！

有人問：「為什麼一定要強調出『特質』？不說不行嗎？」不說特質，當然可以，比如我們可以這麼表揚小明和小趙：「小明，你英文考了100分，非常棒！繼續努力啊！」「小趙，你這次得到了客戶的表揚，很好！繼續加油！」這裡，同學們聽到的僅僅是小明考了100分，但他是怎麼考到的100分，是什麼原因讓他考到100分，大家都不知道，因而也不知道從何處著手令自己也取得那麼好的成績。小趙的同事聽到的僅僅是客戶因為某事而表揚了小趙，而他為何能受到表揚，其背後的動機是什麼，大家並不清楚，因而也對複製其行為無從下手。事實上，在生活和工作中，我們當中的絕大多數人，包括父母、老師、同事、上司、朋友等，都是這麼表揚我們的好的行為的。

所以，如果不強調出行為具有的特質，我們就不知道行為背後的原因、動機是什麼，也就不知道我們真正要持續、重複的是什麼樣的行為。因為能夠激發行為的，特別是能夠持續地、重複地激發行為的，一定是某個思想、價值觀或特質！比如德蕾莎修女，能夠激發這類偉人長久、持續、重複地做出那些有著巨大的、深遠的、正向影響行為的，是利他的思想、價值觀和個人特質。這種特質，令他們能夠做出不同但都是利他的行為來，比如幫助孤寡老人、捐助貧困學生、幫助貧困婦女、收養貧窮孤兒等。

如果給予正向回饋時不強調特質，那麼即使他人模仿，模仿的也只是單一行為而已，而不是其激發出來的不同行為。比如曾有媒體報導：國內某學校的小學生在老師們的帶領下，在重陽節這一天，來到附近的養老院為老人們洗腳。結果第二年，該地的其他學校的老師們帶著各自

的學生，紛紛來到該養老院為老人們洗腳。這種「突擊敬老」產生的原因，就是媒體只是報導了「小學生為老人洗腳」這種行為，而沒有挖掘這種行為背後深層次原因和特質，從而導致其他學校紛紛模仿的僅僅是為老人洗腳這種行為，而不是尊老愛老這種個人特質衍生的其他諸多行為，比如平時的關愛、陪伴、幫助（如可以幫老人理髮、洗衣服、打掃環境、整理被褥等），造成了重陽節這一天老人們的腳被不同學校的學生反覆搓洗，其餘 364 天無人光顧這一可笑的社會現象。而且，這種一窩蜂式的做好事、做單一行為的好事的荒誕現象，在當今社會不勝列舉！

　　這就是我們剛才所提到的，在給予正向回饋前要透過提問來發掘對方原因、動機和特質的原因。如果不能夠發掘出此種特質，不能夠在正向回饋過程中強調出來，那麼我們所模仿、重複的就僅僅是一個單一行為，而不是該特質衍生出的不同行為。比如小趙的「以客戶為第一」的特質，可以令同事們產生不同的，但都展現了該特質的行為，而不僅僅是小趙「解決客戶的技術難題」這一單一行為。

　　例如時常倡導的拾金不昧，至今仍影響著許多人，幾乎每個人都有著該特質衍生出來的撿到錢、撿到物品交還失主或警察的經歷，或其他助人為樂、坦蕩無私的事情，而不僅僅是撿到一點錢上交的單一行為。這就是特質催生出來的不同行為的典型例證。

　　有人說，正向回饋的 FIT 正向回饋法，對比 FITA 反應過程，還缺少「Thinking：思考」和「Action：行動」兩個步驟。下面我們來解釋一下這個問題。

　　當我們獲知小趙因為解決了客戶技術難題而獲得客戶表揚時（Fact：事實），我們的感受是感動、驕傲（Impact/Feeling：影響／感受）。透過在給予小趙回饋前的提問過程，我們發掘出對方做出該行為背後的動因

和特質（Thinking：思考），於是決定對小趙給予正向回饋，鼓勵小趙和其同事持續、重複這一類型的行為（Action：行動）。表現在語言上，即是：「小趙，當我聽到你因為服務周到而被客戶表揚時（Fact：事實），我為你感到很驕傲（Impact/Feeling：影響／感受），我覺得你這種『以客戶為第一』的服務理念（透過思考發掘出的對方的特質），非常值得我們學習（正向回饋，鼓勵小趙和大家重複其行為）！」

　　由此可知，FIT 正向回饋法和 FITA 反應過程其實是一一對應的關係，符合我們對事物的反應過程，只不過省略了「A」（Action：行動），因為有時候行動已經暗含在特質引發的行為中了。

　　綜上所述，當我們期望某人持續、重複做出那些能夠產生正面影響的行為時，依據 FITA 反應過程，我們可以給予 FIT 正向回饋法，以鼓勵當事人和他人能夠持續、重複做出那些良好的行為。

　　古希臘神話傳說中有一個故事，說的是賽普勒斯國王比馬龍非常善於雕刻，他用象牙精心雕刻出了一位美麗可愛的少女，並為雕像取名伽拉忒亞。他深深愛上了這個美麗的雕像，還幫雕像穿上美麗的長袍，擁抱它、親吻它。然而雕塑畢竟是雕塑，象牙終究是象牙。失望之餘，比馬龍來到愛神阿芙蘿黛蒂的神殿向她求助，愛神被國王真摯的愛情感動了……當比馬龍回到家後，發現雕像漸漸發生了變化：雕像的眼睛開始放出光芒，臉頰變成了粉紅色，嘴角也露出了甜蜜的微笑 —— 雕像復活了！從此，美麗的伽拉忒亞成為國王的妻子，這段故事衍生出的心理效應也被稱為比馬龍效應（Pygmalion Effect），意為只要你心懷期望，不斷讚美，對方就能按照你所期望的，成為你所讚美的那個樣子！

　　請各位讀者今天嘗試著用這一方法，對你的家人、朋友或同事，給予一下正向回饋，並不斷練習，看看會有什麼不同的情形發生！

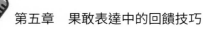

三、負向回饋

下面我們來說一下負向回饋。

負向回饋指的是當對方做出的行為有可能產生負面影響的時候，我們所給予的希望該行為能在今後不再重複發生或可以做得更好的行為的回饋。

注意，這裡的「向」意為「針對」。正向回饋，即正面回饋指的是針對能產生正面影響的行為的回饋。但負向回饋，不等同於負面回饋。負面回饋，比如說「小李，你又把事情搞砸了」，或「小蘭，你是我們班成績最差的學生」等，是直接給予的不好的、負面的回饋，是無技巧的、不符合 FITA 反應過程的回饋。負向回饋，指的是「針對」有可能產生負面影響的行為的回饋，是有技巧的、符合 FITA 反應過程的回饋。

具體來說，依據 FITA 反應過程原理，負向回饋的技巧可以用 FIFA 負向回饋法來進行。「FIFA」是英文「Fact、Impact/Feeling、Finding thoughts、Action」四個詞的第一個字母的縮寫，意為「事實、影響／感受、發掘對方想法、行動」，即負向回饋要從這四個方面來進行。

「FIFA」和「FITA」（Fact、Impact/Feeling、Thinking、Action，即事實、影響／感受、思考、行動）是一一對應的關係，這裡不再贅述。

茲舉三例如下：

例一：你的一位下屬小李最近一個月來經常遲到，身為管理者，你需要給予他負面回饋，以令其停止這種行為。你可以這麼說：「小李，你最近好嗎？我注意到你上個月遲到了四次，每次都遲到二、三十分鐘（Fact：事實）。這不僅影響了你在同事心目中的印象，也為我管理其他員工帶來了困難（Impact/Feeling：影響／感受）。請問你能解釋一下最近發生了什麼嗎？（Finding thoughts：發掘對方想法）」依據小李的回答，你

和他可以共同尋找解決方案（Action：行動）。

例二：你需要同部門同事小張每月提供相應的數據完成月報表，但你發現該同事提供的數據數據中，每次都有兩三個小錯誤。你多次指出，他卻不以為然，你需要給予負向回饋。你可以這麼說：「小張，你每月負責向部門提供的數據中，有時會有錯誤發生。這個月的部門月報表因為你提供的數據再次出現錯誤被財務部退回，這已經是部門月報表因同樣的問題第四次被財務部退回了（Fact：事實）。這不僅令我們部門失去了財務部的信任，也讓同事對你的工作能力產生了不信任感，我擔心這樣的情況如果再持續下去，你的績效也會受到影響（Impact/Feeling：影響／感受）。你能告訴我原因嗎？發生了什麼事情？（Finding thoughts：發掘對方想法）」然後依據小張的回答，你和小張共同尋求解決方案（Action：行動）。

例三：小周與你分屬不同部門，但級別相同。最近他被指派與你一起承擔一個重大專案，該專案安排了幾位有資歷的成員一起參與，小周是其中一員，整個專案組由你負責帶頭。然而，在最近的前三次會議中他兩次沒來，說是有緊急任務。這一次會議他又遲到了 30 分鐘，你迫切需要找他溝通一下。你可以這麼說：「小周，你好！最近怎麼樣？……（寒暄）嗯，我知道最近公司同時給你安排許多工作，而且每項工作都要求你在短期內完成。我能體諒你的處境（表達同理心），但我也擔心我們的專案會受到延誤。最近我們召開了四次會議，你只來了一次，有兩次沒來，這一次你遲到了 30 分鐘（Fact：事實）。現在，專案進度已經受到了很大影響，這樣下去我擔心我們無法在規定期限前完成任務（Impact/Feeling：影響／感受）。請問你能告訴我發生了什麼嗎？我們該怎麼解決這個問題？（Finding thoughts：發掘對方想法）」然後依據小周的回答，

你與小周共同尋求解決方案（Action：行動）。

　　從以上三例我們可以看到：FIFA 負向回饋依據 FITA 反應過程，給了對方表達情緒與思考解釋的足夠空間，可以最大化地避免對方情緒化反應或反感。而且透過第三、第四步驟的開放式問題，發掘對方想法，共同找出解決問題的行動方案，以增強對方行為主動性。

　　這裡需要注意以下六點：

　　（1）在給予負向回饋前，為避免對方抗拒，增強對方心理舒適度，我們可以適當寒暄，對他之前做得好的一些工作給予適度肯定，或對對方的境地表達同理心，拉近雙方心理距離。

　　（2）要選擇適當的環境。如果說，正向回饋需要「公開說」，以令更多人模仿、重複好的行為的話，那麼負向回饋就需要「關門說」，即只有你和當事人在私下溝通。要「關門說」有兩個原因：一是保全對方的顏面；二是我們需要了解對方真正的原因。因為導致那些能產生負面影響的事件，其產生的原因各不相同，有些甚至比較複雜，必須在充分了解背後的原因之後，才可以做出準確的判斷。

　　在小李遲到案例中，如果小李遲到的原因各異，那麼解決方案亦各不相同。如果小李有可能是因為幾次給客戶送去急用的數據而遲到，那麼就不可對其處罰，甚至有可能表揚（那就不僅僅是正向回饋了）；如果小李因為要照顧生病住院的母親而導致遲到，那麼就需要在不傷害其孝心的情況下，來共同商議解決遲到問題的辦法；如果小李因為晚上玩遊戲導致睡眠不足而遲到，那就需要態度嚴肅地來糾正錯誤行為了。

　　總之，在弄清楚真正的原因之前，建議在給予負向回饋時「關門說」！

　　（3）在給予回饋的時候，態度要真誠，表述要客觀，理由一定要有事實依據，不可用道聽途說、子虛烏有的不實之詞與對方溝通。這既可

以避免對方情緒化，也可以避免對方看低自己的判斷能力。

（4）不要情緒化，不要對對方人身攻擊。不要將對方與他人做比較，不要使用「總是」、「從不」、「應該」等泛化詞，更不要對人下判斷！

不要批評對方這個「人」，比如不要說「你這個人怎麼這樣啊」「你怎麼這麼差勁啊」「你看看你過去的德行」等。這些由對事上升到對人的指責，往往會引發對方強烈的反感，因為這已經損害到對方的尊嚴和人品了，因而極易引發衝突。所以回饋過程要就事論事，不要對「人」輕易否定。

不要將對方與他人做比較，如「你看看小王，從來不遲到」「怎麼別人都能做到，你就做不到呢」「部門的同事都能完成業績，就你不能」等。這些比較，實際上是貶低對方的一種方式，也是對對方尊嚴的一種侵害行為，易引發強烈的牴觸心理。

不要使用「總是」、「從不」、「應該」等泛化詞，如「你總是不能按時上班」「你從來沒有準時來過」「你應該準時上班，知道嗎」等。這些泛化詞的使用，是將發生的個別案例擴大化了，即人為地、主觀地、情緒化地誇大了對方的錯誤，扭曲了事實，進而會引發對方的強烈反感。

更不要對人下主觀判斷！判斷是基於自己的標準或假設而對他人行為或某事件做出的一種論斷，即透過自己背包（見第一章的背包理論）裡的某一標準，將對方行為或事件與該標準核對後所做出的論斷。這個論斷是單方面的，未經對方、第三方或客觀現實所確認的，因而具有片面性、主觀性。比如「小方，你這麼做是不對的」「小鄭，我看客戶那麼做就是故意的，他就是想刁難你」「小林，你怎麼總是犯這麼低級的錯誤」等。這些判斷往往主觀、片面、不準確，容易引發糾紛、衝突，甚至猜疑、誤解。

關於判斷，我們將在下一章詳細論述。

（5）如對方不能提供有效解決方案，我們可以提出自己的方案。當然，我們鼓勵大家在給予對方回饋的時候，先透過開放式問題挖掘問題背後的真實原因，進而針對這個原因，讓對方主動提出解決方案或改進措施。比如上述小李遲到的案例中，如果小李遲到的原因是幾次為客戶送去急用的數據而導致的，那麼我們可以這麼問他：「小李，『急客戶之所急』很好，但是你看怎麼才能做到既滿足客戶的需求，又不讓上司和同事誤解你呢？」令其自己拿出解決方案。又如，小李因為要照顧生病住院的母親而導致遲到，我們可以這麼問小李：「你非常孝順，這一點我很欣賞，也很敬佩。但是公司有規定，上班不能遲到，你看有沒有什麼辦法，既能照顧好你媽媽，又能不遲到？」這些都是鼓勵對方拿出「自己」的解決方案，增加其解決問題的主動性。

但是，如果對方不能提供有效的解決方案，我們身為回饋方，就有必要給出我們所建議的方案了。比如在上述小周無法及時參與專案會議的案例中，如果小周強調自己手頭工作很多，無法抽出更多時間來參與到此專案中去，那麼我們可以這麼表述：「小周，我非常尊重你的工作安排，我相信正是由於上司對你資歷、經驗的器重，才將你放到這個專案組，我也希望你能夠全身心投入到這個專案中去。如果你從現在起能按時參與專案，我們再加快些進度，專案勉強可以按時完成。但是如果你實在拿不出時間來投入進去的話，專案很有可能無法如期完成。身為專案負責人，我將承擔進度落後的責任，這是我不希望看到的，我相信你也不希望看到這個結果。你看這樣如何？如果你無法全身心投入專案，我只能向公司要求另一位同事來代替你。當然我不希望這樣做，因為你的經驗豐富，我希望與你合作一起完成這項工作。你看怎麼樣？」

在這個「Finding thoughts：發掘對方想法」的過程中，切記要多問開放式問題，鼓勵對方主動解決問題，拿出「Action：行動」計畫和方案來。如果對方實在拿不出來，那麼我們就要給出我們的建設性方案了。

（6）解決方案要有對方的承諾和考核的標準。為了徹底解決問題，在給予負向回饋時，當對方或我們給出行動計畫或解決方案後，我們要與對方核對計畫、方案執行的途徑、監督措施等，以獲得對方的承諾，並共同商定檢核標準，以期實現真正、徹底地解決該問題的目標！

綜上所述，當我們期望某人不再重複做出那些能夠產生負面影響的行為的時候，或鼓勵其改進某些行為的時候，依據 FITA 反應過程，我們可以給予 FIFA 負向回饋法。這可令溝通雙方在事實層面進行核對，在影響／感受層面進行核對，在思考層面進行核對，在行動方面尋求共識。因而，這是符合人對事物的反應規律的，透過實踐證明也是非常有效的！

熟練使用 FIFA 負向回饋法，可以有效地幫助對方改正錯誤，改進行為，解決問題，獲得成長！

請各位讀者今天嘗試著用這一方法，對你的家人、朋友或同事給予負向回饋，並不斷練習，看看會有什麼不同的結果發生！

第四節　接受回饋、向上級回饋及應用

一、無回饋與建設性回饋

前面我們論述了正向回饋與負向回饋及其表達技巧。還有一種行為是無回饋，指的是當事件發生後，我們沒有給予回饋的行為。無回饋的

原因有很多：有可能是因為我們習以為常了，以至於沒有感知；也有可能是覺得事情不要緊，沒有必要給予回饋；還有可能是沒有技巧或不好意思，所以乾脆就不回饋了；或者是因為職責不同、層級不同等原因，有各式各樣的顧慮，不敢給予回饋，索性也就不回饋了。但是我們要知道，如果對方的行為是能產生正面影響的行為，而我們沒有給予回饋，那麼對方就有可能不知道其行為帶來的正面效應，這種行為重複的動力不足，會造成該行為無法持久或最終停止；如果對方的行為是能產生負面影響的行為，我們沒有給予回饋，那麼對方就不知道其行為給他人帶來的負面效果甚至傷害，導致該行為持續發生，最後積重難返，釀成大禍。這樣的例子數不勝數！

　　無回饋如果作為一種策略，如擔心對方產生驕傲心理（而不給予正向回饋），或有意縱容對方引誘其犯錯（而不給予負向回饋），則另當別論（其中「有意縱容對方引誘其犯錯」是一個需要透過辯證來看待動機的行為）。但千萬注意，當想回饋而由於種種原因不能及時、當面給予回饋，事後就不要在背地裡抱怨或指責了（指負向回饋），因為有句老話說得好「沒有不透風的牆」，背後回饋搞不好會影響雙方的人際關係。

　　還有一個大家耳熟能詳的說法，叫建設性回饋。建設性回饋是負向回饋的一種，指的是方向性的、框架性的改進建議。也正由於此，具體如何改進、採取何種行動，通常由被回饋者自行決定。比如小張是公司新員工，在工作上暫時還摸不到門道，我們可以給出一些諸如找老員工請教、看專業書籍、多與客戶交流等的方向性、框架性改進建議。但小張向哪個老員工請教、看什麼專業書、與哪個客戶交流，則由其自行決定。因而，建設性回饋通常不具有強迫性，給對方採取行動的空間也比較大。

二、接受回饋

　　就像出門前如果不照鏡子，我們就看不到自己的外在形象是不是合適、得體；與人交往，如果缺少彼此的回饋，我們就不知道自己的行為會給別人帶來什麼樣的好的或不好的影響。因而，我們在自己的盲目我區域尋求對方的回饋，並在對方的盲目我區域給予對方回饋，不僅可以增強彼此的信任與關係，還可以幫助我們更好地認清自己的優劣勢，獲得更大的成長！

　　前面我們講了很多關於正向回饋和負向回饋的技巧，掌握了這些技巧，將能有效地幫助我們規避心理障礙（如不敢或無法提出負向回饋），避免可能發生的因不當回饋導致的誤解、矛盾與衝突。那麼，如果別人向我們提出回饋，我們該如何接受呢？

　　我們難以保證每一個向我們提出回饋意見的人都掌握了 FIT/FIFA 回饋技巧，很有可能他們的回饋是無技巧的，是非常直接的甚至不太好聽的。第一，要避免情緒化反應。第二，要分析對方的動機。如果對方的動機是善意的、有利於我們成長的、有利於長久合作和關係發展的，那麼就要抱著積極的態度去回應；反之，對方的動機是惡意的、不利於雙方關係發展甚至有可能引發衝突的，我們就要伺機行事、策略性回應（詳見第六章關於衝突管理的內容）。第三，我們要對那些勇於給予我們回饋的、心直口快而又懷著善意的人表達我們的衷心感謝。因為這個世界上真正為你好而又勇於表達出他們對你看法的人，實在是少之又少，所謂忠言逆耳利於行。如果有這樣一個益友，請多加珍惜。第四，積極傾聽，多提問（澄清具體的內容和疑問）、少解釋，尤其是不要做防禦性的爭辯或解釋。這麼做有三點原因：一是因為彼此的背包不同，我們只需汲取對方提出的有益的回饋與建議即可，過多爭辯容易引發不快、情

緒化甚至誤解；二是因為少解釋更容易引發對方的同理心，如《詩經》所言：「知我者謂我心憂，不知我者謂我何求」；三是過分防禦使對方有所顧慮，下次對方就不願意再給你有益的回饋了。第五，自己決定如何應對回饋。主動權在自己手裡，有利於行動與成長的，一定要虛心接受並加以改進；反之，在表達感謝之餘，自行決定取捨！

三、向上級回饋

在所有的回饋中，給予上級回饋是相對比較難的。因為上級直接掌握了我們工作的資源配給、評估考核等權力。向上級回饋稍有不慎，我們的職業發展將會受到嚴重影響。

關於如何向上級給予回饋的具體案例，歷史書中不乏此類典故或野史，類似臣子向帝王巧言進諫的故事汗牛充棟，這裡筆者就不再贅述了，讀者可以翻閱典籍檢視。但這裡我們所說的向上級回饋技巧，絕不是阿諛奉承拍馬屁、睜著眼睛說瞎話，而是如何建立更好的、更健康的、更長遠的上下級合作關係。下面給出六條原則性建議：

（1）態度要謙虛、大方、果敢、坦蕩。

（2）說事實，講數據，做到客觀、有據。

（3）說明事件可能產生的後果，以及解決方案（至少兩個，但不可過多），然後徵求上級意見與建議。

（4）可以說感受，但要少說、慎說或不輕易評判。

（5）不說負面詞彙，盡量用中性詞語表達。比如，不要說「這事不好辦」，而要說「這事處理起來的難度較高」；不要說「小王把事情搞砸了」，而要說「小王處理事情的經過是這樣的……現在的結果是不太理想」；不要說「我們的預算不夠」，而要說「我們現在的預算有些緊張」。

（6）重要的是說出來，而不是積在心裡，導致事件擴大，最終產生無法收拾的局面。

四、應用回饋

因為筆者輔導的對象絕大多數都是企業的管理者，而最令管理者頭疼的事情之一，就是每年都要對下屬進行的績效評估回饋。回饋不當，會引發不滿與衝突，搞不好員工會因此離職。即使管理者的自我感覺良好，員工的感受也是未知數，回饋之後的行為改進，也是因人而異，很難預判。

但如果採用 FIT 正向回饋法和 FIFA 負向回饋法，那麼績效回饋的效果就會改善很多。這裡筆者以實例來說明。

有一次我向某德國公司的中基層管理者教授領導力提升方面的提升課程。在課程中，我採用角色扮演的方式，讓管理者學員演示他們在工作中的績效評估回饋過程。

其中一組在上臺演示中，A 扮演上級，B 扮演下屬。以下是溝通過程：

A：「來，B，我們來做一下今年的績效評估。先說說你的缺點。第一，你不遵守工作規定，今年你遲到了好多次；第二，你和同事的關係不好，今年你和兩個同事發生了爭吵和衝突；第三，你的專業技能不行，只掌握了一個技能；第四，你的工作狀態不好，工作散漫，夜班打瞌睡時我叫醒了你好幾次；還有你的制服太髒……」

說到這裡，我趕緊叫停。

這時候 B 的臉色不好，其他觀看的學員也都表情僵硬。

我問 B：「你在聽到 A 做出這樣的績效回饋時，你心裡感受如何？」

B 說：「不舒服！我動手的心思都有了！」其他人一陣哄笑。

這時我問大家：「A 在表述回饋時你們都聽到了什麼？」

有人說「事實模糊」，有人說「判斷太多」，有人說「沒有提問」……

接下來我讓每人依次發言，舉例說明。

說「事實模糊」的，指出「今年遲到了好多次是使用了『泛化詞』，『好多次』沒有說明具體次數」；說「判斷太多」的，指出「回饋中使用的『缺點』、『不好』、『散漫』、『髒』等，都是自己的判斷，而判斷容易引發對方的反感與抗拒」；說「沒有提問」的，指出「缺少了提問，就缺少了與對方的事實的核對、想法的核對」等。看來大家對角色扮演之前的理論吸收還是比較快的。

我說：「對！在績效評估中如果不按照人的 FITA 反應規律來給予回饋，那麼勢必會引發下屬的反彈和反感，容易引發矛盾和衝突。那我們用 FIFA 負向回饋法來改善一下如何？」

接著，我引導 A 和其他學員對以上評估回饋做了改善，過程如下：

A：「來，B，我們來做一下今年的績效評估。先說說你的『不足』（或『有待提升的地方』，把判斷詞、負面詞『缺點』去掉，換為中性詞），好嗎？」

B：「好！（要與被回饋者有溝通互動）」

A：「第一，先說說工作規定方面（把判斷詞『不遵守』去掉），今年你遲到了三次，每次五至十五分鐘不等（事實），對嗎？（雙方就事實進行確認）」

B：「對！」

A：「你怎麼看待這個問題？你覺得這件事情對你和同事的影響是什麼？（徵詢對方對影響／感受的看法，尋求對方的想法）」

B：「我覺得常遲到確實不太好，讓大家覺得我比較散漫，也對新同事做了不好的榜樣。」

A：「那你有什麼改善的計畫嗎？（行動）」

B：「我想……（行動方案略）」

A：「好的，那就按照你所說的，以後再遲到，按次數和嚴重程度給予相應的處罰（獲得對方承諾，商定檢核標準）……我們再來說說同事關係方面（把評價『不好』去掉），今年你和兩個同事意見分歧（指出事實，並用中性詞『分歧』來取代負面詞『爭吵和衝突』）。雖然後來問題得到了解決，但是我還是想聽聽你對這件事的反思和想法，可以嗎？（徵詢對方對影響／感受的看法，尋求對方的想法）」

B：「嗯，好的。這件事我和對方都有責任……今後再遇到類似事情時，我……（被回饋者說出自己的行動、改善計畫和檢核措施，此略）」

A：「很好！（對對方的正向態度給予肯定）那我們再說說第三點，你的專業技能方面（把判斷詞『不行』去掉）。我們這個職務對技能的要求有三個，目前你掌握了一個（指出事實，把『只』等暗含判斷色彩的詞語去掉）。你怎麼看呢？（徵詢對方對影響／感受的看法，尋求對方的想法）」

B：「嗯，比起要求，我還差得很遠，我也很著急。您看有什麼好辦法嗎？」

A：「你看這樣好嗎？這個問題你先回去好好想想，整理出一個你個人的進修計畫。你可以自己想，也可以和你的管理層商量，然後明天下午下班前，我們一起商討。（商議行動，盡量讓對方自己想出解決方案，增強其主動性，並給出建設性意見『可以自己想，也可以和管理層商量，然後明天下午下班前一起商討』）」

....

A：「還有，依據公司對制服的規定，你的制服是不符合要求的（指出事實，與標準對照，將負面詞、判斷詞『太髒』去掉）。你有什麼改善計畫嗎？（因是小事情，此處略過了影響／感受和尋求對方想法的步驟，而是直接過渡到行動方面的探詢，尋求被回饋者的改善計畫）」

B：「您也知道，我單身，沒人幫我洗衣服。這件事我也沒辦法！」

A：「我不認為單身是理由（果斷否定對方的不合理解釋）。你知道，我們公司的單身男生很多，但並非每個單身男生的制服都不符合要求，這點你認同嗎？（以正向標準引導下屬）」

B：「認同！」

A：「那你有什麼改善計畫嗎？（繼續徵詢對方的行動計畫）」

B：「那 ...... 那我就洗吧！」

課堂中再度一陣哄笑。

改善後的評估回饋在看似輕鬆愉快的氛圍中結束了。整個過程中，由於使用了 FIFA 負向回饋法，並改進了表達方式（如使用中性詞代替負面詞，去掉判斷等），避免了被回饋者的不滿、抗拒以及衝突發生的可能性。

我問 B：「這次你感覺怎麼樣？」

B 說：「我感覺好多了。而且這麼跟我說的話，我也願意改！」

在做完以上績效評估回饋的公開演練之後，現場的學員開始分小組演練……當所有演練環節結束，這些學員都非常興奮，說：「這個回饋方法太實用、太有效了！」

從這個案例可以看出，很多時候並不是下屬不願意改正，而是上級的表述沒有遵循人的 FITA 反應規律，或用詞、表述不當，這樣就容易引

發下屬反感，從而產生牴觸、抗拒心理，造成績效面談失敗。

　　這裡需要強調一點，回饋的目的是讓對方重複某個正面行為，或停止、改進某個負面行為，所以最後一定要落實到行為上，即落實到行為重複、行為改進、行動計畫、解決方案上去，也即最後的行動，這一步驟不可或缺。否則，回饋效果將會大打折扣。

　　本章對果敢表達中的回饋原理、技巧與應用做了詳細論述，各位讀者可以在生活與工作中嘗試應用，相信定會大有收穫！

第五章　果敢表達中的回饋技巧

第六章 主觀判斷與衝突管理

因為主觀判斷是如此容易地觸發衝突，因而我們將這兩點放在一章裡來論述。

第一節 主觀判斷、假設與價值觀

一、主觀判斷

主觀判斷是基於自己的標準或假設而對他人行為或某事件做出的一種論斷，即透過自己的某一標準，將他人行為或事件與該標準對照後所做出的論斷。在本書第一章中，我們曾指出過：「在這個世界上，沒有任何兩個人曾有過完全相同的經歷或認知。每個人都是獨特的，包括我們的年齡、性別、家庭背景、成長經歷、受教育程度、生活習慣、當下的情緒、情感、職業、看問題角度、種族、文化背景、信仰、價值觀等，所有這些區別我們彼此的一個或多個特徵，有如隱形的背包。」

「背包」在 FITA 反應過程中是屬於影響／感受和思考的。即使我們所看到的事實是一樣的，但由於影響／感受和思考不同，因而我們最終採取的行為也有可能不同。這就需要我們在認可事實的基礎上（這一點很重要，即事實需要核對，因為沒有核對的事實，就如同盲人摸象，每個人的資訊都是片面的、碎片化的），透過溝通交流，比對彼此的背包，看看能否在行動上達成共識。

在溝通的過程中，主觀判斷對人際關係的損害是很大的。愛是人際關係中最為重要的一種關係。下面我們就以愛作為範例，來說明一下主觀判斷是如何損害這一重要的人際關係的。

常見的主觀判斷如「你不愛我了嗎」「你怎麼能這樣」「你太自私了」

「我不允許你用這種方式對待我」等。

對上面的例子，分析如下：

「你不愛我了嗎」指的是以「自己」對愛的標準的理解而對他人行為的一種論斷。但「自己」的愛的標準（比如「你每天必須給我一個吻」或「你每天必須按時回家」等），是基於「自己」對愛的理解或「自己」的價值觀設定的，它未必是真實的、正確的或被對方認可的。也就是說，對方的行為可能違背了「自己」的標準，但未必違背了大眾或對方的標準。

「你怎麼能這樣」，意為「你不可以這樣」，同樣是以「自己」的標準來衡量的。對方可不可以這樣，實際上有多種標準衡量，即對方的行為未必違背了大眾或對方的標準。比如說，「你不可以以這種冷漠的口氣和我說話」，但對方未必認為這種口氣是冷漠的。

出現以上主觀判斷的原因在於我們習慣於以「自己」的標準來衡量對方行為，這種單向標準往往未必是真實、正確和被對方認可的。因而，這種主觀判斷很容易被對方否認或質疑，表現形式就是反問或爭吵，如「你憑什麼說我不愛你了」「我這樣怎麼了」「我哪裡自私了」「我這種方式對待你怎麼樣嗎？有什麼不對嗎」等。不滿、誤解、抗拒、衝突因此而發生，彼此的關係也因此受到損害！

歸根結柢，是由於雙方的「背包」、標準不同，導致了看法、觀點各異，從而引發矛盾、衝突。

在生活與工作中的其他事例也大同小異，如小張認為小李工作不負責任（主觀判斷）；小李認為小張要求過高、吹毛求疵（主觀判斷）；小王認為小趙不可靠，說話不算數（主觀判斷）；小趙認為小王教條死板，缺乏靈活性（主觀判斷）。齟齬、矛盾，都是由於上述原因導致的。

二、假設

除了以「自己」的標準來判斷對方行為容易導致對方的反感、反對或質疑外，另外一種判斷的依據 —— 假設，就更為荒謬。

假設是依據自己看到的所謂的事實，結合自己對該事實的理解，而產生的一種判斷。假設的常見形式是「我以為」！

比如「我」看到同事小王提著禮品進入老闆的辦公室，「我」的判斷就可能是「小王去拍馬屁了」。又如「我」看到男朋友去見了一個女生，「我」的判斷就可能是「他對我不忠，和其他女生幽會」。

第一個例子中，「我」看到的事實是：小王提著禮品進入老闆辦公室。這個事實有問題嗎？沒有，但可能有問題的是之後的判斷，即「小王去拍馬屁了」，因為它是基於「我」對這種行為的理解、猜測，未必是真實的情況。這就是假設性判斷。當「我」後來了解到那是老闆委託小王出去買的禮品，或客戶送老闆的禮品後，「我」可能會抱歉地對小王或對自己說：「哦，『我以為』小王是去拍馬屁了，真是不好意思！」

第二個例子中，「我」看到的事實是：男朋友去見了一個女生。同樣，這個事實沒有問題，問題是之後「我」的基於自己理解和猜測的判斷，即「他對我不忠，和其他女生幽會」。這就是假設性判斷。當「我」知道那個女生是男朋友的妹妹，或男朋友只是去還借來的書以後，「我」可能會抱歉地對男朋友或對自己說：「哦，『我以為』你是另有所愛了，真是抱歉！」

在這兩個例子中，典型的假設性判斷形式就是「我以為」。所以在人際互動中，要有意識地去除「我以為」，不要想當然地以為或假設某種現象或行為，要與對方確認這是否是真實的情況，還是虛假的、杜撰的、以為的情況。

「我以為」這種假設性判斷同樣會對人際關係造成損害，因為它未必就是真實的、正確的或被對方認可的。

　　十七世紀法蘭德斯[05]畫家彼得‧保羅‧魯本斯（Peter Paul Rubens）創作的一幅著名作品〈西門與佩羅〉（Cimon en Pero，又名〈父與女〉）被掛在波多黎各國家美術博物館門口，如圖 6-1 所示。畫中一位年輕的女性袒露著胸部，而一位衣衫不整的老人正吮吸著她的乳頭。很多首次進入博物館的人看到這幅畫都表現出驚訝、難以理解甚至嘲諷的表情，但知道這幅畫背後故事的人大多會肅然起敬，甚至感動落淚。

圖 6-1　油畫〈西門與佩羅〉

　　「西門與佩羅」的故事又被稱作是「羅馬善舉」（Roman Charity），其內容取材於羅馬帝國時代：一個被判死刑的基督徒西門在獄中挨餓，他的女兒佩羅來到獄中探望父親，並偷偷以自己的乳汁餵他。佩羅的行為被獄卒發現並被上報至當局。她的無私舉動打動了當權者，西門最終被釋放。幾個世紀以來，許多著名的歐洲畫家都以該故事為題材，創作了許多油畫，故事宣揚的博愛與利他精神也感動了無數人。

---

[05]　法蘭德斯是西歐的一個歷史地名，泛指古代荷蘭南部地區，位於現在的德國、比利時、荷蘭交界處。

　　然而，初次看到畫作的人與了解背景故事的人對畫作的感受與判斷完全不同。我們經常說眼見為實，而這幅畫作告訴我們一個道理：眼見未必為實！即使是我們親眼所見，也需要透過大量的資訊收集、比對與核對，方能看到事物的大致輪廓！

三、價值觀

　　在所有影響我們判斷的「背包」中，價值觀無疑是一個非常重要的衡量事物的標準。價值觀引導著我們生活的方向，價值觀指導著我們日常的行為舉動。

　　價值觀不同，人們彼此的行為選擇亦不相同。比如我們看到一個倒在馬路邊上的老人，有著「救人於危難」價值觀的人會選擇上前幫助老人；有著「安全第一」價值觀的人會選擇報警或其他謹慎的救助措施以避免被詐欺；有著「事不關己，高高掛起」價值觀的人則會選擇悄然離去。

　　我們通常會用自己的價值觀去評判他人的價值觀對錯，或他人的價值觀指導下的行為的對錯。這就導致一個現象，即物以類聚，人以群分：與「我」價值觀相同或相近的人，就是朋友或好人；反之，就是敵人或壞人。然而，我們要知道，世界之大，大而無邊。各色人等，各種價值觀，想要統一，難上加難。如果我們的價值觀是非黑即白，那麼可以想見，我們身邊的朋友將會非常之少，與我們打交道的人也會經常與我們發生矛盾和衝突！因此，尊重價值觀的多樣化、行為的多樣化，將是人生必修的課程！

　　這是前面我們所提到的具有同理心的條件之一，也是創造彼此尊重的人際關係環境的要素之一。

　　當然，這並不是說要我們放棄自己的價值觀。我們所秉持的那些指導我們人生方向的重大的價值觀，是一定要保留的。如何選擇其他價值

觀，或如何與具有不同價值觀的人交往，往往取決於我們對自己的人生目標的追求程度。不必以價值觀作為我們的交友準則，但需要堅守基本的做人的原則與底線，比如善良、愛人（愛他人）、平等等。

還有一點也請大家知曉：價值觀並非一成不變，它會隨著時間、空間、環境和個人情況的改變而改變。空間與環境的改變，如我們到國外留學、工作或移民到異國生活，這是屬於外力（他人與我們的互動而產生）的影響；個人情況的改變，如我們透過看書學習或某個突發事件激發了我們的思想，令我們價值觀發生改變，這是屬於內力（自我與自我的互動而產生）的影響。

還有兩個會導致判斷差異的因素。

第一是動機與行為的關係：我們通常會以自己的動機來解釋自己的行為，而以他人的行為來判斷他人的動機。比如「我」向上級彙報了同事小麗經常利用上班時間網購的事情，「我」的動機是為了她好、為了部門好、為了公司好，因而「我」的行為是合理的、善意的、應該被理解的；如果反過來是小麗向上級彙報了「我」經常利用上班時間網購，那麼她的動機一定是為了陷害「我」、嫉妒「我」、想整「我」，因而她的行為是不合理的、惡意的、難以理喻的。

了解這個差異有助於我們將心比心、換位思考，即每當我們要做出一個針對某人的動作或行為時，要想一想對方會怎麼想、怎麼認為、怎麼看，他會不會接受、理解，會不會引發對方誤解；同理，當他人做出某個針對我們的動作或行為時，要想一想他為何要這麼做，其初衷、動機是為了我們好還是相反，有沒有證據證明他這麼做不是為了我們好。

也就是說，不要輕易地以對方的行為來判斷對方的動機。因為對方的無心之話、無意之舉，有可能並無惡意或特殊目的。如果單純地僅憑對方行為而非真憑實據去評判他人意圖或動機，則非常有可能是錯誤

的。《列子》中的一個故事「疑鄰盜斧」[06] 講的就是這個道理！

　　第二是成敗與內外部因素的關係：我們通常會將自己的成功歸因於自身的努力，將自己的失敗歸咎於環境的限制；將他人的成功歸因於環境的有利，將他人的失敗歸咎於其自身的懶惰。比如「我」獲得了上司的表揚，那是由於「我」工作努力；小孫獲得上司表揚，則很有可能是因為她與上司關係不錯，上司照顧她。「我」學習成績不好，是因為父母的遺傳基因就很一般，而且鄰居每晚都很吵，「我」很難靜下心來學習；小方學習成績不好，肯定是因為他不夠努力。「我」沒有成功，是因為「我」沒有一個像比爾蓋茲一樣的父親；小李成功了，是因為他的父親能幫他搞定很多事情。

　　了解這個規律，有助於我們對成敗原因和事物變化做出客觀、理性的分析。內因是變化的根據，外因是變化的條件，外因透過內因而發揮作用。任何事物的發展與變化都會遵循這樣一個哲學規律，它不以人的意志為轉移。所謂水到渠成、瓜熟蒂落等，說的都是這個意思。因而，對每一個個體的成功與失敗，我們都要抱著客觀而理性的態度去分析，不能因為個體差異而區別看待。

　　小結一下：在人際互動中，主觀判斷對人際關係的損害是很大的。所以，要慎重地下判斷。最好的解決辦法就是：①去除或重新評估自己的標準／假設；②與對方或第三方核對事實（是真實的情況還是虛假的情況）；③找到雙方共同認可的衡量標準；④修正（自己的或對方的）行為。

　　在上述表述中，有一點需要說明：如果行為沒有觸犯法律，或重大道德標準（指當地、民族文化所公認的重大道德標準），則只有不當的行

---

[06]　《列子・說符》有記：「人有亡斧者，意者鄰之子，視其行步，竊斧也；顏色，竊斧也；言語，竊斧也；動作態度，無為而不竊也。俄而掘其溝而得其斧，他日復見其鄰人之子，動作態度，無似竊斧者。」意為從前有個人，丟了一把斧頭。他懷疑是鄰居家的兒子偷去了，便觀察那人。看那人走路的樣子，像是會偷斧頭的人；看那人的神色表情，也像是會偷斧頭的；聽那人的言談話語，更像是會偷斧頭的；那人的一言一行、一舉一動，無一不像個會偷斧頭的人。不久丟了斧頭的人在挖山溝時發現了斧頭。第二天再見鄰居家的兒子，就覺得他言行舉止沒有一處像是偷斧頭的人了。

為，沒有不對的行為！

　　不對的行為有法律和道德去約束；對於不當的行為，更多的情況是我們沒有權力約束他人，我們只能去影響。我們可以透過在本書中所學到的人際互動技巧或外界力量、環境力量來施加影響！

第二節　無意識偏見

一、偏見與無意識偏見

　　偏見是由於「背包」中的某一個標準的衡量差異而產生的，它會導致優越感或自卑感。

　　如把教育背景作為標準，則受過高等教育的人有優越感，沒有受過高等教育的人有自卑感；如把成長環境的資源充裕度作為標準，則在城市長大的孩子有優越感，在鄉下長大的孩子有自卑感。

　　通常標準衡量指數高的一方，即有優越感的一方，對另外的指數低的一方會產生傲慢與鄙視；反之，標準衡量指數低的一方，即有自卑感的一方，對另外的指數高的一方會產生嫉妒或仇恨。這兩者互為偏見。

　　這兩種互為指向的偏見情緒，都有可能是潛在衝突的導火線。

　　之所以說它們是互為偏見，是因為標準或標準是相對的概念，不是絕對的概念。比如在某些地區皮膚白就是美的標準，在另一地區美的標準也許是皮膚黑。又如受過高等教育就一定高人一等嗎？未必，這是單一角度的比較。如果放到多個角度去比較，我們會發現某個受過高等教育的人其實綜合能力一般，未必比沒有受過高等教育的另一個人綜合能力強。再如在城市長大的孩子一定是傲慢的嗎？未必，很多在城市長大

的孩子都很謙虛、有愛心、能平等待人。因而，那些認為在城市長大的孩子是傲慢的觀點，就是一種偏見。

有些偏見是有意識的、可以覺察到的，也比較容易透過理性控制加以避免。而無意識偏見則根深蒂固，難以意識、覺察或辨別，其所帶來的危害則相對隱蔽。

在詳細閱讀本節前，請讀者先閉上雙眼用一分鐘的時間來想一下：如果讓你描述某個關於科學家的畫面，你會怎麼描述呢？

請閉眼在你的大腦中想像一下。

…………

當我向一個朋友提出上述要求時，她說：「我頭腦中的科學家應該是在實驗室裡手裡拿著一些儀器，留著落腮鬍……」

我說：「等等，在你的想像中他是男的，對嗎？」

「對啊！要不然呢？」朋友答道。

毫無疑問，我的這位朋友的頭腦中，已然對科學家這個職業有著明顯的無意識偏見。

那麼，什麼是無意識偏見呢？無意識偏見指的是對某一群體及其個體成員的無意識消極態度或情緒反應，它是基於社會規範和刻板印象的心理圖景。在上面這個例子中，我的朋友基於刻板的社會印象，快速地將科學家描繪成了一個男性（心理圖景）。但我們知道，科學家未必都是男性，還有可能是女性。據美國的一項調查研究顯示，在美國，62％的學生會把科學家描繪成男性，只有38％的學生會把科學家描繪成女性；在我國，兩者比例的差距更大（無意識偏見更加明顯與突出）！

下面我們就從無意識偏見的來源、影響、辨別、性別與對策五個方面來論述一下無意識偏見。

二、無意識偏見的來源

為何我們會不自覺地將某種特點與某一類人自然而然地連繫到一起？比如提到南部人，就會想到豪爽、有草根氣息；提到北部人，就會想到冷漠、客套。這與我們大腦的思維習慣有關係！

在第四章第二節中介紹過兩個概念：情緒反應與理性反應。情緒反應指未經理性分析的、身體直覺的生理反應；理性反應指經過理性分析的、有控制的身體生理反應和心理反應。

情緒反應是由於千百萬年以來進化形成的對外界的迅速的、直接的、無意識的反應；與之相應，理性反應則是緩慢的、理性的、有意識的反應。如我們看到室內的桌子晃了一下，立即衝出門，沿著樓梯飛奔下樓，逃出公寓 —— 這是情緒反應。理性反應會怎麼樣呢？大腦會冷靜下來分析一下桌子為什麼會晃：有可能是地震了，也有可能是鄰居裝修導致的，還有可能是被桌子旁邊的狗碰了一下，但狗被桌子擋住了，我們只是沒有看到那隻狗而已。理性反應做出的判斷更加準確，但情緒反應更加快速。因為「懶得思考」，所以我們通常放任理性反應休息，而只是讓情緒反應工作：因為情緒反應快速、效率高，但情緒反應有可能是錯的！

類似情形發生的情緒反應的累積，會形成習慣性行為或下意識判斷，如看見紅燈亮了就立刻停車，看見身材壯碩的人就本能地迴避一下，長此以往，就逐漸形成了不同的偏見，即無意識偏見：比如女性的反應速度、智商不如男性；歐美人一定比亞洲人開放；南部人肯定比北部人熱情；鄉下人肯定不如城市人富裕。

包括丹尼爾·康納曼（Daniel Kahneman）在內的許多行為心理學家曾列舉了數十種人類的無意識偏見，在此舉出其中兩種。

（1）證實偏見，是刻意尋找或專注於能證實個人已有信念或假設資訊

的傾向。該偏見會使根深蒂固的信念或任何能引起情感反應的東西變得更加強烈。比如某人特別喜歡蘋果手機，因此無論何種其他品牌的手機與其蘋果手機相比較，他都能找出蘋果手機的優越之處，並加以證實！

（2）群體歸因錯誤偏見，是一種傾向認為一個人的特徵反映了這個人所來自的群體的整體特徵的偏見，或是認為一個群體的決定或結果一定反映出每個群體成員的偏好（即使有資訊表明事實並非如此）。比如我們看到某位來自中東的男士出手大方，於是斷定所有中東男士（至少是大多數中東男士）都很有錢（其實未必）。再比如某部門新招來一個原住民的女性員工，大家都認為她一定會唱歌，而且唱得很好（將能歌善舞的原住民形象投射到了該名女性員工身上），而該員工也許並不會唱歌！

類似的無意識偏見還有許多種！

三、無意識偏見的影響

這些無意識偏見被帶入團體中，就會造成困擾，甚或不公平。比如應徵管理層的時候，同等資歷的求職者，男性通常比女性更有優勢；晉升的時候，我們會傾向把機會給那些與我們關係親近的人，儘管那些人的能力未必比與我們關係不親近的人好；我們在設立新部門的時候，我們會傾向依據我們對傳統部門的刻板印象而設置（比如某雜誌社設立影印部），而不管是否是這個部門所需（例如現時應當設立的是影像處理部而非影印部）。

如果把這些無意識偏見帶入業務中，那造成的後果會更加可怕。它有可能會阻礙我們的創新，扼殺新穎的創意，也有可能會為產品設計帶來缺陷（如在美國有一款白人設計師專為公共廁所設計的自動感應洗手液盒，這個感應盒只能感應到白種人或淺膚色人的手，但無法感應深色皮膚，因

而也無法為黑人的手自動滴出洗手液），還有可能為我們的售後服務帶來不便（如服務據點大都設在大城市，鄉村或偏遠地區不僅沒有門市，甚至連不會產生多大成本的服務資訊都沒有），導致老客戶大量流失。

　　值得注意的是，在人力資源管理方面，無意識偏見造成的影響將會帶來明顯的不公平現象！

四、無意識偏見的辨別

　　以職場為例，以下情況出現時，就說明無意識偏見的負面影響有可能已經發生在你身上了：

　　（1）業績：你的業績總能達到預期，但你還是得不到晉升，尤其是你的上司經常設定一些非特定的、無法量化的目標給你。當然，有些無法量化的目標是與職位性質緊密相關的，尤其是具支持與服務性質的職位。但是這些職位上的員工（大多是女性）經常被要求達成一些模糊的、難以衡量的目標。雖然你能出色地完成任務，但每次你問起晉升這件事，上司都告訴你要有耐心。與此同時，其他人（有些人的績效還遠不如你）卻獲得了晉升。

　　（2）評價：有些人經常詆毀你工作的成效，並將其歸功於是環境而不是你的努力，讚美你的人總是少數。而且無論你多麼努力，管理層卻似乎視若無睹。

　　（3）回饋：雖然上司也許很清楚你的工作成果，但很少或幾乎沒有給你直接的、有效的、及時的回饋，你工作表現好還是壞你自己可能也不清楚。而當你某件事真的搞砸了，負面評價要麼是如潮水般湧來，要麼是在暗地裡被人評價。

　　（4）會議：你受邀參加一些會議或活動，但沒有人傾聽或在乎你的

聲音。當會議在進行決策時,你發現你的意見和建議總是不被採納。

(5)觀點:當你對某些事件提出自己直接而坦誠的見解時,旁人會用一種奇怪的眼神看著你,那眼神似乎告訴你:你是個異類,與眾不同,難以相處。

(6)比例:你發現你的意見在人群中(比如部門或公司中)是少數(或不同於主流),你的聲音微弱且容易被忽視。

(7)改變:經常會有人期望、勸誡或建議你做出改變,以適應周遭的環境。

以上現象是比較明顯、容易察覺的無意識偏見。當然,無意識偏見還有其他的表現形式,這裡不一一贅述!這些無意識偏見不僅會影響你的工作績效發揮,也會在心理、生理等方面嚴重影響著你、周圍環境和社會的健康!

五、無意識偏見在性別方面的影響

無意識偏見不僅對少數群體、獨特觀點、優秀績效、獨特行為等方面有潛在或顯著影響(前提是所有行為都沒有違反規章或社會法律),在性別方面的影響更為顯著!

英國《經濟學人》雜誌曾做過如下調查:某大型跨國公司,女性在基層員工中所占比例為35%～40%。但在基層以上的各個層級中,這一比例都在下降。到了管理層,女性只占最高階別職位的20%。但當分析數據時,該雜誌發現男性和女性的行為幾乎沒有明顯差異。女性與男性接觸高層的次數相同,她們花在工作上的時間也一樣多,而且她們與擔任相同職位角色的男性分配的時間也差不多。此外,男性和女性在上網、集中精力工作和面對面交談的時間上,有著難以區分的工作模式。在績

效評估中，男性和女性的得分在統計學上也是相同的。然而，女性並沒有獲得與男性同等比例的晉升。

接受《經濟學人》訪問的女性員工表示，第二次產假後重返職場的難度更高，其他同事（不論性別）都表現出了更明顯的不滿情緒。很多女性覺得，如果為了照顧年幼的孩子或年邁的父母而不得不中斷工作一兩年，這將意味著她們職業生涯的終結。

在應徵方面，很多職位設定了明顯的有意識偏見而非無意識偏見，如在要求中僅限男性、未婚、無子女、已婚已育、35 歲以下、履歷無空白等作為條件。

據麥肯錫諮詢公司 2015 年的研究調查顯示：如果各國男女平等狀況 [07] 達到本地區最佳水準（如北美洲所有國家和地區達致該地區最佳水準 —— 美國的 0.74；或歐洲所有國家和地區達致該地區最佳水準 —— 挪威的 0.79），則到 2025 年全球 GDP 將會在現有穩定增加水準的基礎上再增加 12 兆美元；如果各國男女平等狀況達到完全平等（指標值為 1），則到 2025 年全球 GDP 將會在現有穩定增加水準的基礎上再增長 28 兆美元。

也就是說，僅僅消除無意識偏見中的對女性的偏見，不僅可以惠及女性，而且可以惠及男性、兒童、老年人以及當地經濟！

六、無意識偏見的對策

既然無意識偏見對個人、團體與社會影響這麼重大，那麼社會和企業內部可以採取什麼樣的措施來防止或減少這些偏見所帶來的負面影響呢？以下是可以採取的一些建議措施：

---

[07]　衡量男女平等的指標值，滿分為 1。

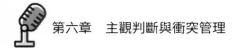

（1）設立標準：對職位設定統一標準，並用該標準客觀地評價所有該項工作參與者。

（2）制定決策流程：對某些決策制定流程，避免主觀意見影響決策的科學性與客觀性。

（3）培訓：對管理者和員工進行培訓，幫助管理者和員工有效規避無意識偏見，最大限度地減少其對團隊、產品、客戶和社會的負面影響、不公平現象，甚或傷害。

（4）稽核工作職位描述：列出某個職位必需的職業技能，考慮一下該職位真正需要的條件是什麼，然後去掉不需要的內容，包括不必要的資格，確保在多樣性方面（如年齡、性別、口音、教育等問題上）無意識偏見沒有滲透到應徵過程與決策中。

（5）建立服從或解釋機制：要求經理解釋為什麼他們沒有選擇女性或文化背景多樣化的人，這將有助於發現無意識偏見，且有助於加強未來管理層職位人選的多樣性。

（6）建立女性管理層晉升管道：確保接受管理職位面試的候選人性別比例均衡。團隊由男性和女性共同組成的面試小組來篩選高階職位的求職者也很有幫助。

（7）團隊內部建立由志願者營運的企業女性溝通網或論壇：建立溝通機制，互相鼓勵，並分享職場經驗、感受以及領導力技能。

（8）實行彈性工作制：尤其是對於已有子女的員工及女性員工，該制度非常有助於其滿足工作與生活的平衡。當然，該制度的前提是基於完成績效且保證有效溝通（如建立溝通機制等）。

（9）樹立榜樣：尤其是在中高層管理者中樹立榜樣。新加坡一家國際諮詢公司的女性合夥人表示：「如果你在高階管理職上看不到任何像你

這樣的人，你就很難對前進的道路有信心。」組織除了為女性設立輔導專案（尤其是在科學、技術、工程和數學等領域）外，還需要對女性、少數人給予特別的關注和領導力輔導課程。

建立有效的應對策略可以顯著降低無意識偏見。如在一九七〇年代以前，美國主要管弦樂團的樂手95％是男性，女性只占5％。當負責應徵的評審團意識到偏見可能影響了女性比例時，他們改變了面試流程：所有競聘的樂手需要在懸垂的幕布後面的舞臺上進行演奏，避免評審團成員看到樂手的臉和性別。這項措施實行後的效果非常顯著：樂手不再被依據性別做出評判，而是基於其實際的演奏能力。目前，美國主要管弦樂隊的男女比例是1：1。

無意識偏見是公平、公正的潛在的絆腳石，也是團隊管理、社會進步以及人際互動的隱形障礙。消除這個障礙，需要對其有理性認知、具體措施與技巧，以消除其負面影響，避免潛在衝突的發生。

第三節　核心特質與厭惡

在生活中是不是有一些你非常羨慕的人，比如你的某個老師、同學、朋友或者某位明星？你生活中是不是也有一些你非常不喜歡甚至討厭的人，比如你的某個同事、客戶或者影視作品裡某個反派角色？你生活中有沒有遇到過這樣的人，你和他曾經吵得不可開交，現在又和他親如兄弟，正所謂不打不相識？或者即使你沒有遇到這樣的人，但是你是否聽說過這樣的不打不成交的故事，比如武松與孫二娘？

你有沒有想過，你為什麼會羨慕一個人？厭惡一個人？又或者有些人透過衝突反而成為好朋友？接下來我們就來說一說這其中的奧妙。

一、核心特質模型

首先，我們必須明確兩點共識：人無完人，每個人都有其優點和不足之處；一個人所擅長的有可能是另外一個人所缺乏的，反之亦然。

其次，我們來明確四個概念：核心特質、陷阱、挑戰與敏感。

我們自己身上的某個或某幾個顯著的優點，是我們引以為傲的特點，也是我們區別於他人的核心特點，比如我非常熱心、小張很認真、小李很誠實等。這些構成我們的突出特點，區別於他人的關鍵優勢特徵、獨特性格的可辨別行為或技能，統稱為核心特質。

不可否認，有時候我們的優勢表現過度的時候，會為自己或他人帶來困擾。比如我很熱心，但熱心過頭會讓對方感覺彆扭，他會覺得我過於關注他而顯得不好意思，感覺背上了人情債，讓我也看上去顯得自輕自賤或自我忽視。當我們的核心特質表現過度而走向極端，原來的優勢特徵就變成了缺點，這被稱為陷阱。

我很熱心，是因為我很善良，喜愛幫助他人。因此，我很反感那些不愛幫助他人的人，非常厭惡他們，因為我認為他們太冷漠了，沒有人情味。我們將核心特質的消極對立面，即核心特質的相反特質，稱為敏感（如熱心這個核心特質的相反特質就是冷漠）。

如果我們深究一下陷阱和敏感，會有一個有趣的發現：熱心的陷阱是自輕自賤或自我忽視，是由於我們過多地考慮了對方的訴求而忽略了自己的訴求（幫助別人不應以犧牲自己的尊嚴為代價），即我們還應該多考慮一下我們自己；熱心的敏感（我們所厭惡的特質）是冷漠，冷漠是只考慮自己而忽視別人的訴求的一種表現。如果我們把陷阱（自我忽視）與敏感（冷漠）中和一下（陷阱前進一步，敏感退後一步），就會得到一個理想的狀態：相對的理性和冷靜，在別人需要幫助的時候去幫助他人

（不那麼冷漠），同時也應要多考慮一下自己（不要自我忽視）！核心特質的理想狀態，即我們自身優勢特徵的互補狀態，被稱為挑戰。挑戰可以彌補我們自身核心特質不足的那一部分，也是核心特質所欠缺的那一部分，它還是我們核心特質表現過度的陷阱的積極對立面。

核心特質模型如圖 6-2 所示。

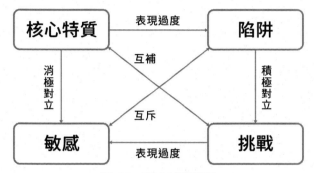

圖 6-2　核心特質模型

核心特質（如熱心）的互補狀態挑戰（理性和冷靜）是我們表現過度的陷阱（自我忽視）和我們所厭惡的敏感（冷漠）的一種中和狀態，也是我們所羨慕的那些人身上的特質。比如我很熱心，喜歡幫助他人，可是我經常處於一種缺錢或時間不夠的狀態，因為我付出太多屬於我的物質和時間去幫助別人，導致我幾乎很少有時間、精力去做我自己想做的事情。這就讓我很羨慕那些事業有成、也有閒錢和時間去幫助別人的人，他們顯得理性、冷靜、有節制。比如某企業家或某個明星，他們有時間和金錢去做自己想做的事情，也會在別人急需的時候幫助他人，即他們正好處於我的核心特質（熱心）的互補狀態挑戰（理性和冷靜）。

再進一步說，那些冷漠的人（處於我們所厭惡的敏感地帶的人），他們的行為也許是處於挑戰地帶的理性和冷靜的過度表現，即他們在冷靜那一方面表現過度了，從而顯得冷漠。換句話說，那些我們厭惡的冷漠

的人的特質中，潛藏著我們不具備的一些優點。

這個核心特質模型又被稱為奧夫曼模型，是美國心理學家丹尼爾‧奧夫曼（Daniel Offman）提出的一個有助於我們重新整合被否認的自我、了解厭惡背後的積極意義的模型。

我們把上面所舉的例子再詳細說明一下，如圖 6-3 所示。

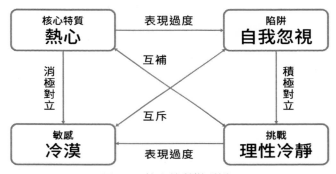

圖 6-3 核心特質模型例 1

我很熱心，這是我的核心特質。

如果它表現過度，那麼就忽略了我自己的需求，令我看上去顯得自我忽視，這是我的陷阱；也有可能是別人看到的我，即別人也許並不認為我是熱心的，而是認為我過於關注他人，從而顯得自賤、自我忽視。

因為我很熱心，所以我非常厭惡那些不那麼熱心、非常冷漠的人，冷漠就是我的核心特質熱心的反面特質，是我的敏感。

我羨慕的那些人，他們在熱心與自我關照方面做得很好，既能夠照顧自己的需求，也能在別人需要幫助的時候去幫助別人，顯得理性和冷靜，而這正是我所缺乏的、需要彌補的，這是我的挑戰。

理性和冷靜如果表現過度，就會變得冷漠，成為我們所厭惡的冷漠的特質；反過來說，那些自認為理性和冷靜的人，在別人的眼裡也許是冷漠的，因為他們表現過度，也即冷漠是那些自認為理性和冷靜的人的

陷阱。那麼對於理性和冷靜的人而言，熱心就是他們的挑戰；而自我忽視，就是他們所厭惡的敏感。

　　這是一個彼此互視的關係，即我們如何彼此看待對方：我們所厭惡的人身上，暗藏著我們自身所不具有的甚至有可能是我們所羨慕的某種特質，只不過那種特質被表現過度的表象遮掩住了。當對方看我們不順眼時，他並不知道，其實我們自己身上有著他不具有的、需要彌補的另外一種特質，只不過這種特質被我們表現過度的表象遮掩住了。總而言之，彼此討厭的其實都是自身核心特質的過度表現；彼此的身上其實都有著對方所缺乏的、應該學習的、潛藏的優點！

二、核心特質的應用

　　這是一個相對比較複雜的人際認知模型。為了更好地讓讀者理解，下面再舉兩個例子。

　　假設小 A 很誠實，這是他的核心特質，那麼他一定非常討厭不誠實的人，比如小 B，因為小 B 經常撒謊。透過核心特質模型，我們可以畫出他們的核心特質模型，如圖 6-4 所示。

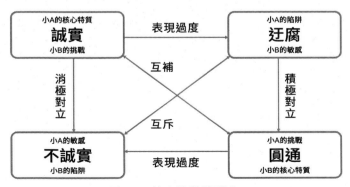

圖 6-4　核心特質模型例 2

小 A 很誠實，這是他的核心特質。

如果這一特質表現過度，使小 A 什麼話都說，口無遮攔，毫無城府，那麼在別人的眼裡就顯得有點迂腐，這是小 A 的陷阱。

因為小 A 很誠實，所以他非常厭惡撒謊的人，比如小 B。小 B 的不誠實，就是小 A 的核心特質的反面特質，是小 A 的敏感。

其實小 A 所欠缺的，或他比較羨慕的那些人，是比較圓滑的。他們知道哪些話該說、哪些話不該說，哪些話在什麼時間可以說、哪些話在什麼時間不可以說，這種圓滑就是小 A 的挑戰。

小 B 認為自己的核心特質是圓滑。

但如果這表現過度，讓人搞不清楚小 B 哪些話是實話、哪些話不是實話，在別人的眼裡小 B 就顯得不誠實。這是小 B 的陷阱，也是小 A 厭惡的地方。

因為小 B 比較圓滑，所以他不太喜歡那些迂腐的人，比如小 A。小 A 的迂腐，就是小 B 的核心特質的反面特質，是小 B 的敏感。

小 B 所缺少的，或他需要改進的特質，其實是誠實。他需要讓別人對他留下言行一致、心口如一的印象，而不是油嘴滑舌、鼓舌如簧的印象，所以誠實是小 B 的挑戰，而這恰恰是小 A 的核心特質。

小 A 厭惡小 B 不誠實的特質，其實是小 B 圓滑的過度表現；而小 B 討厭小 A 迂腐的特質，其實是小 A 誠實的過度表現。如果他們兩人都能夠看到彼此被掩蓋的核心特質（自己的挑戰其實是對方的核心特質），並放下成見，加以彌補、互相學習，那麼兩人都可以取他人所長，補自己所短，成為更全面、更成熟的人。

假設小 C 很謙虛，這是他的核心特質。那麼他一定很討厭驕傲的人，比如小 D，因為小 D 看上去傲慢無比。透過核心特質模型，我們可以畫出他們的核心特質模型，如圖 6-5 所示。

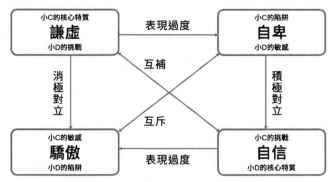

圖 6-5　核心特質模型例 3

小 C 很謙虛，這是他的核心特質。

如果這表現過度，使小 C 凡事都說「沒什麼」「我做得還不夠好」「真的差遠了」等，那麼在別人的眼裡就顯得比較自卑、不自信，這是小 C 的陷阱。

因為小 C 很謙虛，所以他很討厭驕傲的人，比如小 D。小 D 的驕傲，就是小 C 的核心特質的反面特質，是小 C 的敏感。

其實小 C 所欠缺的，或他比較羨慕的那些人，是比較自信的。他們進退有度、言談得體、不卑不亢，給人安全感，這種自信就是小 C 的挑戰。

小 D 認為自己的核心特質是自信。

但如果這表現過度，小 D 什麼事都拍胸脯說沒問題，什麼事都吹噓自己做得很好、很棒、很出色，那麼在別人眼裡小 D 就顯得很驕傲。這是小 D 的陷阱，也是小 C 厭惡的地方。

因為小 D 比較自信，所以他不太喜歡那些自卑的人，比如小 C。小 C 的自卑，就是小 D 的核心特質的反面特質，是小 D 的敏感。

小 D 所缺少的，或他需要改進的特質，其實是謙虛。他需要表現得克制一些，說話留有餘地，實事求是，不誇大，適度照顧別人的感受，

所以謙虛是小 D 的挑戰，而這恰恰是小 C 的核心特質。

　　小 C 所厭惡的小 D 驕傲的特質，其實是小 D 自信的過度表現；而小 D 所討厭的小 C 自卑的特質，其實是小 C 謙虛的過度表現。如果他們兩人都能夠看到彼此被掩蓋的核心特質（自己的挑戰其實是對方的核心特質），並放下成見，加以彌補、互相學習，那麼兩人都可以截長補短，成為更加優秀的人。

　　好了，我們前面已經舉了三個例子來說明核心特質理論。總體而言，如果你很討厭某個人，那麼一定是你忽略了這個人身上的一些潛藏的、你所缺乏的某種特質。而且，這個人很有可能也不太喜歡你，尤其是你身上所表現出來的表現過度的某種特質。而這個特質，還是你引以為傲的核心特質。

　　下面給各位讀者留一道思考題：小 E 平時表現得平和穩重，這是他的核心特質。他非常不喜歡小 F 的高調招搖。請依據以上核心特質模型，畫出小 E 和小 F 兩人之間的特質關係圖（答案在本節最後）。

三、厭惡

　　挑戰是我們發展得不夠成熟的方面，是需要我們提升的地方，也是潛藏在我們意識深處的、很有可能被我們自己否認的另一部分的自我。

　　我們有時候寧願把挑戰看作是對抗的力量而不願意接受它們的互補性。例如，如果我們很謹慎，那麼我們很可能不喜歡那些看上去比較直接，但實際上相當果敢的人。這就需要我們正確處理核心特質與挑戰的關係。這兩者不是有你沒我、非此即彼的關係，而是可以並存的、互補的關係，關鍵是要找出這兩種特質的平衡點。

　　核心特質理論可以用來幫助我們預測生活中有可能發生衝突的地

方，比如我們的敏感地帶，即我們所厭惡的那些特質，有可能會成為我們與他人發生衝突的導火線；反過來說，我們核心特質表現過度的地方，即我們的陷阱，也有可能變成引發他人不滿的、誘發他人與我們發生衝突的導火線。

這個理論也可以幫助我們找到彼此的盲目區，並給予彼此回饋，告知對方我們對其不滿意的是什麼，或尋求對方對我們自身不滿意的是什麼，以規避衝突，更好地合作。

小結一下：我們厭惡一個人是因為他具有與我們核心特質相反的特質（敏感），而這個相反的特質中卻包含了我們所欠缺的某一種特質（挑戰），只不過這個相反的特質是我們所欠缺特質的過度表現罷了。我們要做的，就是去除相反特質中的過度表現，還原它的本來面目（挑戰），然後加以學習。反之亦然，對方需要去除他眼中的敏感，即我們的陷阱，才能看到我們身上的核心特質，而這正是他要發展的挑戰。

如前文所述：我們彼此討厭的，都是自身核心特質的過度表現；然而我們彼此身上其實都有著對方所缺乏的、應該學習的、潛藏的優點！

我想現在你也許知曉了本節一開始提出的那些問題的答案：我們為什麼會羨慕某個人，厭惡另一個人；又或者為何有些人透過衝突反而成為好朋友，即所謂不打不相識 —— 那是由於透過「打」、交往、矛盾與衝突，彼此深入了解，發現了對方身上所具有而各自缺乏的一些特質。那些特質，正是彼此所需要彌補、學習的。

各位讀者可以依據核心特質模型的四個組成部分中的任意一個作為起始點，來分析一下自己的強項是什麼，自己的陷阱是什麼，自己的敏感和挑戰又是什麼。

這裡留三道思考題：①分析一下自己，看看你是否了解自己的發展

潛力，以及有可能與他人發生衝突的導火線是什麼；②找到一個朋友，幫他分析一下他的核心特質模型；③分析一下不打不相識的武松和孫二孃的核心特質模型，並把它畫出來。

下面是我們剛才留給讀者的思考題的答案，即小 E 和小 F 兩人之間的核心特質模型，如圖 6-6 所示。你畫對了嗎？

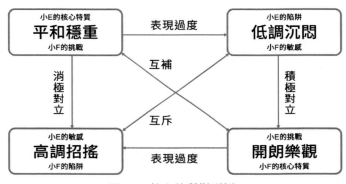

圖 6-6　核心特質模型例 4

第四節　衝突管理

一、衝突

只要有人，就一定會有衝突，這不是危言聳聽，而是由人的本性決定的：人只要活著，就一定有需求，無論是物質的，還是精神的。只要有需求，就有基於無法滿足或難以完全滿足需求導致的各種衝突。

這些衝突，有自我內心深處兩個不同聲音的衝突，有人的需求與自然資源之間的衝突，有人與人之間的衝突，有團體與團體、組織與組織、民族與民族、國家與國家之間的利益衝突。翻看一下古今中外歷

史，人類發展的歷史就是一部充滿衝突的歷史，只不過這些衝突有大有小。就像如果沒有了衝突，戲劇就不好看，人生沒有了衝突就太平淡，人類社會沒有了衝突也就失去了發展的活力。

衝突沒有我們想像中的那麼可怕，關鍵是要了解衝突、管理衝突、利用衝突。本節所講的衝突管理，主要是人際衝突的管理。

其實，如果我們已經仔細閱讀了前面的內容，學習並掌握了包括溝通、果敢表達、同理心、回饋等方面的技巧，已經可以避免生活與工作中90％以上的衝突。剩下的，就是如何看待、應對、處理、管理衝突了。

據美國的一項對中層和高層管理人員的調查顯示：管理者平均要花費20％的時間處理各種衝突。

衝突指的是個人與個人之間、個人與團體之間或團體與團體之間，由於對同一事物持有不同的觀點、態度與處理方法，或因利益需求與資源供給之間存在差異而產生不同訴求，導致分歧與矛盾，進而激化與發展的過程。對這個過程的管理就是衝突管理。

由此可知，衝突一方面源於我們的「背包」（觀點、態度、個性、目標、價值觀等），即形而上的；另一方面來自對利益的追索，即形而下的。[08]

衝突在表現形式上有兩個主要的類型：一個是以人為中心的衝突，如觀點差異、期望差異、能力差異、個性差異、溝通風格不同、責任壓力不同等導致的衝突；另一個是以事為中心的衝突，如時間安排不同、工作側重點不同、資源短缺、政策模糊、管理程序問題、組織結構問題等導致的衝突。

---

[08]　一些管理學家或心理學家對衝突的來源有不同看法與分類，如有的歸因於團隊結構，有的歸因於溝通過程，有的歸因於性格差異等，分類方法與依據各不相同。這裡將衝突的來源依可見與不可見的標準僅歸因於兩個方面，即形而上的與形而下的。

對於組織而言，有學者將衝突的類型分為建設性衝突與破壞性衝突
兩種。

建設性衝突指的是在各方目標一致的基礎上，以解決事務和問題為
導向的衝突，即因實現目標的途徑、手段不同而產生的衝突。其特點是：
雙方關心的重點是實現共同目標和解決現有問題，以爭論問題為中心，
願意了解彼此觀點，基於促進不同意見交流的資訊溝通不斷增加等。

建設性衝突的作用是能暴露團隊中存在的失能之處和問題，有利於
糾正錯誤，激發創意與活力，促進良性競爭，提升決策品質與效率。因
其對團隊有積極影響，因而又被稱為功能正常的衝突。

破壞性衝突指的是在實現目標的過程中，因彼此認知、利益訴求、
資源分配等不同而導致事務性分歧上升為人際層面矛盾的衝突。其特點
是：人際間發生牴觸、爭執甚至攻擊等行為，雙方關心的重點是己方利
益或觀點是否獲勝，不願聽取對方觀點，因情緒化導致資訊交換與溝通
減少甚至中止等。

破壞性衝突的負面效果是人際關係緊張，團隊士氣與凝聚力降低，
資源被浪費，彼此合作受到干擾，目標有分散或偏離的危險，共同目標
的實現受到阻礙。因其對團隊有消極影響，因而又被稱為功能失調的
衝突。

建設性衝突與破壞性衝突卻並不容易區分，因為建設性衝突中也有
一些破壞性衝突的雜音，破壞性衝突中有時也隱藏著一些建設性衝突的
身影，有時兩者是互動並存的狀態。但有一個關鍵衡量標準可以有效區
分兩者，那就是最終的工作績效。所以管理者的工作重點一是不要偏離
工作績效這個衡量標準，二是要盡量把團隊衝突往建設性方向引導。

人們通常認為「衝突一定是不好的」。其實，很多事情都是一體兩面

的，既要看到消極的一面，也要看到積極的一面。

衝突的消極意義包括：影響情緒與健康，阻礙交流與溝通，耗費時間與精力，有損形象與資源，製造對立，影響團結，破壞信任與關係，降低效率與績效。

衝突的積極意義包括：暴露問題，增強活力，鼓勵競爭，激發創意，釋放負面能量，有利於溝通交流，增進彼此了解，促進士氣與凝聚力，提升效率與績效。

衝突並不可怕，它是一種能量，是生活和工作中不可避免的一部分；它是學習、成長的契機，並往往伴隨著變革而產生，是個人、組織、社會發展的一種動力。衝突並非不可控制，也不一定要分出贏家與輸家，關鍵是要利用衝突過程中的有利因素，借力使力，促進問題解決、績效提升、合作雙贏和目標實現。

二、衝突的發展過程

衝突的發展過程是有規律可循的。

舉個例子：小艾入職某公司市場部四個月了，同一部門的小惠比她早來兩個月，她們的職位職責一樣，都是負責公司市場行銷方案策劃、活動推廣、溝通協調、促銷驗收等工作，但有些工作也存在交叉的部分，比如兩人會被經理要求分管同一個專案中不同的步驟與內容。入職以來有一個現象令小艾漸漸心生不滿，那就是同為新人，經理每次出差都帶著小惠，到處遊山玩水，而自己卻經常被要求留守辦公室不停地撰寫、修改方案，和業務代表、合作方透過電話、郵件溝通，既無聊又枯燥。每次經理和小惠出差那幾天，都是小艾心裡最煩悶的日子。小艾在與小惠的工作配合上漸漸出現了微妙的變化：小艾經常會推遲與小惠工

作交接的期限，導致小惠在完成自己的那一部分工作時經常手忙腳亂；她對小惠的詢問也是愛理不理，或故意給出模糊的、錯誤的資訊，讓小惠自己再去核對。這些變化小惠也感覺到了，這令小惠非常生氣，她不知道哪裡得罪了小艾。終於有一天，兩人因為小艾再次推遲工作交接期限讓小惠忍無可忍。小惠質問小艾為何總是那麼拖延導致自己工作經常被動，小艾也正好藉這個機會狠狠地衝小惠發火。兩人在辦公室的爭吵毫無意外地傳遍了整個市場部，弄得經理不得不找兩人分別談話，詢問緣由，並依據自己的判斷讓兩人分別寫了檢討書，輕微警告。從發生衝突的那一天起，小艾、小惠和經理之間彼此的關係，就成為三個人煩惱的根源。

這是個典型的反映了衝突四個發展階段的案例。衝突的四個發展階段分別是：隱藏期、感知期、爆發期和發展期／結束期。

（1）隱藏期：矛盾的雙方存在潛在衝突的可能，但都未意識到，表現為一方或雙方對對方的某個行為產生困惑或不滿的情緒。比如上例中小艾對小惠與經理經常一起出差的行為產生不滿，因為她感覺到不公平，認為對方在遊山玩水，而自己卻在做乏味的工作，這些都是她的背包引發的情緒。該階段尚處於潛意識階段，並直接作用於情緒反應（參見第四章第二節情緒反應與理性反應的相關內容）。

（2）感知期（又稱浮現期）：矛盾的一方或雙方感知到了對對方行為的困惑或不滿（也有可能是第三方告知某一方），以及潛在的衝突，但這種感知有可能並不透過行為表現出來（如表面上禮貌性地隱忍），也有可能透過某些行為表現出來（如彼此不配合、設置障礙或明爭暗鬥）。如上例中小艾有意推遲與小惠工作交接的期限，或提供模糊的、錯誤的資訊給小惠等。該階段處於有意識階段，並作用於理性反應（注意：理性反

應指的是經過大腦理性分析的、有控制的身體生理反應和心理反應，但它不一定是正確的反應），因而行為選擇是可控的。

這個階段會持續累積一段時間，時間越長，爆發衝突的強度越高。因為一方或雙方在此過程中都受到被壓抑的情緒（緊張、不滿、憤怒、挫敗感）的困擾，從而產生比較嚴重的焦慮或憂鬱，對個人身心健康的損害是極大的，如不加以解決或釋放，會導致嚴重後果。

（3）爆發期：通常由某一導火線引爆，一方採取間接的、非公開的、嚴重程度不等的行為損害對方的聲譽或利益，或雙方發生直接的、公開的、嚴重程度不等的對抗與衝突。如 2013 年某大學生因瑣事對室友產生不滿，在飲水機中投毒，致使室友中毒，在送醫半個月後死亡；又如上例中忍無可忍的小惠終於爆發並質問小艾為何工作不配合。這一階段的衝突通常由一方行為直接作用於對方（行為方式可能是間接的，但行為目的指向是直接的），或雙方行為同時作用於彼此，表現為爭吵、公開拒絕合作或暴力相向等。

該階段是衝突發展過程中的高潮階段，後果的嚴重程度視雙方情緒反應與理性反應的比例不同而不同。情緒反應越大，錯誤的理性反應越大（如某大學生在投毒時很理性，他知道自己的行為有可能會導致對方死亡），後果越嚴重；情緒反應越小，正確的理性反應越大，後果越可控。

（4）發展期／結束期：衝突繼續向前發展／衝突結束的階段。把發展期和結束期放在一起的原因是有些衝突在爆發期之後就結束了，但有些衝突在爆發期之後會繼續發展，沒有結束。

比如小王在排隊買票的過程中發現有人插隊，於是上前與插隊者溝通無果後發生了爭吵。爭吵完插隊者退出隊伍，排到隊尾，或插隊者堅持不退出隊伍，小王干預失敗回來繼續排隊。當買票行為結束後，雙方散去不

再相遇，這個衝突在爆發後也就結束了（結束期），它沒有繼續發展。

　　也有一些衝突在爆發後會繼續發展，沒有結束。比如以巴衝突，1948 年 5 月以色列建國後，分別於 1948 年、1956 年、1967 年、1973 年、1982 年爆發了五次中東戰爭。但直至今日，雙方的衝突仍未結束，還處於發展過程中（發展期）。

　　還有一些行為在爆發之後會繼續發展，直至結束。比如上例中，小艾和小惠在辦公室裡爆發爭吵後，經理讓兩人分別寫檢討書以輕微警告。如果三人從此恢復了正常的工作合作關係，那麼就可以說這個衝突結束了（結束期）。但如果三人僅僅是表面恢復了工作合作關係，但心裡的疙瘩仍未完全消除，那麼衝突會重新回到第二階段，並為下一次衝突累積能量，那麼這個衝突就沒有結束（發展期）。從案例結尾的描述來看，三方的矛盾並未真正消除，即衝突仍處於發展期中，且矛盾的涉及面由雙方擴大為三方。

　　了解衝突的發展階段對我們管理衝突非常有幫助。由上可知，衝突發展的前兩個階段是處於隱性的、間接的衝突階段，後兩個階段是顯性的、直接的衝突階段。在衝突的發展過程中，介入、處理得越早，損失越小，效果越好；介入、處理得越晚，損失越大，效果越有限。

　　在隱藏期，如果矛盾的一方或雙方對自己的情緒及早發現、感知，並檢查自己的心理狀態，分析原因，主動採取行動予以解決，或尋求幫助來解決，那麼衝突就會被扼殺在萌芽狀態。

　　在感知期，如果矛盾的一方或雙方能夠冷靜下來，檢討自己的非理性思維（參見第四章第四節），做出正確的理性反應，釋放被壓抑的情緒，透過溝通、回饋等行為，消除誤解或產生衝突的根源，那麼潛在的衝突就會轉化為增進理解與合作的契機。

　　在爆發期，如果衝突的一方能夠採取正確的理性反應，控制情緒

化，果敢表達，有效回饋，或藉助第三方力量加以協調，那麼衝突造成的後果就會被控制在有限範圍內，將衝突對雙方的損害降至最低。

　　在發展期／結束期，如果衝突的一方或多方能夠採取有效的衝突管理策略，縮短發展期，或直接進入結束期，徹底解決產生衝突的問題根源，那麼就會變壞事為好事，為不愉快的過去畫上句點，增進理解，並開始建立新一階段的關係。

三、衝突管理的策略

　　衝突影響的領域主要有兩個：利益與關係。依據這兩個維度，美國行為心理學家 K・湯瑪斯（K. Thomas）和拉爾夫・H・基爾曼（Ralph H. Kilmann）建立了湯瑪斯 - 基爾曼衝突管理模型，又稱衝突解決策略模型，如圖 6-7 所示。模型的橫軸為關係軸，反映了衝突方與他人合作的意向程度；模型的縱軸為利益軸，反映了衝突方對自身利益的關注程度。基於此，該模型將管理衝突的策略分為五種：競爭型（關注利益、忽視關係）、迴避型（既忽視利益，也忽視關係）、遷就型（關注關係、忽視利益）、妥協型（在利益與關係上各退一步）與合作型（既關注利益，也關注關係）。

　　（在本節後附有湯瑪斯 - 基爾曼衝突管理模型測試，建議讀者做完測試後再閱讀以下內容。）

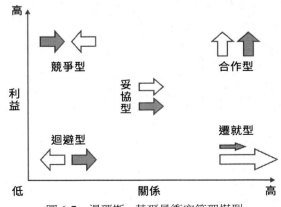

圖 6-7　湯瑪斯 - 基爾曼衝突管理模型

競爭型策略：關注個人目標，追求你輸我贏；將自身利益置於他人利益之上，不惜為個人利益犧牲對方利益和彼此關係。

行為表現：不願傾聽，堅持己見；如有權力則威脅、壓制對方；不耐煩，不合作；屬於強勢型行為。

適用情境：遇到不正當競爭行為時；當個人利益受到重大損害時的報復性行為（如 2015 年 10 月，美國威斯康辛大學控告蘋果公司非法使用該大學專利，結果蘋果公司被判罰 2.34 億美元）；關係不重要，或短期關係（如與商販討價還價，只要利益不要關係；旅遊區「宰客」現象也是由於遊客與商家再次見面的機會微乎其微的原因而導致的）；需要快速採取行動，或在壓力下必須做出決定（如火災發生，強制要求現場人員緊急撤離）；當自己是事件主要負責人，需要承擔後果與責任；身為管理者需要推行不受歡迎的部門決策或上級指令時；堅信個人立場是正確的。

利：目標、利益較易達成；給人果斷、堅決、有勇氣的印象。

弊：利益的獲得是以犧牲關係為代價的；身邊可交往的朋友與同事逐漸減少；如果過於強勢，那麼圍繞著你的謊言將會增多（因為沒多少人敢說實話）。

迴避型策略：既不關注個人目標，也不關注對方目標；既不合作，也不競爭；輸贏無所謂，三十六計走為上；對問題與衝突採取逃避的「鴕鳥主義」策略。

行為表現：不合作，不堅持；不表達立場，不申明主張，「佛系」；屬於退讓型行為。

適用情境：目標毫不重要；有可能被他人利用，或無謂地被捲入毫不相關的事件中去，而自己又不想參與時（比如某同事希望借你之口向上級反應某同事他自己的訴求）；自己力量太過薄弱，無力改變現狀時

（如會議中大多數人同意或反對某方案，你無力改變結果，因此選擇保留己見）；當有更強大的人或力量去改變現狀、解決問題時；如果競爭帶來的損害更大；事件不是很緊急，需要有更多時間去收集更多資訊時（如要為1歲孩子選擇一個好的幼兒園，還有兩年時間去考慮、觀察，所以暫不參與一些幼稚園發出的招生活動邀請）；當職位劃分不清晰，而現在又有更重要的工作要處理時；當衝突源即將消失，衝突能自行解決時（如衝突中的一方即將離職，另一方則無須再在工作上與之競爭）；需要保持中立時（如第二次世界大戰中的瑞士、瑞典等國）。

利：避免衝突，明哲保身；暫時獲得安全。

弊：因無立場，有時給人無原則、和事佬的負面印象；給人軟弱無能、不負責任的印象；衝突很多時候並不因迴避而消失，甚至有時候衝突的能量會因迴避而累積，導致今後發生更大的衝突；不當迴避有時會助長不正之風或不良習氣。

遷就型策略：關係導向，個人目標或個人短期目標不重要，對方需求與關切優於自身當前利益，寧可你贏我輸的一種自我奉獻與犧牲的策略。

行為表現：友好，服從，聽從，認同；關心，回應，傾聽，肯定；忍讓，縱容，違心；無私，慷慨；屬於偏退讓型行為。

適用情境：長久合作關係更為重要時（如對家人或親密的朋友多採用遷就策略）；為了更長遠的聲譽或利益（如春秋末期范蠡，官至相國，但他能急流勇退，拜別廟堂，以保留清譽與性命）；當事實證明自己是錯的，以表明自己的通情達理和謙虛理性；目標與團結更為重要時（如某管理者為了激勵團隊士氣、實現更大目標，將自己應得的獎金分予部下）；目標或利益對對方更為重要（比如慈善是一種基於善意的遷就）；雖然你

的目標很重要，但對方力量更強大時；你比對方更強大而當下的目標不重要時。

利：獲得對方認可或感激，給人大度的感覺；關係得以維繫。

弊：不當或無原則的遷就給人不自信、好欺負、自輕、缺乏擔當精神的印象；容易縱容不良習氣或不正之風。

妥協型策略：既關注雙方目標，也比較關注關係，但是在壓力與資源緊張下的折衷策略，「部分贏」。妥協並不代表在衝突中屈服，而是在競合兩難情境下的一種明智選擇；它是一種平衡、交換、權宜之計；它不是最優，但接近最優。

行為表現：關心彼此的關注點，願意透過談判、協商適度滿足彼此需求；求同存異，懂得妥協，各退一步；屬於偏果敢型行為。

適用情境：目標的重要性中等，即次重要（如清代康熙年間安徽桐城六尺巷的故事，大學士張英令家人把三尺宅地讓與鄰家爭地的吳姓，致令吳姓鄰人非常感動，也退地三尺，形成六尺巷）；耗費太多時間與精力對雙方都是浪費；為達成共同目標但資源不夠；時間壓力下複雜事件的臨時解決方案；雙方勢均力敵，短時間內無法獲勝（如 1215 年英國國王約翰在貴族集體脅迫下簽署《大憲章》法案，國王同意讓渡一部分權利給貴族，貴族則重申對約翰效忠）；合作與競爭策略失敗時的備份策略。

利：解決問題比較快速、果斷；有限資源下的最大獲益。

弊：難以完全滿足任意一方的全部需求；目標無法完全實現。

合作型策略：關注雙方目標，追求雙贏；既關注彼此利益，也關注彼此長久合作關係的建立與維繫。

行為表現：樂於傾聽，願意合作，尋求多種選擇，保持開放創新；屬於果敢型行為。

適用情境：目標對彼此都非常重要；對方是重要合作夥伴；為創造新解決方案，雙方必須合作；競爭會對長期合作關係造成損害；合作是為了彼此的學習與成長，且彼此均會獲益（如有些企業強強聯合，目的是發揮各自所長，讓雙方利益最大化）。

利：創造雙贏，雙方總體上均較滿意。

弊：需要花費時間與精力進行商談與建立信任。

我們在日常的工作與生活中，並不會總是一直採用某種單一策略處理所有衝突，而是會依據當時的情境需要（如彼此力量的對比、時間的緊迫性、事件的重要程度等）採取不同的策略。但我們通常會採用一種我們比較傾向的、與我們性格或習慣接近的策略，這就是我們個體管理衝突過程中的主導策略。它反過來又會影響我們的個性和與人互動的習慣性行為。

很多人在做湯瑪斯 - 基爾曼衝突管理模型測試時表示，競爭型的人並不是最讓人反感的，最讓人反感的是迴避型的人。因為迴避型的人表現出的沒有任何主張、立場的狀態，令人無所適從。對於一個你不知道其內心真實想法、真實需要的人，你的每一個行為都有可能成為迴避型的人利用的地方，因而迴避型的人很容易失去他人的信任。

上面我們介紹了五種衝突處理的策略，它們告訴我們在什麼樣的情境下，大的、方向性的管理策略應該是什麼樣的。但是，衝突來臨的時候，我們具體應當怎麼做呢？

第一，要明確衝突解決的四個原則：①雙贏原則，搞清楚自己需要的是什麼，對方需要的是什麼；②同理心，做到換位思考；③避免情緒化，聚焦在事務與問題上；④權變原則，依據情境靈活處理。

第二，請永遠記住，溝通是解決衝突的永恆之道！我們前面學到過

的果敢表達、同理心溝通、FIFA 負向回饋法等技能，可以幫助我們最大限度地減少衝突帶來的損失。有效溝通能消除刻板印象帶來的偏見與負面情緒，增加理性認知。會議、談判[09]、正式與非正式會談等都是溝通的有效形式，因本書重點就是果敢表達與人際溝通，故此處不展開敘述。

第三，改變一些外在因素有利於衝突的解決。比如更新目標：提出一個超越現有目標的、新的、更高層次的共同目標，該目標不經過雙方合作努力不可能達到；透過更新目標與雙方共同努力可以逐步緩解對立情緒，提升成員對團隊共同目標的忠誠度，弱化彼此分歧，避免潛在衝突；該策略在解決由目標不相容和差異化導致的衝突時尤為有用。又如增加資源：資源不足常常是導致衝突的原因之一，當解決由資源匱乏導致的衝突時，增加資源無疑是非常直接與有效的方法，但管理者需權衡資源增加成本與衝突造成損失這兩者之間的利弊。再如，明確規則與程序：重新劃分工作職權能有效解決由模糊性帶來的衝突，有利於消除誤解，建立公平、公正的工作環境。還有，創新思維：創新思維往往可以在雙方各自建議方案的基礎上，開闢出第三條、第四條甚至更多的道路，是解決衝突的思想利器等等。

第四，尋求第三方幫助。第三方必須是中立的、公平的、公正的。第三方可以是利益不相關者、權威人士（如上級）甚至專門的調解委員會、仲裁小組等。無論是誰，必須保證客觀中立、程序公正、結果公平。

第五，如果是高階管理者，可以透過改變團隊文化、改革內部結

---

[09]　關於談判，有人認為談判是妥協的表現，其實妥協只是談判眾多結果中的一種。談判的結果也可以是合作或遷就等。無論如何，談判的目的是雙方利益與滿意度最大化。這就要了解彼此的具體需求是什麼、底線是什麼、有什麼資源、滿足條件是什麼等諸多因素。談判是一門藝術，在解決重大矛盾衝突的溝通選項中，談判是一個常用選項。

構、降低彼此依賴性，或加強管理人員的衝突管理技巧、培訓員工人際關係處理技巧等方式，減少工作衝突的發生。

第六，關於情緒對衝突解決的影響，請務必謹記以下要點：在處理衝突的過程中，先解決情緒，再解決事務，即先回應情緒，再回應內容；情緒反應先於理性反應，並會對理性反應造成嚴重干擾；以人為中心的衝突相較於以事為中心的衝突更難處理，因為對事的衝突解決問題本身即可，而對人的衝突涉及情緒、習慣、觀點等等；發生衝突，盡量往事務方面引導，消除人的因素，將破壞性衝突引導到建設性衝突方向上去。

湯瑪斯－基爾曼衝突管理模型測試

說明：以下 30 組句子分別描述了人們在不同情境下的不同行為反應。請依據你的自身實際情況選出你認為最符合你過往行為特徵的描述（而非你認為的應該採取的行為），圈出句子前面的字母。也許兩種描述和你的行為皆非十分相似，但是，請你從中選擇一個和你的行為比較接近的描述。

1. A · 有時，我會讓別人來承擔解決問題的責任。

　 C · 在協商時，我強調共同點，而不是針對不同點。

2. D · 我努力尋求折衷的解決方案。

　 E · 我試圖考慮到別人和自己關注的全部事情。

3. B · 我總是堅定地追求自己的目標。

　 C · 我也許會為了維護關係而盡量安撫別人的情緒。

4. D · 我努力尋求折衷的解決方案。

　 C · 有時，為了滿足他人的意願，我會犧牲自己的意願。

5. E·為了解決問題，我不斷尋求別人的協助。

 A·我盡量避免無端產生的緊張氣氛。

6. A·我盡量避免給自己帶來不愉快。

 B·我努力使別人接受我的立場。

7. A·我盡量把問題延後，直到自己有時間對此進行仔細考慮。

 D·我會放棄自己的一些觀點，來換取別人放棄他們的一些觀點。

8. B·我總是堅定地追求我的目標。

 E·我盡量把所有的憂慮和問題公開化。

9. A·我覺得差異並不總是值得擔憂的。

 B·我努力按照自己的方式做事。

10. B·我總是堅定地追求我的目標。

 D·我努力尋求折衷的解決方案。

11. E·我盡量把所有的憂慮和問題公開化。

 C·我也許會為了維護關係而盡量安撫別人的情緒。

12. A·有時，我不會堅持自己的立場，以避免不必要的爭論。

 D·如果別人接受我的部分觀點，那麼我也會接受他們的部分觀點。

13. D·我選擇保持中庸之道。

 B·我竭力堅持自己的觀點。

14. E·我告訴別人我的觀點，並詢問他們的觀點。

 B·我努力讓別人看到我的觀點的邏輯性和好處。

15. C·我也許會為了維護關係而盡量安撫別人的情緒。

A‧我會做一切努力以避免緊張氣氛。

16. C‧我盡量不傷害他人的感情。

B‧我努力闡述我的觀點的好處，以此說服別人。

17. B‧我總是堅定地追求我的目標。

A‧我盡量避免產生無意義的緊張氣氛。

18. C‧如果可以讓別人感到愉快，我也許會允許他們保留自己的看法。

D‧如果別人接受我的部分觀點，那麼我也會接受他們的部分觀點。

19. E‧我盡量把所有的憂慮和問題公開化。

A‧我盡量把問題延後，直到自己有時間對此進行仔細考慮。

20. E‧我試圖立刻解決雙方的差異。

D‧我努力尋求雙方的得失平衡。

21. C‧在進行協商時，我盡量考慮別人的意願。

E‧我總是傾向於直接討論問題。

22. D‧我試圖在自己的觀點和別人的觀點之間尋求共同點。

B‧我堅持自己的意願。

23. E‧我總是希望能夠滿足所有人的意願。

A‧有時，我會讓其他人來承擔解決問題的責任。

24. C‧如果別人的想法對他來說很重要，那麼我會盡量滿足他。

D‧我盡量讓別人接受大家都讓一步。

25. B‧我努力讓別人看到我的觀點的邏輯性和好處。

C‧在進行協商時，我盡量考慮別人的意願。

26. D‧我選擇保持中庸之道。

E‧我總是希望能夠滿足所有人的意願。

27. A‧有時，我不會堅持自己的立場，以避免不必要的爭論。

C‧如果可以讓別人感到愉快，我也許會允許他們保留自己的看法。

28. B‧我總是堅定地追求我的目標。

E‧為了解決問題，我通常向別人尋求協助。

29. D‧我選擇保持中庸之道。

A‧我覺得差異並不總是值得擔憂的。

30. C‧我盡量不傷害別人的感情。

E‧我總是和別人共同探討，共同解決問題。

數一數各個字母被圈的次數，分別填寫在下面的橫線上。

A＿＿＿＿＋ B＿＿＿＿＋ C＿＿＿＿＋ D＿＿＿＿＋ E＿＿＿＿＝ 30

五個數字相加應該等於 30。得分最高的，就是你習慣的處理衝突的方式；得分最低的，就是你不常採用的衝突處理的策略。

A 是迴避型；B 是競爭型；C 是遷就型；D 是妥協型；E 是合作型。

第五節　拒絕與甜言蜜語

一、中華文化與衝突處理方式

在做過湯瑪斯 - 基爾曼衝突管理模型測試的亞洲人中，競爭型與合作型相對較少，妥協型也不多，比較多的是迴避型與遷就型。

　　我們曾在第二章第二節中介紹過文化與宗教對東亞人缺少果敢型行為的影響，這裡我們深入說一下亞洲國家一些特有的文化現象。

　　相較於西方文化的任務導向特徵，中華文化具備關係導向的特徵。這種文化孕育了一些特有的抑制人與人之間表面衝突的文化現象，典型的如愛面子、以和為貴、隱忍等。

　　照理說，文化中的關係導向特徵應該會有很多的合作衝突管理模式出現。但我們知道，凡事皆有度，超過了一定的程度，就是過猶不及，甚至物極必反了。愛面子、以和為貴、隱忍等現象就是過度的表現，它促發了很多迴避型與遷就型衝突管理模式的出現，並引發其他後果。

　　表面衝突被抑制，深層衝突在累積。說它抑制了人與人之間的表面衝突，是因為衝突並沒有因為迴避與遷就而消失；相反，衝突只是在表面上被抑制了、掩蓋了，但它要麼會在背地裡被悄悄地解決掉，要麼會繼續存在，慢慢累積、發酵，變成深層衝突，直到下一次更大的、更強烈的衝突爆發。

　　無法展現原則性與公平公正，並導致衝突處理的低效率。愛面子、以和為貴、隱忍等現象在本質上是一種只以關係為唯一度量的單一角度衡量標準的文化現象，對於事務的是非曲直、公平公正缺乏應有的、原則性的尊重與考量。當衝突發生時，它鼓勵人們選擇忽略或迴避，既沒有展現公平公正的原則，也選擇性地忽視了衝突的積極意義。而且，對面子、人情等的重視，往往會導致在處理衝突時採取多次協商的方式，因而延誤了最佳處理時機，最後大事化小、小事化無，往往不了了之。

　　人的尊嚴被忽視了。隱忍文化在亞洲尤其備受推崇。自古以來的格言名句數不勝數，如「君子矜而不爭」、「小不忍則亂大謀」、「忍得一時之氣，免得百日之憂」、「忍一忍風平浪靜，讓一讓海闊天空」等在民間

廣為流傳。也許有人認為，衝突發生時，依據階級觀念（而非平等觀念）思想，一定是衝突中處於較低階級的那個人會失去尊嚴，其實未必，「唾面自乾」就是一個非常極端的、令人訝異的例子。

這個故事出自《新唐書・婁師德傳》，說的是唐朝武則天時期，大臣婁師德的弟弟被任命為代州刺史。上任前，弟弟來到婁師德家中，向其辭行，並詢問婁師德還有沒有什麼要交代的。婁師德說：「我現在是官至朝臣，你現在又要出任代州刺史，這麼高的榮寵待遇，已經很令人嫉恨了，所以你一定要謹慎行事，懂得忍讓。」弟弟馬上跪下說：「哥哥別擔心，從今往後就算是有人將唾沫吐在我臉上，我也不動怒，擦去就是了！」婁師德說：「這我就要為你擔心了 —— 別人把唾沫吐在你臉上，是對你不滿。你當面擦掉了，等於是違背了他的洩憤之意，反而會增加他的憤怒。那個唾沫，你不擦它也會自己乾的，所以你只要微笑著接受就可以了。」

衝突發生時，如果問題被解決了，或者人的尊嚴得以維護，這兩者中的任一目的達成都是不錯的。但如果問題也沒有解決，人的尊嚴也喪失掉了，那就得不償失了。

重人輕事導致科技與生產力發展受限，社會資源不足，一定程度上限制了衝突的解決。很多衝突實際上是由於缺少資源造成的（比如貧窮，所謂「貧賤夫妻百事哀」）。傳統文化重點放在對人的管理上，發展出了一整套管理、調節人際關係的理論、方法和手段。但是科技發展與經濟成長遠未獲得應有的重視，導致歷史上有一段時間我們在科技發展、經濟發展與社會財富的創造方面與西方有很大差距。這些差距，在一定程度上限制了社會資源對衝突解決的貢獻。

人際導向的衝突處理方式，限制了團隊的創新與活力。這種現象在國有企業和以家族企業為代表的一部分民營企業中表現比較明顯。這些

團隊缺乏對建設性衝突的積極認知，在管理上存在普遍的唯上現象，凡事「唯上級馬首是瞻」，不敢向上級提出不同意見，對上級唯命是從。上級在決策過程中也很少聽取下屬的意見與建議，導致團隊中看似一團和氣，實際上氣氛沉悶，缺乏活力與創新。

這些文化現象，令人們在很多的衝突處理場景中，寧願選擇迴避、遷就或妥協，也不願或不敢嘗試競爭與合作，即使後者可以帶來更大的好處。在人際方面，也產生了兩個特別突出的、互為極端的溝通現象：不會拒絕和甜言蜜語。

二、拒絕

很多人一提到拒絕就會直搖頭：「那太可怕了，我做不到！」他們到底怕什麼呢？他們怕的是一個尚未發生的、想像中的場景：拒絕對方之後，對方可能非常憤怒，雙方關係因此受損。也就是說，他們還沒有採取拒絕的行動，就被自己的想像打敗了。人們如此害怕拒絕的另外一個原因，就是上面提到的愛面子、以和為貴、隱忍等文化觀念。

在果敢表達中，拒絕是一個非常重要的技能！如果我們不能夠在我們不想做的事情上對對方說「不」（比如對方想找我們借一筆大金額的錢救急，或上級分配了一個我們自己完全沒有經驗的、難度很高的工作任務），那麼等於是給對方一個錯誤的訊號，那就是「沒問題，我可以做」，但這遠遠超出了我們自己的能力範圍；另外一個影響就是這違背了我們內心深處自己的真實意願，這令我們對自己產生挫敗感，懊悔、沮喪、焦慮等負面情緒接踵而來，嚴重影響我們的自信和情緒。最糟糕的是，我們要為自己發出的錯誤訊號付出代價，即你要想辦法把自己捅的簍子補上，把答應別人的事，再難也要咬牙去完成。否則，你就是一個

食言的、辜負了他人期待的、缺乏責任感的、沒有信譽的人。

　　如果我們能夠在我們不想做的事情上清晰、明確地對對方說「不」，並且是適時地、果敢地並不冒犯他人地說「不」，那麼我們不僅會令對方了解我們自己的真實能力，理解我們的難處，而且會令自己心安，無須為無謂的承諾而憂心如焚、擔心焦慮，也會增加對自己行為的滿意度；更重要的是，態度清晰的拒絕可以不耽誤對方解決問題的時間，令其有更多的時間和選擇去尋找其他解決方案，也避免了自己成為對方眼中失信的人。

　　在拒絕方面，因退讓與迴避而導致的常見行為表現是：我們經常以違心的、模糊的、錯誤的態度回應。比如當對方提出一個我們在能力上無法完成的請求時，我們會說「行吧」「好的」「我試試看」「我想想辦法」「沒問題，交給我好了，你放心」等。然後我們透過迴避、拖延、遷就等策略延遲承諾的兌現，這令我們在接下來的幾天或幾周時間裡心神不寧、焦躁不安，陷入糾結惶恐的兩難境地。最後要麼是無限期拖延下去，令雙方關係漸行漸遠；要麼是咬緊牙根、打腫臉充胖子去兌現自己能力不及的承諾。

　　那麼具體如何拒絕呢？下面是一個實踐證明比較有效的拒絕七步驟可供大家參考採用：

① 說「不」；

② 如果願意的話，解釋緣由；

③ 明白對方的失望；

④ 如果必要或對方堅持的話，提供其他的解決辦法；

⑤ 重複說「不」；

⑥ 直言自己對對方行為的看法；

⑦　停止討論。

　　舉例如下：某人向你借錢。當然，如果你真的不缺錢，而且他人不壞，真的急用錢，那麼就借給他。如果你手頭真的很緊張，確實沒有閒錢幫他，那麼你要做的第一步是：

　　①說「不」。請注意，這第一步非常重要，因為作為意願的果敢表達的非常重要的一點就是：你需要向對方傳遞非常清晰、明確的回應，避免含糊、模稜兩可，令對方誤解。但這也是很多人難以開口的一步。我們要知道，你拒絕的是他借錢這件事，而不是他這個人。因此，你的「3V」很重要，尤其是你的眼神、語氣、表情。

　　如果他問為什麼，或者你覺得有必要，為換取他的理解，那麼你：

　　②如果願意的話，解釋緣由。這個緣由，是你的真實緣由，而不是編造出來的謊言。因為一個謊言需要更多的謊言去不斷修補，可能會造成更大的麻煩。真實，比任何力量都可以打動人心，並會令你更加自信。

　　如果他繼續申明他的經濟狀況緊張，實在急需用錢，但是你的確有心無力，力有不逮，那麼你需要做的就是：

　　③明白對方的失望。表達你的同理心，換位思考一下他的難處、沮喪，力所能及地在情感上給予他撫慰，然後等待他的回應。

　　④如果必要或對方堅持的話，提供其他的解決辦法。這個其他的解決辦法，不是簡單地把他的求助對象推給第三方（那樣的話第三方也會很為難），而是和他一起探索解決難題的多種可能性。當然，這需要你和他共同分析他的經濟現狀和資金用途，以及各種方案的利弊。

　　如果對方仍然堅持他的訴求，而你仍然認為他的訴求超出了你的能力範圍，那麼你要：

⑤重複說「不」。注意，這個「不」是重複向對方傳遞你清晰、明確的拒絕，稍有含糊，就可能前功盡棄。

其實，通常情況下，對方與我們走到前兩三步就差不多會終止了，不會再繼續往下說。如果對方仍然堅持的話，那麼你就需要考慮、分析一下對方的為人：這個人的人品怎麼樣？信譽如何？自己對他了解嗎？為何他考慮自己優先於考慮他人？……通常一個有修養、有體貼心、值得交往的人，此時會理解對方的難處，也會反省自己的要求是不是超出了對方的能力範圍，轉而在表達感謝之餘去想別的解決辦法。但如果他做不到這一點，你就要考慮一下日後你和這個人是否要繼續來往了。

好了，如果此時對方仍然堅持向你借錢，那麼你可以：

⑥直言自己對對方行為的看法。你可以說：「我真的很想幫你，但我的經濟狀況實在是不允許。如果你堅持這麼做，我會非常為難！」「我非常理解你，但你要我做我做不到的事情，我真的是愛莫能助。」

如果對方仍然堅持，那你應該想想你和這個朋友是怎麼認識的，是否還值得繼續來往。然後，你可以：

⑦停止討論。

在上面的這個例子中，每一步都是環環相扣的，合理而具體；每一個步驟的延續，都是你們關係的試金石。當然，在這個過程中，你的真實和同理心至關重要，這是避免誤解、換取信任的關鍵所在！

有時候，時機的選擇對於拒絕也很重要。如果對方所要求的事情不是那麼緊急，那麼你可以考慮在適當的時候予以拒絕（包括婉拒或有技巧地拒絕）。比如上司分配了一個超出你能力範圍的工作任務給你，你可以不必當場拒絕（免得上司留下你沒有縝密考慮就倉促做出決定的草率魯莽的印象），你可以在第二天或第三天對方情緒比較穩定或高興的時候

告訴他：「老闆，我昨天回去認真考慮了一下完成這個工作任務所需要的時間與能力資源：我如果要完全掌握某技能最快需要 ×× 天，這比完成任務期限要多出兩週時間；或者我們可以增加一個人手，比如讓一個有經驗的人加入這個工作團隊，那麼就需要您來協調一下人員；或者……（你可以多提出一兩個解決方案）您看哪種方案比較好？」這種表達方式既不是完全拒絕，也讓上司看到了你做事細緻認真的一面。

　　剛才說了，拒絕七步驟中每一個步驟的延續，都是你們關係的試金石。在表達拒絕的時候，你要思考一下這個人對你來說意味著什麼，重要性如何，在自己的交際圈中，他的優先順序如何。

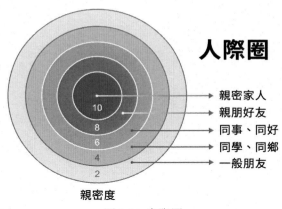

圖 6-8　交際圈

　　交際圈指的是我們每個人都有一個按照關係的親疏遠近、與我們特徵的相似度（種族、國籍、經歷、年齡、性別等）、與我們價值觀的相近度（如性格、愛好、觀點等）所形成的由內而外的、由近及遠的關係圈，如圖 6-8 所示。這個交際圈，決定了我們與身邊所交往的人的親密程度、信任程度、互動頻率和交往價值。與我們關係越親近的（如親密家人是所有人際關係中最為牢固的關係，它建立在血緣的基礎上，不容易改

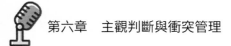

變）、相似度越高的、價值觀越接近的，則親密度越高、信任度越高、互動越頻繁、交往價值越大；反之亦然。

因此，在施以援手或表達拒絕的時候，你要思考一下這個人在你的交際圈中排位如何。因為你的生命有限、時間與精力有限，你需要把有限的時間與精力投入到值得投入的重要的人際關係和事務中去。

當然，馬斯洛需求層次當中那些為了自我實現需求而無私幫助他人、陌生人的情況不在本節討論範圍之內，因為這是兩個完全不同性質的情況。

美國心理學家馬克‧古爾斯頓（Mark Goulston）在其著作《只需傾聽》中說：「如果你說『不』的時候有些猶豫，那你可能有些神經質」；「如果你真的害怕說『不』，你面對的多半是一個『有毒』的人」；「如果從來沒有人對你說過『不』，那『有毒』的人就是你了」。

三、甜言蜜語

下面介紹一下甜言蜜語。為了避免競爭，又想達到目的（迴避與遷就是無法達致自己目標的），有些人就採用這樣一種方式：把真實的目的掩藏在甜蜜的話語之中，透過情感操縱，令對方按照自己的意圖去行事，從而達到不可告人的目標 —— 這就是甜言蜜語，又稱為包裹著特殊目的的糖果或情感敲詐。

甜言蜜語是一種操縱的手段，操縱即掩蓋真實目的的控制。

因為這些目的被「蜜糖」包裹著，所以辨別起來並不那麼容易。如果我們沒能夠辨別，那麼就會在不知不覺中被他人利用，去做一些我們其實不願意或不擅長去做的事情，這會令我們內心產生一種非常奇怪的、困惑的、煩惱的，甚至痛苦的感覺。因為我們不知道究竟是什麼原因令

我們開始去做一件違心或困難的事情。更可怕的是，我們還受到了某種力量的鼓勵和驅使去做它！

如果能夠辨別它，那麼有三點益處：一是可以節約我們的時間與精力，避免將時間和精力浪費、消耗到我們不願意、不擅長的事務上去；二是可以讓我們避免焦慮、困惑及痛苦等情緒化反應；三是可以幫我們認清楚和一些人的關係，是價值高的、價值低的還是根本就無價值的。這種辨別越早，我們付出的代價就越小；辨別越晚，代價就越大；如果永遠無法辨別，我們可能就成為稀里糊塗、不明所以的「冤大頭」。

甜言蜜語具有以下五個特徵：

① 它有一個隱藏的目的；

② 它具有迷惑性，一開始不易辨別；

③ 被利用方會有或短或長的困惑期，即在某一時間或某一段時間內會感覺不舒服，或很不舒服，但不清楚具體原因；

④ 如果被辨別出來，甜言蜜語者通常會否認真實動機；

⑤ 短期有效，長期會導致信任度降低、關係受損或破裂。

有一些誇獎、讚美是發自內心的。它們和甜言蜜語的區別是：前者並不期待從你這裡得到回報，即動機利他，至少不利己；而後者期待回報，即動機利己！

甜言蜜語可以分為如下四類：

（1）有條件地讚美、誇獎、恭維，或給予一些好處（如禮物），如「我需要你，你是唯一能幫助我的人。如果沒有你的幫助，我真不知道怎麼去做，有可能一切都會失敗。」「如果你能幫我做某事，那再好不過了。你真是一個寬宏大量的人，你真是太好了！」

（2）情感敲詐，表現出對你的關心、善意或哀求，令你感到內疚與

恥辱，如「我說這些話不是為了我自己，而是為了你好。」「我很擔心你，你總是讓我這麼不放心。」「這個世界上不會再有第二個人像我這麼關心你了。」「拜託你能幫我一下嗎？你要是不幫我，我就死定了！」

（3）先抑後揚，即先用貶抑的方式打擊你在某一個不擅長事物上的自信心，然後表明對你的支持與鼓勵，如「你在這件事上做得不好，但是別氣餒，你一定行的，相信我，我支持你！」「你看，這事又被你搞砸了。不過沒關係，有我在，我會幫助你的！」

（4）情緒化威脅，情緒化的脅迫是透過溝通後果來操縱某人，其常用詞是「如果」，如「如果你不做，我會很失望（或我不再喜歡你了）！」「如果你不那麼做，我就不跟你說話了！」「如果你辜負了我的好心，你將會內疚的！」PUA（Pick Up Artist）就是情感勒索的一種：「你如果愛我，你就應該如何如何去做！」「你覺得我還不如某某某嗎？那你為何不去那麼做？」

甜言蜜語者透過這些情感勒索的手段，對你進行情感控制或行為控制，是另有他圖。有些人會不斷嘗試觸碰你的底限，利用情緒（恐懼、擔心、壓力等）來巧妙地控制你。當你感到有人讓你做你不想做的事情時，你就應該意識到你「被操縱」了。

例一：你在商店裡看上了兩件衣服，一件藍色的，價格高一些；一件灰色的，價格低一些。你更喜歡灰色的，因為除了顏色不太張揚外，它的價格也是你可以接受的。這時售貨員誇獎說：「你穿那件藍色的更好看一些。」此時你要想想他說這話的目的是什麼，而你真正想要的是什麼。

例二：已經分手的前任情人有一天打電話過來給你，說：「親愛的，我很想念你，你能過來陪陪我嗎？我最近總是夢到你……」而你知道，

他現在正在和另一個人談戀愛。請你在做出回應前，思考一下他的動機是什麼，他想從你這裡得到什麼，你怎麼看待你們之間的關係。

　　例三：同事小李下班前跑過來小聲對你說：「老闆又在我們面前責備你了。不過沒事，你還有我呢！」說完拍拍你的肩膀，溫柔地對你使了一個眼色，然後走開。此時你要想想你當下的心情如何，他想傳遞什麼訊息，然後觀察接下來幾天會發生什麼。

　　例四：你的上司把一個非常難搞的客戶交給你負責，對你說：「這個客戶交給你了，別讓我失望！」他明明知道你是新手，在客戶管理方面沒有任何經驗。那麼你要想想他這麼做的目的是什麼，你該怎麼回應。

　　請讀者嘗試著做一下下面的思考題，看看以下的句子是屬於上述哪一種甜言蜜語的類型（按「1. 有條件讚美；2. 情感敲詐；3. 先抑後揚；4. 情緒化威脅」在每一句話後面標上類別序號即可）：

1. 你最好現在就去做某事，否則會有很大的麻煩！
2. 如果你這麼做，那我們的客戶到底會怎麼看我們？
3. 你得罪了客戶，老闆和同事們一定會覺得你能力不行。不過別擔心，這不是世界末日。
4. 小張都做了（某事），你為什麼不也做呢？
5. 如果你是一個好員工，那麼你就應該去做，證明給他們看。
6. 你能負責這件事嗎？拜託了，就靠你了！
7. 這樣做對你有好處，相信我，我不會害你的！
8. 你能這麼做真是太好了！我太喜歡你了，你太棒了！
9. 你真的不能幫我嗎？求你了，我今晚也想按時回家。
10. 如果現在你能把這個問題解決了，那麼你在公司其他人眼裡的形象會更好。

（答案在本節最後）

現在，我們了解了什麼是甜言蜜語，以及它的特徵、類別和識別方法。那麼當它來臨的時候，我們如何回應呢？這裡介紹三種比較有效的回應方式：

（1）只接受讚美，謝絕其他訴求。你可以說：「謝謝你的誇獎！我可以自己決定！」注意，表達態度要果敢，讓對方清晰地知道你的意願！

（2）透過詢問澄清原因、動機與目的。如果你不清楚他的動機，可以透過詢問，提出開放式問題對其目的進行澄清，如「你想要什麼？」「發生了什麼？」「說說你希望我這麼做的原因。」然後依據他的回答和 FIFA 負向回饋技巧（參見第五章第三節）予以回應。

（3）直接表達真實想法或拒絕。如果你對他的動機已經了然於胸，那麼可以直接地表達出你內心的真實想法，告訴他你不想做的原因，或勇敢說「不」！

對於身邊的那些甜言蜜語者，你要果斷設定界限，與他保持一定距離，距離的遠近由你自己決定。當然，你也可以選擇退讓，去做你不想做的事情 —— 如果你是為了維繫關係，比如對方很重要 —— 但你要考慮代價，並思考這是否是你想要的。選擇在你手中！

通常來說，直接表達、誠實表達，更容易獲得他人信任，但我們身邊並不全是這樣的人。筆者就曾經遇到過這樣的同事，他用先抑後揚的方式不斷打擊你的自信心，又彷彿總是站在你身邊在鼓勵你、支持你 —— 其實他想要的只是控制你，讓你覺得你離不開他，然後他會不停地從你身上索取他想要的東西。一旦你對這樣的人產生了依賴心理，那你就要小心了！

請各位讀者思考一下：你身邊有這樣總是甜言蜜語的人嗎？他們多

嗎？為什麼他們會出現在你身邊？他們想得到什麼？你能得到什麼？這是你想要的關係嗎？如何修正這種關係呢？

　　在本章，我們論述了衝突管理及與之相關的若干話題。如我們之前所言：只要有人，就一定會有衝突，這是由人的本性決定的。也正是由於我們都是人，因而透過對我們的立場、爭論區和各自利益區的表達、溝通與協商，我們總能夠找到我們的共同利益區。這就是衝突管理的冰山模型，如圖 6-9 所示。而這，就是解決彼此矛盾與衝突的關鍵所在！

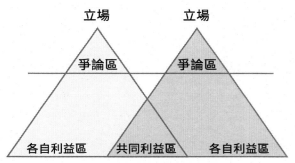

圖 6-9　衝突管理的冰山模型

　　最後，筆者以這句話作為本章的結束：發生衝突再解決是亡羊補牢；未雨綢繆、防患未然才更為明智。如果你已經仔細閱讀了前面幾章的內容，已經可以避免生活與工作中 90% 以上的衝突。希望本章闡述的解決剩餘 10% 的衝突的內容，讀者應用它的場合越少越好！

▍附：本節甜言蜜語測試題答案

（以下順序是按照第 1 ～ 10 題的先後順序排列；下面的序號所表示的甜言蜜語類別分別是「1. 有條件讚美；2. 情感敲詐；3. 先抑後揚；4. 情緒化威脅」）：

4、4、3、4、4、1、2、1、2、4。

第七章　人際互動規律

　　長大以後，我知道天氣對人的影響有多大，它直接關係到我們的日常工作與生活安排。現在，我如果出遠門，也會偶爾看一下目的地的天氣情況，以備出行物品。

　　在經歷了二十餘年的職業生涯，累積了無數的人際互動經驗之後，尤其是最近的十多年在行為心理學領域的實踐與探索，我發現：人與人之間的行為互動，也如天氣預報一樣，是有規律可循的。特別是行為心理學大師提摩西‧李瑞（Timothy Leary）的人際互動理論，揭開了人際互動的祕密，令人醍醐灌頂，茅塞頓開。一旦掌握了這些規律與祕密，我們在工作與生活中的人際互動方面的技巧將如虎添翼。這將令我們工作更順暢，生活更順心，人際關係更加和諧！

第一節　行為引發行為

一、什麼是行為引發行為

　　不知你是否發現，我們在工作、生活中經常會遇到相似的困境，比如我們跟某個人很難平心靜氣地溝通，見面說不了兩句話就發生衝突；又如有人總是依賴你，什麼事情都找你解決，什麼決定都找你做；再如有人總是特別堅持自己的想法，一點也不給你講話的機會；還比如有人無論你說什麼都有理由反駁你。

　　另外，我經常聽到的人們抱怨最多的幾個現象是：受長輩溺愛的孩子長大後獨立性差；情侶、夫妻之間會莫名其妙地爭吵；老闆看上去總是那麼嚴厲；客戶的需求沒完沒了、永不滿足。

　　其實，很多時候，對方的行為，是由我們自身的行為所引發的。我

們對對方行為的反應，也有很多是由對方的行為觸發的。或者可以這麼說，我們可以透過調整自己的行為，引導對方的行為反應；也可以透過對方的行為，預測他下一步的行為反應，然後思考自己的行動策略，以期達成自己的意願目標，或雙方共同的意願目標。

這種由人際互動產生的彼此行為互相激發的現象，叫行為引發行為！

比如以下情侶間的對話：

男：「你怎麼又遲到了？」

女：「女孩子打扮久一點遲到了不是很正常嗎？」

男：「誰說女孩子遲到就是正常？」

女：「唉，我們難道要為這個吵一晚上？」

男：「好吧，下不為例。你想看哪部電影？」

女：「你說吧，你愛看的我都愛看！」

男：「好啊，那就看新上映的《××》吧！」

女：「行，就這麼決定了！」

…………

剛一見面就吵架的一對情侶，說沒幾句竟然又和好如初，手挽手進電影院了。各位讀者，你有沒有看出來，劇情反轉是由誰引發的？是哪一句話引發的呢？（答案在後面揭曉）

二、支配度與關係度

我們先來介紹一下人際互動過程中的四種行為。這四種行為，是由兩個維度分隔出來的，分別是支配度與關係度。

支配度指在事務處理過程中，對事務起主導與支配作用的維度，即

誰說了算。

關係度指在人際互動過程中，對關係或任務的傾向性的維度，即關係和任務哪個更重要。

關於支配度：人際互動中，只要產生意願（希望達到某目的），為了實現該意願，要麼你主導、影響他人，要麼被他人主導、影響。比如 A 向 B、C 兩人提出旅行的建議，B、C 對去哪旅行無所謂，是被主導，是從屬行為；A 在倡議、策劃，是主導行為。支配度的兩個端點分別是主導行為（又叫向上行為）和從屬行為（被主導行為，又稱向下行為）。

主導行為的特徵有：身體直立，眼神交流，大聲說話，積極主動。其目的是影響他人，這樣的行為通常能量較高。

從屬行為的特徵有：仰視或低頭，很少眼光交流，輕聲細語，被動行事。其目的是配合他人或不去影響他人，這樣的行為通常能量較低。

過於關注主導行為的優點是能控制局面、引領方向；缺點是給人居高臨下、趾高氣揚的感覺。過於關注從屬行為的優點是合作配合、不產生矛盾；缺點是忽略自身感受，被人頤指氣使。

對他人施加影響力的一個方式就是改變主導地位。如果你從不表現自己，別人就不會注意到你。沒人注意的人永遠不會得到別人重視，那麼就會居於從屬地位。能大聲、清楚地表達自己觀點的人總是更容易得到他人的傾聽。

關於關係度：如果關注關係，則雙方合作意向高；如果關注任務，則對方感受會不太好，容易產生對立情緒。如 A 提議這次旅行去南部，並堅持己見，不容 B、C 提出異議，那麼可以說，A 關注的是「我」的任務，而非「我們」的關係，那麼 B、C 因為想法被壓制，則很有可能會心理抗拒。關係度的兩個端點分別是合作行為（又叫我們行為）和對立行為

（又叫我行為）。

　　合作行為的特徵有：目光接觸，態度友好，經常微笑、打招呼、握手等，以表達親密。其目的是認同彼此觀點，這樣的人通常親和度較高。

　　對立行為的特徵有：很少或沒有眼神交流，表情嚴肅，舉止冷漠，保持距離。其目的是維護個人利益，這樣的人通常親和度較低。

　　過於關注合作行為的優點是能夠確保和諧的氣氛，與他人保持融洽關係；缺點是過於關注對方感受，不敢給出任何回饋。過於關注對立行為的優點是維護自己的立場、利益與界限；缺點是忽略他人感受，從而導致對方抗拒。

　　只關注任務的人，通常也會被周圍的人孤立或忽視掉。如果你想與周圍的人打成一片，那麼需要多關注別人的感受，畢竟任務是需要合作完成的。

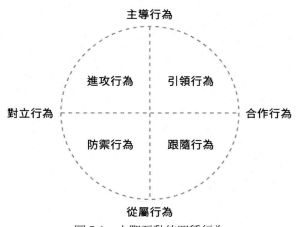

圖 7-1　人際互動的四種行為

　　支配度與關係度兩個軸共有四個端點：主導行為展現了主動性；從屬行為展現了支持性；合作行為展現了積極性；對立行為展現了抵抗性。

它們將行為分成四種基本類型，分別是：由主導行為與合作行為構成的引領行為；由合作行為與從屬行為構成的跟隨行為；由從屬行為與對立行為構成的防禦行為；由對立行為與主導行為構成的進攻行為，如圖 7-1 所示。

我們來看四組對話的例子。

例一：導遊一邊舉著小旗子引導著旅行團的十幾名成員參觀景點，一邊熱情地說：「各位遊客，請排好隊，往這邊走，注意腳下，不要走散了。在您的右手邊，就是著名的⋯⋯」其中一個團員打斷導遊道：「不好意思，請問能停一下嗎？我想去廁所。」「您稍微忍一下可以嗎？再往前走 300 公尺有公廁，我們在那裡可以休息五分鐘。」「好的，好的，謝謝你！」

例二：小菲和小麗是閨密。一天，小菲對小麗說：「你看現在追我的那個家豪，人品怎麼樣啊？」「不清楚啊，我對他也不了解。」「那怎麼辦啊？」小麗道：「你看這樣如何？我們趁連假叫上他一起去旅遊，也正好藉這個機會考察一下他的人品和在乎你的程度。」「嗯，這主意好！我覺得可以！」

例三：老闆把報告甩到辦公桌上，對員工小陳大聲說道：「給你一個星期的時間，你只寫出這樣的報告，你做調查了嗎？」「做了！」「做了還寫成這樣！」小陳辯解道：「調查是我和小趙一起做的，報告也不是我一個人寫的。況且，這種報告我以前沒寫過，不知道怎麼寫。」「不知道你不會來問我嗎？」「是可以去問您，但我不是怕您在忙嘛！」

例四：小張和小李是同事。小張對小李說：「我們部門的經理正在調查是誰向公司財務部門投訴了他亂用公關費的。」小李不安地說：「他不會懷疑是我吧？」「如果不是你做的，你心虛什麼？」「誰心虛了？」「我

說你心虛了嗎？別胡思亂想了！好好工作吧！」

　　上面的幾個場景是不是很熟悉？

　　在例一和例二中，導遊和小麗所表現出來的行為就是引領行為，團員和小菲的行為就是跟隨行為；在例三和例四中，老闆和小張所表現出來的行為就是進攻行為，員工小陳和小李的行為就是防禦行為。他們之間的行為是互相激發產生的。

三、四種人際互動的特點

　　在了解激發規律之前，我們先來了解一下四種典型人際互動的特點。

1.引領行為

　　引領行為的特點是：事情自己做主，兼顧他人感受；具有較強的影響力，主要關注人際關係，並具有主導行為（不是領導力）；採取主動，發起談話；邀請他人參與決定；表達強而有力；喜歡成為關注的焦點；友好、合作、掌控，能量更高。

　　引領行為的動機與需求是：我想要被尊重；我需要被聽到和看到；我要分享我的想法；我希望保護你，以免糟糕情況發生；關係很重要；我想要一個和諧的氣氛；希望給予並獲得感激。

　　引領行為的非語言和語言特徵是：行動比較直接，看上去很友好，身體直立，有很多目光交流，鼓勵性的微笑，聲音洪亮、堅定；勇於承擔責任，令人值得信賴；主動積極，透過詢問使他人感到被融入，甚至親密的肢體接觸。用詞顯得非常自信，肯定、積極，很少有大概等的模糊用詞。

2 · 跟隨行為

跟隨行為的特點是：行為針對他人；謙和、禮貌、尊重他人；跟隨、配合，甚至依賴；贊同對方觀點，不採取主動，按別人的要求做，經常說「是的」；能量低，存在感弱；容易被別人影響，缺乏影響力。

跟隨行為的動機與需求是：取悅他人，希望受到歡迎，被對方喜歡，做對方眼中的好人；想要融洽的關係，不希望發生衝突；致力於營造和諧、良好的氣氛；相信他人會有更好的主意，而不是自己；如果自己犯了錯，別人會生氣的。

跟隨行為的非語言和語言特徵是：根據他人的意圖來調整自己；點頭、微笑、謙恭，甚至羞怯；肢體動作較小，行為含蓄、收斂，說話適可而止，或比較安靜；謹慎、短促的目光接觸，禮貌性的微笑，聲音比較柔和；通常以身體語言回應他人，比如一個點頭，或聳聳肩膀等，常用語「好的」、「是的」、「隨便」、「聽你的」；通常會問一些問題，而不是先評價；表達委婉，即使有一些點子也會用同樣的方式來表達，以至於會被他人借鑑作為他們共同的點子。

3 · 進攻行為

進攻行為的特點是：行為針對任務或自己，強調自己的觀點、利益；目標明確，喜歡挑戰別人，進攻、爭奪，命令別人，不關注他人感受；採取主動，以獲得影響力。

進攻行為的動機與需求是：我想、我要知道、我要搞清楚、我要控制；目標是重要的、首要的；任務必須完成；你必須聽我的；每個人都須盡力，每個人都必須為目標做出調整。

進攻行為的非語言和語言特徵是：頭腦非常冷靜，很少眼神交流，

肢體動作大，動作也比較誇張，有時會站起來或大步來回走；做事迅速，缺少耐心；有時候會誇大自己的成就，貶低別人的成果，試圖讓他人留下深刻印象；對他人或他人的想法鮮有興趣；表達直接，提出建議，主導談話，聲音洪亮；不許別人打斷自己，但經常會不考慮對方感受而打斷他人。

4・防禦行為

防禦行為的特點是：行為不針對他人，而是針對自己或任務本身；有時嘴上說「是」，但行動上不做；提出批判性的問題，經常說「是的，但是……」；否定他人觀點，表示抗拒、抵抗；時刻警惕，被動消極；易挑剔，忽略他人，但很少提出自己的主見。

防禦行為的動機與需求是：安全很重要，不希望衝突；對成果感到恐懼（畏懼他人的評判）；對長時間工作、對超過負荷的工作量感到恐懼；擔心自己的能力，希望自己能夠做到、做好，並按時完成任務；有時表現得比較順從他人，期望一切順利就好。

防禦行為的非語言和語言特徵是：站姿或坐姿傾斜、晃動，很少的目光接觸；言辭閃爍，或說話不多；安靜，有距離感；無論對方說什麼，表情都通常顯得冷淡、乖戾；對他人的反應較為牴觸，或不得不做出他人期待的行為；對多數事與多數人都充滿抱怨，吹毛求疵，強調反對意見；很少採取主動，在對話中亦然；透過「是的，但是……」的表達方式來卸責。

四、人際互動的規律

在例一中，導遊居於主導地位，他既要完成帶領大家遊覽景點的任務，同時也非常關注大家的感受。當有遊客提出去洗手間的請求時，他

說：「您稍微忍一下可以嗎？再往前走 300 公尺有公廁，我們在那裡可以休息五分鐘。」在這種行為引導下，遊客說：「好的，好的，謝謝你！」遊客展現了從屬與配合的姿態。主導行為引發了從屬行為，合作行為引發了合作行為。簡言之，引領行為激發了跟隨行為。

在例二中，本來小菲和小麗對於如何看待小菲的追求者家豪沒有任何觀點。但當小菲問「那怎麼辦啊」，表現出了毫無主張之後，小麗就出了一個連假出遊考察家豪的計畫，而該計畫也獲得了小菲的首肯。小菲的從屬行為激發了小麗的主導行為，彼此的合作行為引發了合作行為。簡言之，跟隨行為激發了引領行為。

在例三中，老闆居於主導地位，且只關注任務的完成（要把報告寫好），毫不關注員工小陳的感受。小陳被迫辯解，處於防禦地位，並也發出了抱怨、對立的情緒。主導行為引發了從屬行為，對立行為引發了對立行為。簡而言之，進攻行為激發了防禦行為。

在例四中，當小張說「我們部門的經理正在調查是誰向公司財務部門投訴了他亂用公關費」時，引發了小李的不安。他防禦性地說：「他不會懷疑是我吧？」這句話引發了小張進攻性的語言：「如果不是你做的，你心虛什麼？」接下來小李繼續防禦並對立：「誰心虛了？」小張繼續進攻並對立：「我說你心虛了嗎？別胡思亂想了！好好工作吧！」從屬行為引發了主導行為，對立行為引發了對立行為。簡言之，防禦行為激發了進攻行為。

綜上所述，關於行為引發行為的總結如下：

主導行為引發從屬行為，從屬行為引發主導行為，此為互補／相反關係；

合作行為引發合作行為，對立行為引發對立行為，此為對稱／相等關係；

引領行為激發跟隨行為，跟隨行為激發引領行為；

進攻行為激發防禦行為，防禦行為激發進攻行為。

上述人際行為互動的規律，如圖 7-2 所示。

回到本節一開始所描述的情侶間對話，不知讀者有沒有找到劇情反轉的節點？是由誰的哪一句話引發的？對比上圖「人際互動的規律」，我們來分析一下：

男：「你怎麼又遲到了？」（進攻行為）

女：「女孩子打扮久一點遲到了不是很正常嗎？」（防禦行為）

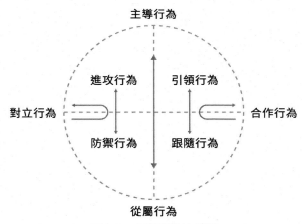

圖 7-2　人際互動的規律

男：「誰說女孩子遲到正常？」（繼續進攻）

女：「唉，我們難道要為這個吵一晚上？」（注意女生的用詞「我們」，把對立狀態拉到了對面的合作狀態。這是劇情反轉的節點，並且該女生以商量的口吻表現出了從屬行為的姿態，即女生處於跟隨象限）

男：「好吧，下不為例。你想看哪部電影？」（女生成功地以從屬行為的姿態將男生推到了主導行為的姿態，即以跟隨行為將男生激發到了引領行為）

女：「你說吧，你愛看的我都愛看！」（女生繼續待在跟隨象限）

男：「好啊，那就看新上映的《××》吧！」（男生被繼續激發處於引領象限）

女：「行，就這麼決定了！」（女生繼續跟隨）

…………

本節講述了兩個維度、四種行為以及行為引發行為的規律。這些規律皆是人的本能反應。本能反應中，有有效成分（促進理解與溝通的部分），也有無效成分（損害理解與溝通的部分）。那麼，怎麼做才能規避無效成分，有意識地促進有效成分、促進彼此的理解與溝通呢？

第二節　行為暫止與解鎖金鑰

一、行為模式

人際互動的規律揭祕了人們在溝通互動的過程中，為什麼有些語言、行為會被激發，為什麼有些衝突看似不可避免地發生；也揭祕了為何有些溝通大師、談判專家、行為心理學專家能夠化危為機，巧妙地解決衝突。

可以說，這個規律是基於關係覺察基礎上的溝通規律。處於溝通或互動中的人們經常會有意無意地透露出雙方之間關係的蛛絲馬跡，尤其是非語言行為，暗示旁觀者他們喜歡對方或厭惡對方。也就是說，考慮到彼此或遠或近的關係，人們通常不會隨意回應溝通對象。在大多數的人際互動行為中，存在某種類似於天氣規律般的行為模式，一方的行為通常可引發可預知的對方反應。一旦理解了這些行為模式，我們不僅可

以覺察雙方關係的親疏遠近，甚至階級關係如何，而且可以在人際互動過程中掌握更大的主動權。我們可以有針對性地回應，增大干預的機會，而不是像過去那樣出於本能地、機械地回應。

有主導行為傾向的人通常會視自己高於他的溝通對象；有從屬行為傾向的人通常會不自覺地視自己低於與他互動的人，即他通常默許了對方為採取行動的主動方；有合作行為傾向的人暗示了他渴望合作的意願；有對立行為傾向的人通常會本能地抗拒互動式（合作）互動方式，並以自己為導向。

行為的模式因此衍生，比如關懷行為會誘發依賴行為，順從行為會激發主導行為。這裡列舉兩個比較典型的行為心理現象。

很多人都知道年輕人血氣方剛。比如兩個互不相識的年輕人在大街上偶然相遇，其中一個隨便看了對方一眼，則 A 可能會問：「你看什麼看？」B 如果防禦性地回應：「不能看嗎？」那麼就會進一步激發 A 的進攻性回應，則雙方的衝突不可避免。

斯德哥爾摩症候群（Stockholm Syndrome，又稱人質症候群），指的是被害者對於犯罪者產生情感，甚至反過來幫助犯罪者的一種情結。這實際上是一種主導行為激發從屬行為的心理現象。

1973 年 8 月的一天，兩名有前科的罪犯約翰和克拉克在意圖搶劫瑞典首都斯德哥爾摩市內最大的一家銀行失敗後，挾持了四位銀行職員。罪犯在與警方僵持了近六天之後，最終放棄挾持人質並釋放了他們。然而令人大跌眼鏡的是，事件發生幾個月後，這四名被劫持過的人質仍然對兩名綁架他們的罪犯表露出憐憫之情，他們拒絕在法院指控這兩個綁匪，甚至還為他們籌措聘請辯護律師的資金。他們不僅不痛恨歹徒，而且向大眾表達他們對歹徒沒有傷害他們、照顧他們一事充滿感激。更

有甚者，人質中一名女職員還愛上了劫匪克拉克，並與他在服刑期間訂婚。

這件事激發了社會學家、行為心理學家的好奇心。透過類似案例的調查，研究者們發現類似例子散見於各種不同的報導或經驗中，從集中營的囚犯、戰俘到受虐待的女性，都有發生斯德哥爾摩症候群的可能或體驗。進一步的研究揭示：當某人遇上一個瘋狂的殺手，面臨生命危險的時候，如果殺手在一定時長的控制過程中，對處於險境的人質稍加照顧與體貼，便會激發人質對殺手的不殺之恩的感激之情，甚至會覺得殺手提供的每一口飯、每一滴水都是對自己的恩賜和慈悲，對歹徒的恐懼也會轉化為感激與崇拜。這種對劫持者產生心理依賴，並進一步把劫持者的安危視為自己的安危，把劫持者的利益視為自己利益的現象，揭示了一個殘酷的人性弱點的真相：有些人是可以被馴服的！從心理學的角度看，有奴隸主，就會有奴隸；有施虐狂，就一定會有受虐狂。

各位讀者，你有沒有一種行為激發另一種行為的經歷呢？

如前所述，行為引發行為：主導行為引發從屬行為，反之亦然；合作行為引發合作行為，對立行為引發對立行為；引領行為與跟隨行為互相激發，進攻行為與防禦行為互相激發。

以上規律是人的本能反應。這些本能反應有些是有效的，能促進雙方的理解與溝通，或促進目標與任務的完成；有些是無效的，會損害彼此的理解與溝通，或無法促進目標與任務的完成。

舉個例子，大街上有人搶劫，這時我們如果採取從屬行為，比如當事者哀求、旁觀者迴避等，就會激發搶劫者的囂張氣焰，這就是無效行為；如果我們採取主導行為，比如當事者予以適當抗拒與斥責，或旁觀者強而有力地干預和制止，那麼搶劫者很可能會知難而退，降低犯罪行

為的傷害度，這就是有效行為。也就是說，如果你想刻意地達到降低搶劫者犯罪行為傷害度的目的，為了讓對方採取從屬行為而有意選擇主導行為的時候，那麼你選擇的行為，就是有效的。

引領行為在需要刻意引發跟隨行為的情境下是有效的，比如當需要做出決定，提出建議、想法與解決方案的時候；當需要承擔責任的時候；在對方極須幫助的情況下；當需要對方參與或配合的時候；對方需要鼓勵、激勵、被給予信任的時候等。

跟隨行為在需要刻意引發引領行為的情境下是有效的，比如，服務從業人員（如護士、志工、客服等）提供對方所需服務的時候；需要創造和諧、溫馨氣氛的時候；當對方需要我們給予配合的時候；當需要徵詢對方意見或建議的時候等。

進攻行為在需要刻意引發防禦行為的情境下是有效的，比如需要制止犯罪行為或制止對方不當行為的時候；緊急情況下需要強而有力地表達觀點或發出指令的時候；維護自己或他人合理權益的時候；期望快速實現目標與任務、效率第一的情況下等。

防禦行為在需要刻意引發進攻行為的情境下是有效的，比如需要激發對方創新思維的時候；需要對方採取批判性思維，以激發更多解決方案的時候；當對方能夠做主、無須我們提供多餘幫助的時候等。

人際互動規律所激發的人的本能反應，有些是有效的，可以促進雙方的理解與溝通，或促進目標與任務的完成；有些是無效的，會損害彼此的理解與溝通，或無法促進目標與任務的完成。如果我們在特定情境下的本能反應是適度的，或為刻意達成某個目標而做出理性反應，有意識地選擇某一行為，以激發對方產生我們所期望的本能反應，那麼這個行為選擇就是有效的！

二、行為暫止

　　但是生活中我們看到的很多的人際溝通與互動，都不是在適度的本能反應或基於理性反應的刻意選擇的行為互動過程中進行的，這是人際衝突頻發很重要的原因之一。那麼如何做到理性反應，理性選擇我們的行為呢？這就要從無效行為導致的行為暫止說起。

　　無效行為指的是我們在某一方面做得太過，從而無法達成我們所期望的目標的行為。

　　比如一個媽媽為了養育孩子，會主導一些事情，她居於主導狀態；孩子處於被照顧的從屬狀態。兩人的相伴表示兩人都處於合作一端，媽媽在引領，孩子在跟隨。想像一下這位媽媽對孩子的照顧無微不至，以至於孩子飯來張口、衣來伸手，毫無自立意識和自理能力，最後導致孩子什麼都不會做。那麼可以說，這個媽媽在引領方面做得太過了，以至於孩子在跟隨方面也表現過度，過分依賴。

　　再如，一位公司管理者經常會安排工作給下屬，這位管理者行事又以目標為導向，不太顧及員工的感受，即他居於主導、對立狀態下的進攻象限；那麼如果他的下屬在工作上能夠相對獨立地、保證品質地完成上級分派的工作，居於從屬、對立狀態中的防禦象限，那麼兩人的配合也還可以，不至於發生太大的問題。但如果這名員工在工作中總是推託任務或推卸責任，在防禦方面做得過度了，那麼就會強烈激發這位管理者的進攻行為，導致該員工要麼經常被訓斥，要麼最終被解聘。

　　過度行為會導致產生與我們目標偏離或背離的結果，進而引發衝突，造成行為暫止（行為互動無法繼續進行下去或停止）的無效結果，如圖 7-3 所示。

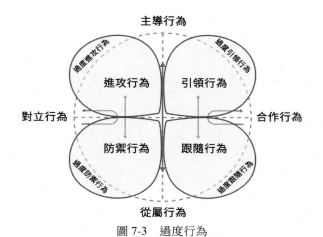

圖 7-3　過度行為

　　過度引領行為，比如頤指氣使，發號施令；經常高高在上，總想成為注意力的中心，喜愛被阿諛奉承；過度給予與幫助；無法授權，承擔過多，累得要死；凡事都要過問，總是給建議；心太軟，愛心氾濫等。

　　過度引領行為導致的後果包括：產生屈從、依賴，或產生反感、對立；對方主動性被壓抑，助長對方需索無度；自己勞心勞力、過分擔心。

　　過度引領行為的常見事例包括：父母溺愛孩子；一擔米養恩，十擔米養仇。

　　過度跟隨行為，比如過於客氣，總是道歉，為避免衝突凡事都同意；毫無主張，漠不關心；依賴索取，怯懦軟弱，不敢承擔責任；逃避風險，不思進取。

　　過度跟隨行為導致的後果包括：激發對方的控制慾，導致被支配、被利用；很容易被影響，易於受騙，易被愚弄；激發對方退出（不想與這個懦夫有任何關係），避免依賴。

　　過度跟隨行為的常見事例包括：拉幫結派，效率低下；拍馬屁，阿諛奉承。

　　過度防禦行為，比如害羞，自我封閉；態度冷淡，難以接近；無條件服從，或不理會他人；不信任，頑固，抱怨，嘮叨；反對任何事情，牴觸他人建議；多疑，叛逆；敵對，爭吵，不願社交，被人遺棄。

　　過度防禦行為導致的後果包括：被人視為無能者、失敗者，激發對方的傲慢、優越感、優勝感；順從行為激發主導行為。

　　過度防禦行為的常見事例包括：青春期抗拒父母，或過度防禦型父母培養出進攻型孩子；過於抗爭，凡事都給予批判。

　　過度進攻行為，比如傲慢自負，自命不凡，冷漠無情；不耐煩，不顧及他人的感受；勢利自戀，獨斷專行，剛愎自用；毫無理由或動機不明地進攻；諷刺挖苦，苛責指斥，人身攻擊，挑戰一切；懲罰，虐待，無理智地破壞。

　　過度進攻行為導致的後果包括：引發強烈質疑，導致對立與爭執；管理者太過專斷導致下屬離職。

　　過度進攻行為的常見事例包括：對小孩子大吼或欺負老實人；權力欲過多。

　　過度行為激發的本能反應通常是無效的，因為它會損害彼此的理解與溝通，或無法達致我們期望的意願或目標，造成行為暫止，即行為互動無法繼續進行下去或引發衝突。

　　例一：2019 年 9 月被廣泛轉載的一則國外新聞報導：某國中老師在早上第一節課進教室時，看到送餐人員正在統一回收孩子們的餐具。老師走過去發現，餐盒裡剩的全是雞蛋，一共有三十九個，班裡有四十五名學生，說明只有六個人吃了雞蛋。後來經過詢問得知，原來是多數孩子不會剝蛋。家長們的過度引領行為引發孩子們的過度跟隨即依賴心，導致孩子們自理能力很差。

　　例二：2016 年底網路廣為流傳的一則影片：一名二十一歲的年輕人面對鏡頭採訪時說，他在當地行乞九年，總共收入八百三十七萬元，日均進帳兩千～四千元。年輕人的過度跟隨行為 —— 依賴索取，引發過度引領行為 —— 路人不明就裡、毫無原則的愛心施捨，助長了好逸惡勞的不正之風。

　　例三：經理分配任務給某員工，員工問：「經理，能換個工作嗎？這個工作我負責過很多次了，一點挑戰性都沒有。」經理反問道：「不想做了？那你想做什麼？」「什麼都行，只要別做這個！」「你翅膀硬了，開始挑三揀四了是嗎？不行！」「我不想做！」「你必須做！」員工的過度防禦行為引發經理的過度進攻行為，行為無效，導致互相牴觸。

　　例四：父親生氣地對兒子說：「說，你昨晚又去哪裡鬼混了？那麼晚回家！」「你為什麼老愛管我？」「管你，是因為我是你爸！」「我知道你是我爸，但是我長大了，我可以自己做主！」「你長大了？你可以養活你自己嗎？」「你要是不想養，可以不養！」此處，父親的過度進攻行為引發兒子的過度防禦行為，行為無效，產生衝突。

三、行為暫止的解鎖金鑰

　　當過度行為發生時，如何避免無效的行為暫止呢？有沒有解鎖的「鑰匙」呢？

　　前面提到，如果我們在特定情境下能夠做到理性反應，依據人際互動的規律，有意識地選擇某一行為，以激發對方做出我們期望的本能反應，來達成我們的目標，那麼這個行為選擇就是有效的！

　　當過度行為發生導致行為暫止時，謹記解鎖金鑰如下：

　　以主導行為回應主導行為，以從屬行為回應從屬行為，以合作行為

回應對立行為，以對立行為回應合作行為；

以進攻行為回應引領行為，以引領行為回應進攻行為，以防禦行為回應跟隨行為；以跟隨行為回應防禦行為。

行為暫止的解鎖金鑰，如圖 7-4 所示。

舉例如下：

例一：媽媽對孩子過於溺愛、關照過度（主導行為 + 合作行為 = 過度引領行為），如果這個孩子已有獨立意識，他可以這麼說：「媽媽，謝謝您！不過我不想被過度關照，我想自己來做，請讓我自己嘗試一下！」（主導行為 + 對立行為 = 進攻行為）

當以進攻行為回應引領行為時，實際上是將對方推入防禦地帶（進攻的本能反應），以令對方尊重自己（激發從屬行為），並給予自己相對獨立的空間（激發對立行為）。

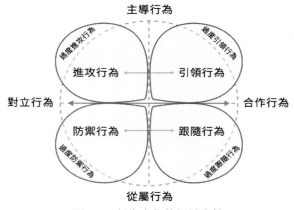

圖 7-4　行為卡住的解鎖金鑰

例二：如果某人過於依賴你的幫助（從屬行為 + 合作行為 = 過度跟隨行為），我們可以這麼對他說：「我很希望看到你能獨立地去做這件事，我相信這對你能力的提升會很有幫處！」（從屬行為 + 對立行為 = 防禦行為）

當以防禦行為回應跟隨行為時，實際上是將對方推入進攻地帶（防禦的本能反應），以令對方主導自己的任務（激發主導行為），並獨立完成任務（激發對立行為）。

　　例三：經理分配任務給某員工，員工因經常從事類似任務產生厭倦感，希望經理能換個任務給他，經理直接拒絕：「不行，你必須做！」（主導行為＋對立行為＝過度進攻行為）這時，員工可以這麼對經理說：「好的，經理！但是您能告訴我一直分派這樣的任務給我做的原因是什麼嗎？」「因為給別人做我不放心，只有你做的是最好的！」「謝謝經理的信任，我真的很感動！但是您知道，我完成這個任務沒挑戰性。我還想知道您對我未來的期望是什麼？希望我在哪些能力上得到提升？」「我對你的期望是希望你在 A、B、C 三個能力上獲得提升。」「太好了，經理，我也是這麼想的！現在這個任務是重複訓練我在 A 方面的能力。您覺得我怎麼樣才能提升 B 能力和 C 能力？」「嗯，想要提升 B 能力，你可以嘗試著去做 B 任務。」「太好了，我什麼時候可以嘗試去做 B 任務？」「這樣吧，我下次把 B 任務交給你做！」「謝謝經理！那我等您安排。」（主導行為＋合作行為＝引領行為）

　　當以引領行為回應進攻行為時，實際上是將對方推入跟隨地帶（引領的本能反應），以令對方按照自己設定的意圖或目標行進（激發從屬行為），並以鼓勵、認同等方式激發對方與自己的合作（激發合作行為）。

　　例四：父親對兒子說：「兒子，你昨晚去哪了？那麼晚回家，爸爸很擔心你！」（作為主導方要注意控制情緒）「你為什麼老愛管我？」（從屬行為＋對立行為＝過度防禦行為）「沒有啊！爸爸只是非常擔心你的安全！」「我都這麼大了，不用擔心我的安全！」「你用這種口氣和爸爸說話，爸爸心裡不好受！」「為什麼？我口氣怎麼了？」（青春期的孩子總會有些叛逆）「我

只是想和你聊聊天，你都這麼不耐煩！」（從屬行為＋合作行為＝跟隨行為）「哪有不耐煩？」「那你和爸爸說說你昨晚去哪裡了？」「這個問題很重要嗎？」「當然重要！你是我兒子，我不希望你對爸爸隱瞞什麼，那樣我會非常不安和傷心的！」「好吧，我昨晚去小剛家玩遊戲了。」

當以跟隨回應防禦時，實際上是將對方推入引領地帶（跟隨的本能反應），以令對方產生主動（激發主導行為），並理解雙方的動機、立場與利益是一致的（激發合作行為）。

現在回到本節開頭提到的案例：當兩個互不相識的年輕人在大街上偶然相遇，其中一個隨便看了對方一眼，A問：「你看什麼看？」（過度進攻行為）這時如果B防禦性地回應：「不能看嗎？」那麼雙方的衝突不可避免。正確的處理方法是以引領行為回應進攻行為。B可以這麼說：「我看你，是因為你身材很好啊！我猜你經常健身對吧？」或者說：「我看你這身衣服很好看啊！搭配也不錯！」（主導行為＋合作行為）如此回應，將會大大減低發生衝突的可能性。

當過度行為發生導致行為卡住時，上述解鎖金鑰將會最大限度地規避矛盾與衝突，並引導對方向著我們期望的目標方向行進，促進雙方的理解與溝通，達致我們的意願。

這裡因篇幅所限以及人際互動的複雜性，筆者不多舉例。各位讀者在實際應用的過程中，要盡量活用，因為溝通互動的過程中任何情況都有可能發生。只要長時間觀察、實踐、體悟、再實踐，就能很好地掌握這一人際互動的規律。

在實際人際互動的過程中，一定要注意自己的「3V」，要注意本書第二章果敢表達的實際應用，以及第五章FIFA負向回饋技巧的使用，因為它們與人際互動規律是相輔相成的。

第三節　人際互動規律應用

一、人際互動規律的應用基礎

這裡，需要說明以下三點：第一，行為本身（如果沒有觸犯法律和社會規範）沒有對錯；第二，我們這裡討論的行為也與性格無關；第三，我們討論行為互動規律的目的，也是為了更好地達到我們良好意願的實現，和雙方的理解與互信。這些是人際互動規律應用的基礎。

前面我們提到過的以和為貴、關係導向等中華文化現象，會給很多人微妙的心理暗示，比如合作行為、從屬行為是好的行為、對的行為；反之，主導行為、對立行為是不好的、不對的行為。我們通常也會認為強勢的老闆是不講理的老闆，而那些看上去非常和善的老闆深得員工的喜愛。然而，凡事皆一體兩面，關係導向的利弊我們在前面已有論述。主導行為和對立行為也是在很多場合下需要的有效行為，如果沒有了它們，也就缺少了獨立自主、自立自強、創新創意、辯證批判的精神。

在人際互動中，本能反應部分有效，部分無效；過度使用肯定無效；理性反應刻意使用時有效（應用解鎖金鑰刻意激發某種行為以達致目標）。

在應用時，特別是關鍵時刻需要在選擇行為、採取行動前，先問自己四個層次的問題：

（1）我的意願是什麼？我想要什麼？我的目標是什麼？透過這個談話、溝通，我想要達到什麼目標？這個目標是合理的嗎？

請注意，溝通與聊天是兩個不同的概念。溝通是指為達到一定的目的，將訊息、思想、情感在個人或群體間進行傳遞與交流的過程。比如

我需要透過溝通讓對方幫我一個忙，或透過溝通與客戶合作等等。聊天是毫無目的的閒談。它們之間最主要的區別為是否有目標。

（2）我觀察到了什麼？覺察、體驗到了什麼？對方現在的面部表情是怎樣的？他的語氣是怎樣的？他說了什麼？他此時的心境如何？

覺察的過程就是給予對方關注的過程，表明我們在透過積極傾聽感知對方感受、情緒或焦慮的過程。

（3）對方的意願是什麼？他想要什麼？他的目標是什麼？

透過前面的步驟，我們大致能了解對方當下行為的動因，並預測其下一步可能的反應。

（4）我能做什麼？怎麼做？

當下如何透過調整我自己的行為，激發對方做出我期望的行為，以達成我的意願，實現我的目標，令雙方利益最大化，並達成理解與雙贏。

二、人際互動規律應用的四個步驟

依據以上四個層次的問題，我們將人際互動規律應用分解為四個步驟，分別是：

（1）設定目標：我的意願為何？我想要達成什麼目標？

（2）觀察覺察：對方當下的行為舉止、語言語氣為何？我有什麼發現？

（3）預測反應：依據人際互動的規律，對方接下來有可能做出什麼樣的行為？（這一步最重要，也是我們應用這一規律的意義所在）

（4）選擇行為：依據人際互動的規律，我當下需要做出什麼樣的行為調整，才可以激發、引導對方做出我期望的行為，以實現我的目標。

舉例如下：

同事小李最近總是在向你抱怨加班問題。依據你的觀察，部門裡不是每個人都在加班，而且小李的工作能力也不差。身為他的同事，你可以做的是：幫助小李找到加班的原因，希望他停止抱怨（設定目標）。這天下午，小李又在抱怨加班問題，他說：「我都一個多星期沒有和家人一起吃晚飯了！」說著，他把檔案狠狠地摔在桌子上（觀察覺察）。這時，電話鈴響了，是客戶打來的。小李勉強應對了幾句，說：「您反映的問題可以找客服部，客服部電話是 ×××。」然後，他放下了電話（從屬行為＋對立行為＝防禦行為）。顯然，如果加班問題得不到解決的話，小李的防禦行為會持續下去，甚至有可能會引發進攻行為（預測反應），不僅會影響他與同事的心情和工作效率，還有可能影響部門與客戶的合作關係。這時候，你要想想你可以說什麼、做什麼。如果你只是簡單地要求他停止抱怨，或對他冷嘲熱諷，或乾脆建議他找老闆談談（均為進攻行為），那麼無疑會加劇他的防禦反應。依據人際互動的規律，你最好的選擇是跟隨行為（選擇行為）。

你可以對小李說：「小李，我真的很想幫你。你自己有沒有想過可以做些什麼來解決加班的問題？」

小李回答：「當然想過！如果老闆不把離職的小王的工作全丟給我，而是分一部分給部門其他同事，我就不會這麼忙！」

「所以你現在做了兩人份的工作。老闆知道嗎？」

「他當然知道！」

「我是說他知道你每天加班這麼辛苦嗎？」

「這個我不清楚。」

「那有什麼辦法可以讓他知道呢？」

「嗯，我想也許可以和他談談我加班的情況。」

「嗯，也是。那你僅僅和他談加班的問題嗎？他有可能會問到什麼？你怎麼回應？」

「嗯，他有可能會問到我有什麼解決辦法。」

「那你怎麼回答？」

「我最好在談話前，想出幾個解決方案。」

「嗯，多想幾個解決方案。那你準備什麼時候和老闆談呢？」

「我今晚想想方案，明天就和他談！」

「好啊，明天談完了別忘記告訴我一下，我們看看還可以做什麼。」

透過跟隨行為不斷把小李往引領行為象限推動，激發他的主導行為＋合作行為的主動意識和行為，促進問題的解決。

在這個談話過程中，你所有的行為與對話，都是為了激發小李的引領行為而刻意調整、選擇的。也就是說，小李明天和老闆談話的行動計畫，是由你對他的刻意的行為引導而產生的。

當然，上面的對話過程也有可能不那麼順利。你說：「小李，我真的很想幫你。你自己有沒有想過可以做些什麼來解決加班的問題？」

小李回答：「沒想過！」

「完全沒想過？」

「我這麼忙，哪裡有時間想這個問題？」

「所以聽上去這個問題不是那麼緊急，是嗎？」

「當然緊急。」

「那為什麼不想想解決辦法？真的是一點辦法都沒有嗎？」

「嗯，我覺得應該有解決辦法。」

「那會是什麼呢？」

「也許我應該和老闆談談這個問題。」

也就是說，只要小李還一直待在防禦行為象限，我們就可以一直在跟隨行為象限去不斷激發他；或者在適當的時候保持沉默，給他更多的時間與空間促使他去思考這個問題，直至達成我們的目標。

三、人際互動規律應用的關鍵

人際互動規律應用的關鍵是預測、調整、引導：預測他人行為發展；調整自我行為選擇；引導他人行為走向。在互動過程中，要時刻觀察思考對方是什麼行為，我希望對方如何反應，我應選擇什麼行為，以充分利用、引導對方的行為向你的目標邁進。

同時，還要注意能量方向，即主導行為與從屬行為的協調一致。這個協調，是透過「3V」與果敢表達技巧來實現的。

有人說人際互動技巧就像溝通中的柔道，柔道的力量在於看似溫柔地擊倒對方。當然，我們的目的不是擊倒對方，而是透過預測對方行為、引導對方行為，達成雙贏的溝通目標，以獲得人際關係的改善，增加彼此的互信與理解。

一九五〇年代，美國著名行為心理學家、哈佛大學教授提摩西·李瑞基於對大量人際互動行為的觀察，發現人們在溝通中是相互影響的：一種行為會引發對方相應的行為，這種規律化的互動模式往往會導致我們陷入某種溝通困境。然而，如果我們能夠依據這種互動模式的推衍、應對與引導，預測人們之間的相互行為及其影響，然後有意識地選擇我們自己的行為與反應，那麼，它將有助於溝通的順利進行和人際關係的改善。

圖 7-5　風車之國荷蘭

李瑞的國籍為歐洲的荷蘭，荷蘭又稱為風車之國，如圖 7-5 所示。風車的形狀像玫瑰的花瓣，李瑞所建立的人際互動模型看上去也像是一朵盛開的玫瑰。因此，這個模型便被稱為李瑞玫瑰。

李瑞玫瑰的核心觀點是：行為引發行為；溝通中資訊接收者的反應可以激發資訊發出者的行為改變；解鎖金鑰的應用可以改善人際關係，讓溝通更有效，關係更親近；有效的人際互動的結果是雙贏，而非單贏。

李瑞玫瑰不僅解釋了為何人際互動過程中會陷入僵局與困境，還解釋了為何有些行為是有效的，有些行為是無效的，更為重要的是，它找到了開啟僵局與困境的金鑰！

美國南北戰爭末期，有人曾批評當時的美國總統亞伯拉罕・林肯，並問：「為何要放走南方的敵人？」林肯的回答是：「我們難道不是在消滅敵人嗎？當我們成為朋友時，敵人就不存在了。」這就是林肯消滅敵人的方法：把敵人變成朋友。

當然，這麼做的前提是，你要找到對方的需求！你所面對的他人的困難行為通常都有一個相應的背景，即該行為通常受到對方潛在顧慮的驅使。如果你對這種顧慮有足夠的關注，並表示出你對對方及其顧慮的

理解，那麼你將很有可能會以一種友好的方式讓他放下心理防備。與其對抗一個人，不如關注一下他的需求與關切！

　　筆者在多年實踐與傳授李瑞玫瑰的過程中，有人問過我這樣一個問題：「老師，這個李瑞玫瑰是不是就是我們俗話說的『見人說人話，見鬼說鬼話』啊？」我對這個問題的看法是：一個人為了獲取他人好感，成為一個「見人說人話，見鬼說鬼話」的「變色龍」，是以犧牲個人感受，或為了取悅、討好對方為代價的；但一個能夠果敢地意願表達的人，應該是一個既尊重個人內心感受與價值觀，也尊重對方內心感受與價值觀的人。這樣的人能夠在尊重對方、尊重自己與社交技巧之間取得平衡，保持內外一致性，令自己與他人都感覺舒適！我想，這才是李瑞玫瑰的真諦所在！

第七章　人際互動規律

第八章　信任與關係

然而，一個好消息是，越來越多的人在這條路上為自己、為他人，在有意識地、充滿勇氣地、不畏艱難地向前探索著、邁進著。

第一節　信任如水及其特點

一、信任

法國有句諺語：「魚是最後發現水的。」魚其實是不會意識到水的存在的，如果它一生都沒有離開過水，那麼它永遠也不會知道水的存在，因為水的存在對魚而言是一件理所當然的事情。

這正如我們人，其實並沒有深刻意識到信任無時無刻都在我們身邊：我們願意每天出門是因為我們潛意識裡相信街上的人都是友善的，沒有人無緣無故就想傷害我們；我們去醫院就診是因為我們相信醫生會盡職盡責地為我們治療，而不會對我們不利；孩子們去學校上學是因為家長和孩子都相信老師會把人類的知識、正直與智慧毫無保留地教給學生，而不會誤導他們的；年輕人走進婚姻的殿堂是因為相信另一半深愛自己且會忠實地與自己相伴一生，而不會無情地拋棄自己；我們購買產品是因為相信生產商與銷售商是為了解決我們的問題並滿足我們的需求的，而不僅僅是為了賺走我們辛辛苦苦工作得來的血汗錢；我們充滿希望地走入職場、進入公司是因為我們相信企業與個人是為了為社會創造價值、服務他人包括我們自己的，而不是為了創造一個爾虞我詐的環境或為了滿足私慾而濫用社會資源的環境。

信任無處不在，正如水之於魚。但，並不是每個人都能夠意識到這一點，並加以珍惜的。因此我們在上述的每一個場景中都可能有意無

意、或多或少做出損害信任的舉動，傷害彼此的情感與信任，令本應清澈的水漸漸混濁。

意願的果敢表達，當是以信任開始，以信任結束！

信任的本義是相信而勇於託付。託付的是什麼呢？託付的是我們的意願與需求。

情侶間託付的是愛情和對家人的關愛、保護。朋友間託付的是情感的訴求或完成某些事務。職場上，託付的向上表現是追隨，追隨值得信任的上司，託付自己能力的提升和職業的發展；向下表現是授權，將任務託付、授權給值得信任的下屬。

二、信任的特點

信任具有如下特點：

1‧信任具有條件性

這也就是說，信任是有前提的，我們不會無緣無故地相信某一個人，也不會無緣無故地去懷疑一個人。這個最基本的前提是我們相信對方至少不會傷害我們，如同前面我們描述的水之於魚、環境之於人一樣。那麼，什麼東西會增進我們對他人的信任呢？增進信任的要素有親緣、品德、動機、能力。這個我們將在下一節詳述。

2‧信任具有預期收益性

我們相信信任會為我們帶來一定的收益，而且信任度越高，帶來的收益越大、速度越快。正如我們和一個老朋友交往，我們相信他會在我們遇到困難的時候幫助我們一把；一個公司相信長期合作的供應商會提供最優質的產品與服務。信任總是影響著效率和成本：信任度下降，則

效率下降、成本上升；信任度上升，則效率上升、成本下降。關於這一點，美國作家史蒂芬‧柯維和瑞貝卡‧麥立爾在他們的著作《信任的速度》中記載了這樣一個小故事：

　　吉姆是紐約的小販，經營一個賣麵包和咖啡的小攤，為匆忙的上班族服務。在早午餐時段，他的攤位前總會排起長隊。他注意到，過長的等候時間使得一些顧客不耐煩而去光顧別的地方。他還注意到，因為沒有幫手，他的銷量難以提高的主因在於要花時間找錢給顧客。後來，吉姆乾脆在攤位旁放了一個小筐，裡頭放了很多零錢，讓顧客自行找零。也許你會想，顧客會不會無意間數錯或者故意多拿零錢呢？但結果與這種擔心正相反：多數顧客的表現是完全的誠實，還經常留給他不菲的小費。同時，因為省去了找零的時間，他的銷售速度提高了一倍。還有，他發現顧客喜歡這種被信任的感覺，因而贏得了大量的老顧客。透過這種傳遞信任的方式，吉姆的銷售額在不增加成本的情況下提高了一倍。

3‧信任具有交換性，也可稱作互惠性

　　信任是交易或交換關係的基礎。彼此依賴的雙方無論交換內容為何，己方利益都需要靠對方才能實現。關於這一點，我們可以用一個信任動態發展公式來表示：信任＝每次互動品質 × 頻率（人、事、情）。比如工作中，每次下屬 A 都能高品質地完成上司 B 安排的任務，則上司 B 會給予下屬 A 更多的權力和更好的待遇，雙方互動的品質與頻率形成良性循環。再如，C 逢年過節向某上司 D 送上問候與不菲的禮品，以換取 D 將該部門的一些利益給 C，C 再將收益的一部分以其他形式回饋給 D，循環往復。這裡健康良性交換與彼此互相利用的區別在於：前者是正當的、符合法律法規與良知的、基於職責的、利他性大於利己性的交換（如本段中的 A 與 B 的例子），後者是非正當的、違背法律法規與良

知的、利用職責的、利己性大於利他性的交換（如本段中的 C 與 D 的例子）。前者即使雙方職責發生變動，也會保留美好記憶與良好關係，而後者一旦一方職責發生變動，關係即告終止，不再往來。

4・信任具有風險性

筆者一位專門研究信任關係的朋友將信任定義為：在有風險的情況下，仍然做出有積極預期的行為選擇。這種積極預期有可能帶來積極結果，也有可能帶來風險。比如雇主僱用保母、信任保母的目的是讓其照顧好家人，而過去某社會案件，某保母故意在雇主家縱火，導致屋內的女主人及其三名子女共四人死亡。經調查發現，該保母在受僱於該戶前即因長期沉溺於賭博而負債累累，受僱後繼續進行網路賭博並數次撒謊向雇主借錢且多次盜賣雇主家財物。保母供稱其縱火目的並非蓄意殺人，而是為繼續籌措賭資，擬採取放火再滅火的方式博取雇主感激以便再次開口借錢。雖然保母因此案被處以死刑，但雇主因此失去一家摯愛的四個親人的痛苦卻終生難以彌補。

信任的風險來自不確定的環境，環境包括自然環境，以及由人、組織和其他不可預知事件構成的社會環境。即使人與人之間、人與團體之間或團體與團體之間帶著積極預期去預測對方的行為，並盡力按照約定去行動，也無法確保預期一定能達成。但這並不會妨礙我們基於信任而生的大量人際互動行為，因為我們知道，不信任別人所帶來的風險更大。因噎廢食並不明智。

5・信任的稀有

不是所有的人我們都信任，也不是所有的人都信任我們。即使那些我們信任的人，有一天也許會因某事而失去我們的信任；同樣，我們自

身的某些行為，也有可能會導致我們失去他人的信任。獲得信任非常不易，而失去信任可能只需要簡單的一句話或一個動作，失去了的信任想要再找回來則難上加難！所以說，信任可以被創造出來，也可以被摧毀。欣賞容易，信任難！

6 · 信任與結果具有正相關性

正相關指的是兩個變數變動方向相同，一個變數由大到小或由小到大變化時，另一個變數相應地由大到小或由小到大變化。這裡的正相關性指你越信任對方，預期收益性越大；越不信任對方，預期收益性越小。當然，這是信任的普遍特性，而非絕對特性，畢竟前面我們提到過信任還有風險性。

關於這一特點的最典型案例就是羅森塔爾效應。1968 年的某一天，美國心理學家羅森塔爾和雅各布森來到一所小學，說要進行一些心理學實驗。他們從一至六年級各選了 3 個班，對這 18 個班的學生進行了所謂的未來發展趨勢測驗。之後，羅森塔爾將一份最有發展前途者的學生名單交給了校長和相關老師，並叮囑他們務必要保密，以免影響實驗的正確性。其實，羅森塔爾撒了一個謊：名單上的學生是隨便挑選出來的，並非經過測試的所謂的最有發展前途者。八個月後，羅森塔爾回到學校對那 18 個班級的學生進行複試，結果奇蹟出現了：凡是上了名單的學生，各個成績都有了很大進步，且性格開朗、自信心強、求知欲旺盛，更樂於和別人打交道。這個效應又稱預期效應或比馬龍效應（參見第五章第三節），即老師們其實是收到了那份最有發展前途者名單的暗示，他們不僅對名單上的學生抱有更高期望，而且有意無意地透過態度、表情、語言和給予更多的提問、輔導和讚許等行為方式，將隱含的期望傳遞給這些學生，學生則報以老師們積極的回饋。這種回饋又激起老師們

更大的教育熱情，維持其原有期望，並對這些學生給予更多關照。如此循環往復，導致這些學生的智力、成績及社會行為在朝著老師們所期望的方向前進，使期望成為現實。

第二節　獲得信任的要素

　　獲得信任、增進信任的要素主要有四個：親緣、品德、動機、能力。其中，親緣是情感要素，其他三個是理性要素。

一、親緣

　　親緣指的是親密度與血緣關係。基於親緣的信任是天然的、本能的信任，它是感性的信任，而非理性的信任。

　　最親密的關係就是血緣關係。奴隸社會和封建社會的統治者基本上都是依據血緣關係來世襲權力與地位的。當今世界雖然仍有一些國家還保留著世襲皇權的傳統，但其中很多國家已改為君主立憲制，皇權受到很大限制與約束。當代民營企業的很多創始人也都是沿襲著基於血緣關係的財富傳承模式，就是因為血緣關係是其他社會關係取代不了的最親密的關係。然而，並非承接權力與財富的後代就能夠如創業者所期望的那樣把家族事業發揚光大。中國自西元前 221 年秦朝建立帝制以來到 1912 年最後一位皇帝溥儀退位的 2,000 多年歷史中出現過 400 多位皇帝，其中傑出的皇帝為數不多。古今中外傳承家族財富的「富二代」、「富三代」也少有踵事增華的。歷史反覆印證著「打江山難，守江山更難」、「富不過三代」的結論。

　　這種以血緣關係來世襲權力與財富的現象在當代已逐漸被更理性、

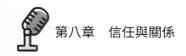

更科學的方式所取代。現在，人們已經意識到血緣論、親屬論的局限，把財富留給一個沒有能力管理財富的敗家子去揮霍掉，既浪費社會資源，也不公平。業已成熟的專業經理人制度可以確保企業發展和財富成長的最大化，股權分配機制可以確保財富比較公平地留給那些有能力管理財富的人，也可以打破「富不過三代」的世代魔咒！

　　次親密的關係源於熟悉度。過往相同或相似的經歷會加深彼此的信任關係，這也是很多創業者要找舊友、同學、同鄉、老同事等共事的原因。當然，其前提是職位與能力必須匹配，方能舉賢不避親，否則就會影響事業。很多人有能力未必能走上高管的位置；那些走上高管位置的人，也有能力一般但在親密度上做了很多工作的人。如果你無法在親密度上影響對方，那麼你就可能會有懷才不遇、不公平的感覺，甚至會抱怨。提升彼此親密度的方式有：①表達關愛，比如贈送禮物；②針對具體的事件讚美對方；③肯定、認可對方的個人特質；④提供服務；⑤親密的肢體接觸，如握手等。

二、品德

　　品德，也稱品格，是一個人依據一定的道德行為準則或價值觀採取行動時表現出來的相對穩固的傾向與特徵。美國諸多領導力研究機構和學者自第二次世界大戰後幾十年來對世界五百強企業管理者所做的品行研究調查顯示，雖然構成領導力要素（如高瞻遠矚、能力出眾、鼓舞人心、心胸開闊、公平無私等）的內涵與排序在不斷變動，但排名第一的領導力要素始終沒有變化 —— 那就是誠實正直！

　　誠實正直是指有健全的人格，履行諾言，言行一致，表裡如一，所想、所感、所行三者一致，有勇氣堅持自己的價值觀和信仰。

《左傳》曾記載了這樣一則故事：春秋時期齊國有個大夫叫崔杼，西元前 548 年因國君齊莊公與其妻棠姜私通，導致崔杼在氣憤之餘聯合他人在自家庭院殺死了齊莊公。於是，齊國史官太史伯在史書上寫下「崔杼弒其君」，崔杼大怒，憤而殺掉了太史伯，然後令其大弟太史仲重寫歷史（按當時慣例，史官是世襲的）。太史仲如實在史書上寫下「崔杼弒其君」，崔杼再怒，憤而又殺掉了太史仲，然後又令太史伯之二弟太史叔重寫歷史。太史叔亦如實在史書上寫下「崔杼弒其君」，崔杼三怒，憤而又殺掉了太史叔，然後又令伯之三弟太史季重寫歷史，並威脅太史季說：「你的三個哥哥都死了，你就不能按我的要求把莊公之死寫成『暴病而亡』嗎？」太史季回答說：「據事直書，是史官的職責。失職求生，不如去死。」崔杼無奈地只好任由其書寫真實的歷史了。恰在此時，另外一個名叫南史氏的史官聞聽崔杼已因記述史實而殺死了三位史官，非常擔心歷史被篡改，於是抱著竹簡向死而去，一路小跑要去親自記載歷史，路上恰逢太史季。在聽太史季說歷史已被真實記錄下來後，南史氏才抱著竹簡放心地回去了。

每次筆者在描述這段歷史故事的時候，都被感動得不能自已。太史伯、太史仲、太史叔、太史季、南史氏前仆後繼追逐誠實正直品格和記載真實史實的價值觀和職業操守，令人感動與唏噓。對比之下，有太多的人會因為淫威、權勢、金錢、利益和情欲喪失自己的立場和人格。

美國管理專家史蒂芬·柯維在其著述《高效能人士的七個習慣》一書中指出：「我們的行為建立在原則和價值觀的基礎之上，而非一時衝動和為環境所迫。」偶爾會有人問我：「老闆要求我選擇『站隊』，我該怎麼選擇？」其實，選擇任何一方都未必是長久可靠的。唯有忠於自己，跟自己站隊，跟自己的原則、信念、價值觀保持一致，言行一致，才是最可

靠的。因為自己的原則、信念、價值觀是最穩定、最持久的。例如美國第十六任總統亞伯拉罕‧林肯，他對廢奴的堅持不是出於對黑人這個群體的感情。就像他自己所說，他對黑人毫不了解，對自由黑人的未來也不確定，他的出發點就是一個很簡單的原則，那就是堅信「人人生而自由、平等」。

　　關於如何做到誠實正直，各種理論觀點浩如煙海，這裡有三點建議：①選擇基本的、公認的原則、信念、價值觀作為自己的行事準則和依據，比如善良、平等、利他等。透過觀察一個人怎麼對待跟他沒有利害關係的人，尤其是弱者，往往可以看出這個人的品性。②言行一致。不要輕易許諾，但一旦承諾，必須全力以赴。那些一言九鼎的人一定是很少承諾，但又格外重視承諾的人。因為他們深知，踐行諾言並非易事。從某種程度上講，信任的本質就是對承諾的管理。③堅守自己的底線。如果能為正義聲援，那就聲援正義。非裔美國人民權領袖馬丁‧路德‧金恩曾說過：「我們記住的不是敵人的攻擊，而是朋友的沉默！」但是，如果一己之力不能改變現狀，甚至連發聲都危險的時候，那麼請記住一段話：「如果發出聲音是危險的，那就保持沉默；如果自覺無力發光，那就別去照亮別人。但是 ── 但是，不要習慣了黑暗就為黑暗辯護；不要為自己的苟且而得意洋洋；不要嘲諷那些比自己更勇敢、更有熱量的人。可以卑微如塵土，不可扭曲如蛆蟲！」不作惡，不成為惡的幫凶，應當是人的道德底線。

三、動機

　　動機，是指行為的初衷，也是行為的目的。動機的層次由高到低有四種：①純利他，這也被稱為犧牲或奉獻；②至少是利他≥利己，這也

被稱為雙贏；③利他＜利己，或純利己但並無損害他人，這也稱為自利；④毫無利他，且利己是建立在損害他人利益的基礎之上，這也被稱為自私，或損人利己。

也許有人會問：既不利己，又損人的情況，是什麼呢？筆者以為，這種損人不利己的情況如果發生，那應該算不上什麼動機，而是一種要麼無聊、要麼愚蠢的表現。

基於第一層次動機的純利他的行為常見於母愛。除了母愛比較少見，比如我們前面列舉過德蕾莎修女的例子。也因其少見，所以這種動機令人感動與欽佩。

生活與工作中有相當多的行為動機是基於第二層次動機的雙贏，包括本書所倡導的意願的果敢表達，即至少我們的行為是互惠互利的。

第三層次動機的自利，比如不說別人壞話，是一種更有利於自身的品行，且並未損害他人的行為；又如銀行貸款給創業者，確保了自身的利益（依據合約會有利息收入並有抵押擔保），又幫助他人創立事業（至於創業成功或失敗，並不在銀行的責任範圍之內）；再如某人將自己多餘的錢財分享給他人，既避免了浪費，也滿足了自己的一定的心理需求。

將自己的多餘錢物分給他人，和慈善是有所不同的。慈善既可以是第一層次動機的純利他（比如比爾蓋茲 2008 年從微軟總裁位置上退下後宣布「樂捐」，將自己名下的 580 億美元全部捐給比爾及梅琳達·蓋茲基金會，分文不留給子女；又如藝人、明星放棄自己的演藝事業，專注於慈善事業），也可以是第二層次動機的雙贏（如一些有社會責任感的企業和名人在災害來臨之際捐出自己部分財物給受災地區或人民，既利他，也利己）。而第三層次動機的自利，比如將自己的多餘財物分給他人，它的出發點是為了避免浪費，並部分滿足個人同情心或虛榮心，即利己性

大於利他性。慈善的動機一定是利他性大於利己性的。我們不倡導第四層次的動機，因為這種動機是以犧牲他人利益為代價的。

信任的基礎是互惠。在幫助他人的同時，也要考慮一下自己的必要需求。比如航空公司在通知乘客戴氧氣罩時通常有這樣一句話：「如需幫助他人，請先照顧好自己！」另外，生活中，我們大多數人都對他人充滿了過多的期待，而沒有考慮自己為對方付出了多少，似乎對方的付出是理所應當的，自己沒有什麼付出也是理所應當的。信任互惠性的特點將令這些人感到失望。

動機層次由高到低的過程也是獲取信任由多到少的過程。一家百年企業，一定是以誠信為基礎的。因為動機層次、價值層次越高，關係維繫穩定的時間就越長。反過來說，那些追求短期暴利、欺騙消費者的企業組織或商業行為，必將被市場和顧客所拋棄。

前面我們提到，誠實正直是做人首要的品格。但是，有時候我們會看到好人也會撒謊，為什麼呢？如果一個人撒謊了，那麼我們首先要判斷他的動機：動機利他，則撒謊或可諒解；動機利己，則不可原諒！

我們要時刻注意自己的行為與動機之間的關係，因為人們通常會以自己的動機來解釋自己的行為，而以他人的行為來判斷他人的動機（參見第六章第一節）。

四、能力

能力是一個人完成某個目標或任務所展現出來的綜合素養：素養高，能力高；素養低，能力差。能力有天生的成分，比如天賦、智商（據英國《大不列顛百科全書》中「智力商數」詞條載：「根據調查結果，70％～80％智力差異源於遺傳基因，20％～30％的智力差異系受到不同的環境影響所

致。」）及身體健全程度等；也有後天的成分，比如知識、技能、態度等。

　　先天成分很難更改，能力的提升主要靠後天成分的改變。美國有兩位暢銷書作家丹尼爾·科伊爾和麥爾坎·葛拉威爾，他們在其各自的著述《一萬小時天才理論》和《異類》中，都提到了「一萬小時定律」，即無論你做什麼事情，只要堅持一萬小時，基本上都可以成為該領域的專家。設若你每天工作 8 個小時，一周工作 5 天，那麼成為某個領域的專家則至少需要 5 年，即一萬小時；假設你用業餘時間做某事，例如每晚 2 小時，一年 365 天不間斷，則需要 14 年，即一萬小時即可成為該領域專家。

　　「一萬小時定律」在很多人身上得到了驗證，比如比爾蓋茲 13 歲時有機會接觸到世界上最早的一批電腦，開始學習電腦程式設計，7 年後建立微軟公司時，他已連續練習了 7 年程式設計，超過了一萬小時；再如田徑運動員博爾特，從他學生時期開始訓練到 16 歲成為賽史上最年輕的金牌得主，訓練時間遠超一萬小時。類似例子不勝列舉。

　　如何提升自身能力，獲得他人信任，這要看你需要在什麼領域期待獲得他人的信任。身為一個普通的工作者，一些基本的技能包括：有效溝通能力（很多大企業用人的最為重要的能力）、時間管理能力、健康管理能力、學習能力、執行能力、自我計畫與控制能力等。如果你是一名管理者，那麼除了以上基本技能之外，你還需要掌握目標管理能力、情商管理能力、團隊領導能力、問題分析與解決能力、創新能力、績效管理與激勵能力、教練能力、壓力管理能力等。

　　已有的成果是能力的一種有效展現。成果指的是你做過什麼事情、過去的表現如何、有哪些證明材料等。它們是可見的、可衡量的、已驗證的，比較容易被他人看到與評價，比如學歷證書、專業資格證書、專業職稱證書、獎狀、過往作品等。但是在評選人才時，這些成果只可作

為參考，不可作為評判的依據，因為很多有能力的人，未必就是能做出具體成果的人。有一次馬雲在演講結束之後，有學生問他：「什麼樣的學歷才能進入阿里巴巴工作？」馬雲的回覆是四個字：「沒有要求！」這個回答令很多人感到驚訝。但在馬雲眼裡，最為重要的是能力和特長，如果空有一紙文憑而無實際本領，那麼學歷再高也沒什麼用。

第三節　信任與透明度

一、透明及其重要性

筆者以為，信任的最高境界是透明，這也是領導力不可或缺的元素之一。

透明指的是你願意，並且可以將你的言行和決斷，公開展示給大眾！當然，公開的內容應是涉及集體利益或共同利益的資訊，而非個人的、隱私的資訊。公開是有原則的，並非所有的資訊都要無原則地公開。

為什麼透明如此重要？因為人們需要據此評判你的言行，和你的原則、信念、價值觀是否一致，並以此來決定是否可以信任你、託付你。

美國作家史蒂芬‧柯維在《信任的速度》一書中指出：「公開透明講的就是要開放、要真誠、要說實話。它是建立在誠實、開放、清廉正直和可信的原則基礎上的……公開透明的反面就是隱藏、掩飾、模糊和黑暗，包括藏匿、隱瞞、祕密和保留，還包括幕後策劃和黑箱操作。透明的反義詞是隱晦，意思是光線無法透過，無法被看清楚……公開透明常常是建立信任的最快途徑。比如，當某個慈善組織遭到質疑的時候，最快的重建信任的方法很簡單，就是公布所有資金的去向。」

二、透明與信任度的關係

我們在第五章第一節曾介紹過周哈里窗，並指出：真正有效的溝通只能在開放我區域進行。因為在此區域內，雙方的資訊是可以共享的，因而也是可以被充分討論的，這對增進理解和互信是至關重要的。因此，為了獲得理想的溝通效果、增加信任，應不斷擴大彼此的開放區，透過公開、回饋等手段使開放我區域擴大，則盲目我區域和隱藏我區域逐漸縮小，未知我區域也相應縮小，也就拓展了公開透明的區域；反之，溝通受阻，信任度下降！開放區域擴大的過程如圖 8-1 所示。

通常，我們信任的人大多是我們的親人或朋友。為什麼呢？因為我們對他們很了解，彼此的開放我區域很大。換言之，他們的很多方面在我們看來是透明的！所以，開放和坦誠的溝通是保證透明非常重要的因素。只有向對方充分表達你的動機、意圖、目的等想法，才能最大限度地獲得對方的理解和支持！

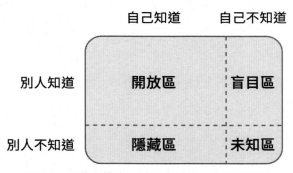

圖 8-1　開放區擴大＝透明度增加＝信任度增加

但是，現實情況是，很多人並未意識到透明對於信任和領導力的重要性，許多人甚至認為表現得越不透明、越神祕，就越有領導者的風範。而且，一個非常奇怪的現象是，隨著社會的發展，人們的個人隱私

和祕密似乎越來越多了，而開放我區域則越來越小了。這導致了人們彼此的信任感逐漸降低，許多社會問題也由此產生！

對於東方人來說，有兩個潛在的心理障礙在阻礙開放我區域的擴大：①因為亞洲人的含蓄、內斂的心理特性，導致人們偏愛隱藏自己的資訊，導致性格內向、壓抑，稍遇挫折便感到羞愧、恐懼，不敢袒露真實的想法與心理。②因為愛面子，不太習慣給予他人回饋，尤其是負向回饋，以維護他人的面子。當然，自己也不易獲得他人的回饋，導致彼此的盲點擴大。這兩個妨礙擴大透明度與信任度的心理障礙極須克服！

三、如何做到透明

那麼，什麼可以幫助我們做到透明呢？要做到透明，應做好以下三點：首先，需要誠實正直。孔子說：「人而無信，不知其可也。」莎士比亞說：「對自己真實，才不會對別人欺詐。」

根據真人真事改編的美國電影《當幸福來敲門》中，當主角賈納穿著骯髒的工服從拘留所飛奔至證券交易所接受面試時，他很尷尬，因為他甚至沒有時間換一身乾淨的衣服。他對面試官馬丁說：「我是這樣的人，如果你問我一個我不知道答案的問題的話，我會直接告訴你『我不知道』。但我向你保證：我知道怎樣找到答案，而且我一定會找出答案。」馬丁問：「如果有個人連襯衫都沒穿就跑來參加面試而我卻錄用了他，你會怎麼想？」賈納說：「那他穿的褲子一定十分考究！」最終，他被錄用了 ── 沒有掩飾的真實打動了面試官的心！

其次，需要勇氣。很難相信一個缺乏勇氣的人會面對透明帶來的後果：面對眾人的質詢。也就是說，要有勇氣面對他人的評判，同時也要有勇氣面對自己的弱點。

　　沒有人是完美的。身為凡人，我們每個人都有缺陷，包括言行和決斷。我們如果做不到完美的言行和決斷，就要勇於面對它。面對它，意味著承認我們自身的弱點。承認弱點，就意味著我們和普通人沒有什麼兩樣。但唯一能區分的，就是能否有面對自己弱點的勇氣！

　　最後，需要尊重規則與制度！好的制度會產生好的行為，讓壞人不敢做壞事；不好的制度會激發人的惡，讓好人變壞！遏制善的制度也一定會激發惡；反之一樣！比如不管行人或腳踏車是否闖紅燈或違反交通規則，撞到汽車的話汽車司機一律要承擔比例不等的賠償責任，就會導致「假車禍」現象的發生。再如，如果不去考量行凶傷害者的作惡動機與行為在前，而對見義勇為者的過失傷人予以判罰，那麼一定不會再有人願意路見不平、拔刀相助，這個社會就會變成一個人人自危的、冷漠的、缺乏基本信任感的社會。

　　企業在制定制度的時候要考慮：制定什麼樣的制度可以激勵團隊內的人願意去做企業內部期望的事情；制定什麼樣的制度可以令人們不好意思去做、不敢去做、無法去做不利於團隊利益的事情。如果團隊制度不能夠遏制反覆出現的惡行，那麼這個制度一定是有問題的制度。

　　制度很重要，執行更重要。被執行的制度才是制度，否則就會流於形式。人情大於法的制度不是制度，執行歪了的制度不是制度。

　　比如團隊中的同級之間最容易產生競爭。團隊提拔誰？如果只能提拔一個人，那麼如果提拔了 A，則 B、C 就會嫉妒，可能會產生不滿、牴觸、詆毀、告狀。但為何有的團隊提拔某人卻沒有嫉妒或告狀現象產生？那是規則使然：清晰的制度，透明的流程，公正的考核與激勵，會最大限度地確保一切在「陽光」下執行。

　　要做到透明，以上三者缺一不可！

　　有一種現象需要提防，那就是假裝的透明。假裝的透明，如同在桌子底下換牌、在帷幕後交易，對信任的傷害更大。權力與利益的運作看似透明，實則為黑箱操作，這不僅有違公平公正，更違背良知、道德與法律、法規！

　　由於不透明或假透明而導致的信任和領導力的缺失，是當今社會面臨的重大挑戰之一！當蒙了灰的窗子阻擋陽光照入，心靈的房間就會變得越加晦暗！擦拭這面窗子，是我們每一個人的義務！

第四節　信任與關係

一、什麼是關係

　　增強信任的目的是增進彼此的關係，同時有助於目標或任務的完成。這兩個條件均能滿足，則可以基本認定這是健康的關係；兩個條件只能滿足其中一個，是不太健康的關係；兩個條件都無法滿足，則是失敗的關係。

　　這裡的關係指的是人際關係，即人與人之間在互動過程中表現出來的心理親密度的距離。它反映了彼此在滿足對方需求方面的滿意程度。

　　因此，關係是一種自身形象的映照（從與他人的關係中往往可以看到自身的地位與現實狀況），關係是一種彼此依賴的依據，關係是彼此心理滿足和利益交換的基礎，關係是人與人之間某種性質的連繫。

　　一個能與他人建立良好、健康關係的人，往往有較強的幸福感，心理、生理也更加健康。我們舉一個人類社會生活中最常見關係的例子：婚姻關係。很多人將愛情等同於婚姻，因無法解釋其中產生的諸多矛盾

而心生困惑，使得愛情關係與婚姻關係都充滿了焦慮或失望。其實，愛情是感性因素（無我狀態／融合狀態），婚姻是理性因素（契約關係／合作關係）。將兩者的特性混淆，就會產生衝突、矛盾、失落、失望。如果夫妻雙方能認清兩者的區別，並處理好兩者關係，那麼對愛情關係與婚姻關係的滿意度與幸福感就會大大增強，愛情關係與婚姻關係也會更為持久。

與他人建立良好關係需要秉承四個原則：平等原則、包容原則、互利原則、信用原則。

二、中西方看待關係的差異

中西方看待關係的觀點是有差異的。

英文的「關係」一詞是「Relationship」，關聯性，指人與人之間因某事而產生的相互連繫，在人際導向與任務導向中更傾向於後者。比如西方人在孩子出生後，父子關係、母子關係更多的是基於養育與被養育的關係，但彼此之間在人格上都是平等的，不存在隸屬關係（包括心理上的隸屬關係），所以孩子成人以後就會離開家庭獨立生活。再如 A 與 B 因為入職同一家公司，那麼彼此因為共事而產生了同事關係，一旦某一人離職，兩者繼續連繫的可能性就大為降低，甚至可能終生不再連繫。

中文的「關係」在人際導向與任務導向中更傾向於前者，更像是一種依賴關係。它一般不指向或很少指向具體的事物或任務，並不是為了要完成某個特定任務而形成的關係。比如東方人孩子與父母的關係並不會因為孩子成人而終止，有些「啃老族」會一直依賴父母生活到四五十歲。孩子即使六十歲了，在九十歲父母的眼裡仍然是孩子，而非平等關係的人。某種程度上講，他們之間在心理上還存在著或多或少的隸屬關係、

依戀關係。再如 A 與 B 即使是同事，在一方離職後，相較於西方人，他們之間會有更多的互動，因為未來可能還會需要對方。

這種並不是為了要完成某個特定任務而形成的關係，導致人們甚至僅僅是為了關係而營造關係，所謂仁、義等都是為了說明彼此之間的某種關係。因為不是為了要完成某個特定任務而形成的關係，所以要拉關係、套交情。

有些人認為，拉關係、套交情的最終目的其實還是利益，只不過這個利益目標有時候比較明確，有時候不太明確（我要拉關係的這個人未來不知道什麼時候能用得上，但應該能用得上，所以先試著這麼做）。當然，如果不太明確的話，也有可能這個關係將來永遠用不上，那就是一個比較失敗的「情感投資」、「時間投資」甚至「金錢投資」。為了掩蓋利益目標，有些人常說的一句話就是「別談錢，談錢傷感情」。

無論中西方對關係的看法如何，其實我們都希望溝通的雙方能夠透過彼此的人際互動營造、建立起一個良性的、健康的人際關係，即前面提到的「既增進彼此的關係，同時有助於目標或任務的完成」。同時滿足兩個條件，則可以基本認定這是健康的關係！

三、信任危機與應對

不可否認，社會的發展令人類的信任關係受到前所未有的挑戰。科技的發展令人類的遷徙更加容易，一個人在一個地方久居至老的情形正在被改變，越來越多的陌生人出現在我們身邊。對利益與欲望的追逐令很多商業行為變得更加急功近利、利欲薰心而置基本道德於不顧，「塑化劑」、「黑心油」、「更換有效期限」等產品造假害人事件層出不窮，屢次衝擊人類心靈能夠承受的底線。一些社會機構的調查顯示，人際間的彼此

信任度近年來都在呈現下降趨勢，比如美國有研究報告指出：只有 40%
的員工相信他們的上司在交流中是誠實的，這也就是說 10 個人裡就有 6
個人認為他們的上司是不誠實的。

　　不光有人與人之間的信任危機，人與自然的信任危機同樣不容樂觀；
大自然從未像今天一樣用其特有的方式越來越頻繁地警告人類它對人類
的不信任：南極告急、北極告急、喜馬拉雅山告急、海洋告急……

　　人與自然的危機、人與人的危機，其實都是人心的危機、人性的危
機。我們只有從自己的內心深處尋找解藥，才能治癒彼此與自然的信任
危機。

　　信任危機在人類歷史上從來沒有消失過，但如水的信任也從未消失
過。這也是人類社會能夠發展到今天的原因之一。只要信任，就會有風
險。所有的信任危機都是做出重大信任調整的關鍵時刻：要麼彼此調整
為敵人，要麼彼此調整為朋友。每一次角色的調整，都是一段新關係的
開始。

　　那麼，如何開始呢？奧黛麗‧赫本在電影《窈窕淑女》中所扮演的賣
花女伊萊莎曾對追求她的年輕紳士弗雷迪說：「別說什麼天上明亮的星
星，如果你愛我，就讓我看到你的愛！」是的，只有行動，才是解決信
任危機的關鍵所在！如果我們想增進彼此的信任與關係，那麼就從我們
和對方的每一個行為、每一個意願的果敢表達開始吧！

結 語

結語 ————————————————————————

　　不過，對各位讀者，筆者還是有一些需要補充的提醒。在果敢表達意願時，請記住以下八點：

① 要對事不對人，專注在問題、行為、事實上；
② 溝通方式要明確、簡短、清晰；
③ 非語言資訊的表達應與語言表達一致；
④ 選擇合適的時機；
⑤ 傾聽，運用你的同理心；
⑥ 堅定，但不控制；
⑦ 不要用不確定的資訊；
⑧ 不要用批判、判斷的詞語或語句。

　　這些要點將有助於你達成目標！

　　果敢表達具有強大的力量。2020 年初，我在家裡看了一些老電影，其中電影《白蛇傳》令我印象深刻。這本是一齣悲喜劇，裡面的內容也是婦孺皆知，但其中「盜仙草」一段，還是吸引了我的注意：白娘子在飲用了雄黃酒之後，現出白蛇原形，立時將許仙嚇暈。為救夫君之命，白娘子潛入崑崙山，試圖盜取救命仙草靈芝。在她與守衛仙草的鶴、鹿爭鬥並不分勝負之時，南極仙翁駕雲飛臨，並對她說道：「念你痴情果敢，又懷有身孕，賜你靈芝下山去吧！」白娘子感激異常，遂攜仙草返回錢塘，救活了許仙。

　　說實話，那株仙草並非白娘子所有，其求取仙草的訴求也不是合理的，但悲天憫人的南極仙翁還是被其忠貞及為愛勇敢的行為所觸動，把仙

草賜予白娘子。這不禁令我想起美籍華裔男子谷岳和紀錄片導演劉暢在2009年拍攝的一部紀錄片《搭車去柏林》當中的一段話：「有些事你現在不做，一輩子都不會做了；如果你想做一件事，全世界都會為你讓路！」

說得多好啊！這就是意願的力量！

各位還記得果敢表達的定義嗎？堅持自己，同時不冒犯他人！這句話包含了自我期待（尊重自我內心的合理訴求）和他人期待（他人有獲得尊重與平等對待的合理訴求）。因此，在表達時切記要同時滿足這兩個期待。一個經典案例是美國電影《班傑明的奇幻旅程》中的一個片段：女主角黛絲已然老去，在醫院的病房裡奄奄一息，其女兒卡洛琳在旁邊非常難過，於是走到病房門口點燃了一支菸。這時路過病房的一位護士對卡洛琳說道：「我知道你不好受，但醫院裡不能吸菸！」這是一句經典的果敢表達的範例：前半句表達了對對方的理解與尊重，後半句表達了自己的合理訴求。毫不意外地，卡洛琳掐掉了香菸，而且她也並沒有感覺被冒犯！

有些人問我：「什麼人需要果敢表達？」我認為是：所有人，尤其是管理層、膽怯的人、憂鬱的人和「三高」患者更為適用。說所有人是因為東方人普遍比較含蓄、退讓，而一些西方人在東方人面前又表現得過於強勢；後面強調的管理層等人需要它是因為這些人如果掌握了意願的果敢表達技巧的話，將對他們的工作、生活乃至人生，帶來莫大的幫助！

因此，請記得筆者給各位讀者的話：「這是我的權益！如果我不去維護它，沒有人會比我更加熱心地去維護它！我尊重對方的權益！如果我不尊重，我就是在冒犯他人的合理正當權益！」

果敢表達對團隊同樣具有巨大的價值。孔子曰：「君子和而不同，小人同而不和。」（《論語·子路》）和諧而又不千篇一律，不同而又不彼此衝突，這可謂是人際關係的理想境界。從團隊的角度來看，當成員勇於真實地表達自己的觀點，即便在衝突的情況下也能夠堅持自己的立場

時，將會最大限度地贏得他人的理解與支持，也將會使團隊決策更加正確、有效。自信和果敢的行為對團隊有益，在提升個人效能的同時實現團隊的高績效，進而幫助團隊氛圍更和諧。

在果敢表達的行為實踐中，各位會遇到很多的困難與挫折。畢竟，一個人要改變積習已久的行為，不是那麼一件容易的事情。我們在行為的舒適圈裡，也即自己習慣的行為方式裡，已經待得太久了，再碰上一些諸如「無法很好地掌握分寸」「被他人拒絕」等情況發生，往往會備受打擊，從而止步不前。

筆者第一次在接觸這一行為技巧時，是在 2009 年某位荷蘭老師的課堂上。當時聽完課程後，我對這一技巧非常不認可，因為它與我們所倡導的「溫良如玉」的君子風範太不相符了。在之後的半年中，我從無數次的與人互動的退讓行為之中，感受到內心深處的委屈、壓抑甚至沮喪、不安。後來，我開始慢慢嘗試使用果敢表達的技巧，我欣喜地發現：其實，不採用退讓的方式，同樣可以不冒犯到對方而達成自己的意願目標，甚至很多時候雙方都很滿意。從此，我踏上了果敢表達的道路。當然，這期間，我也走過彎路，有時候我會表現得比較強勢，有時候又過於退讓。掌握果敢表達的分寸，是我在經歷了無數次的成功與失敗的摸索之後，才逐漸有感覺、有把握的！

行為的改變，就似我這樣，需要經歷四個階段，如圖所示。

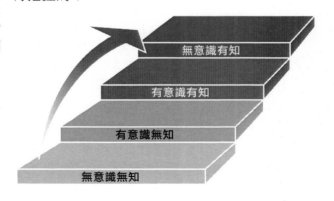

① **無意識無知**：在接觸「果敢表達」課程之前，我並不知道我的行為是退讓的，我也不知道什麼是果敢表達，它有什麼好處，我之前的行為有什麼不妥。總之，對於「我不知道」這件事，我是沒有意識的。

② **有意識無知**：在上了「果敢表達」的課程之後，我意識到有這麼一個互動行為的工具，而我還沒有掌握，我意識到「我不會」。

③ **有意識有知**：在先拒絕、後嘗試並不斷實踐的過程中，我逐漸掌握了這一行為工具，我意識到我是可以做到果敢表達的，但在某些方面做得還不夠成熟、不夠理想。

④ **無意識有知**：現在，我不用刻意地去想我應該怎麼做，而是當困難情境出現的時候，無意識地、習慣性地就做出了一些果敢行為。這不僅令我對自己滿意，而且也令對方滿意。這也就是說，達到了無意識的果敢表達行為階段。

行為改變四階段

　　行為心理學家告訴我們：從有意識無知到無意識有知，需要經過至少 21 次的刻意訓練。所以，各位讀者朋友，不要指望看完書就可以一蹴而就地掌握這一技能。在實踐的過程中，慢慢體會，細細反思，終有一天，你也會逐漸掌握這一技能，提升對自己的自信心和滿意度的。

　　據說，馬戲團是這麼訓練大象的：在還是小象的時候，馴獸師把大象綁在一根大的木柱上。好動的小象一開始會想掙脫束縛，掙扎了很多次之後，小象就發現自己根本無法掙脫那根木柱。這時候，馴獸師就會給小象換一根比較小的木柱，但牠仍然無法掙脫的；再過一陣子，馴獸師又給小象換一根更小但依然無法掙脫的木柱……久而久之，在小象的思維裡，它會得出一個結論：「凡是木柱形狀的東西，都是無法掙脫的，再掙扎也沒有用。」在這個結論下，即使用一根最小的木柱綁住它，小象

也不會想跑走了。當牠長成大象，力量足以掙脫開木柱的束縛，牠卻失去了對自由的嚮往；即使形狀像木柱的小木棒，也能使大象臣服。這時就可以用小木棒來對大象做各種的訓練了。

在心理學上，這種現象叫習得性無助，指的是因重複失敗或懲罰而造成的聽任擺布的行為，或透過訓練形成的一種對現實的無望和無可奈何的心理狀態。這種狀態會導致一個人消極地面對生活，缺乏意志去戰勝困難，而且相當依賴別人的意見和幫助。這種習得性無助在某種程度上就成為我們行為改變的心理障礙！

請各位讀者思考一下：你想要什麼？你的意願是什麼？你的訴求是否是合理的？什麼阻礙了你的合理意願與訴求的表達？你心裡的那根木棒是什麼？回答了以上問題，你就知道自己該從哪裡起步出發了！

還有，請謹記：果敢表達是一種行為互動的技能。你沒有必要在所有的時間、所有的場合、面對所有的人一直果敢。它只是一種策略，就像有時候退讓也是一種策略，強勢也是一種策略。你需要做的就是，掌握它，在需要它的時候運用它，最大限度地達致你與對方的意願、期望和目標，讓自己滿意，讓雙方共贏！

沒有一個人是完美的！我們每一個人都有各式各樣的缺點，多少有缺陷。所以，如果有一天，當你掌握了果敢表達與人際互動的全部技巧之後，你會發現：果敢的最高境界是慈愛、悲憫與耐心！

別輸在不敢表達上，情商在溝通中的作用：

分析情緒來源，解鎖自我意識與情緒管理法

作　　　者：吳濤

發　行　人：黃振庭

出　版　者：財經錢線文化事業有限公司

發　行　者：財經錢線文化事業有限公司

E-mail：sonbookservice@gmail.com

粉　絲　頁：https://www.facebook.com/
　　　　　　sonbookss/

網　　　址：https://sonbook.net/

地　　　址：台北市中正區重慶南路一段六十一號八
　　　　　　樓 815 室

Rm. 815, 8F., No.61, Sec. 1, Chongqing S. Rd.,
Zhongzheng Dist., Taipei City 100, Taiwan

電　　　話：(02)2370-3310

傳　　　真：(02)2388-1990

印　　　刷：京峯數位服務有限公司

律師顧問：廣華律師事務所 張珮琦律師

版權聲明

定　　　價：375 元

發行日期：2024 年 03 月第一版

◎本書以 POD 印製

Design Assets from Freepik.com

國家圖書館出版品預行編目資料

別輸在不敢表達上，情商在溝通中
的作用：分析情緒來源，解鎖自我
意識與情緒管理法 / 吳濤 著 . -- 第
一版 . -- 臺北市：財經錢線文化事
業有限公司 , 2024.03

面；　公分

POD 版

ISBN 978-957-680-799-2(平裝)

1.CST: 溝通技巧 2.CST: 情緒管理
3.CST: 人際關係

177.1　　113002431

電子書購買

臉書

爽讀 APP